周紹良 藏
周啓晋 周啓琇 周啓璋 周啓瑜 提供資料并整理
程有慶 編纂

周紹良藏明清小說版畫

下冊

中國書店

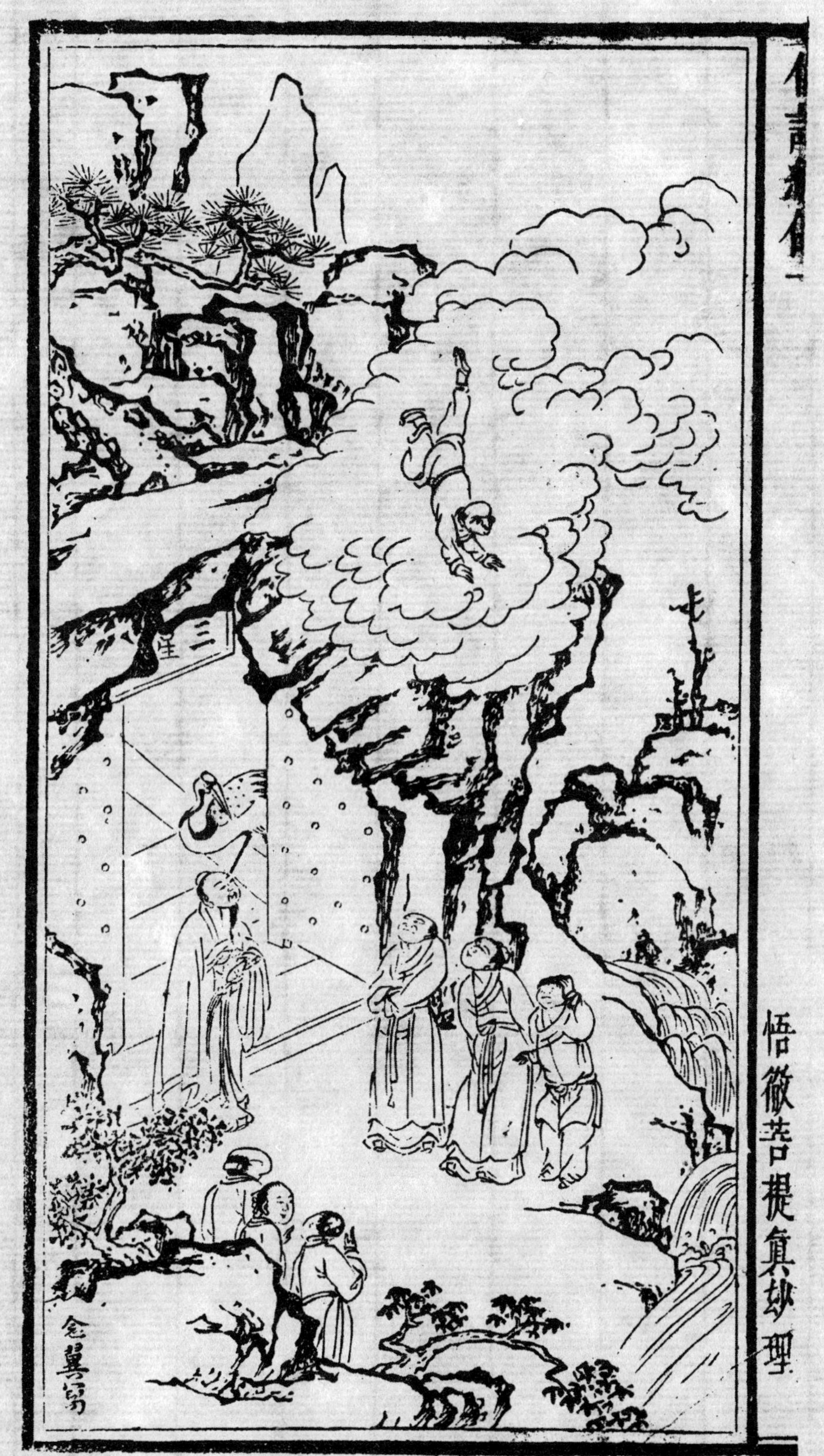

悟徹菩提真妙理

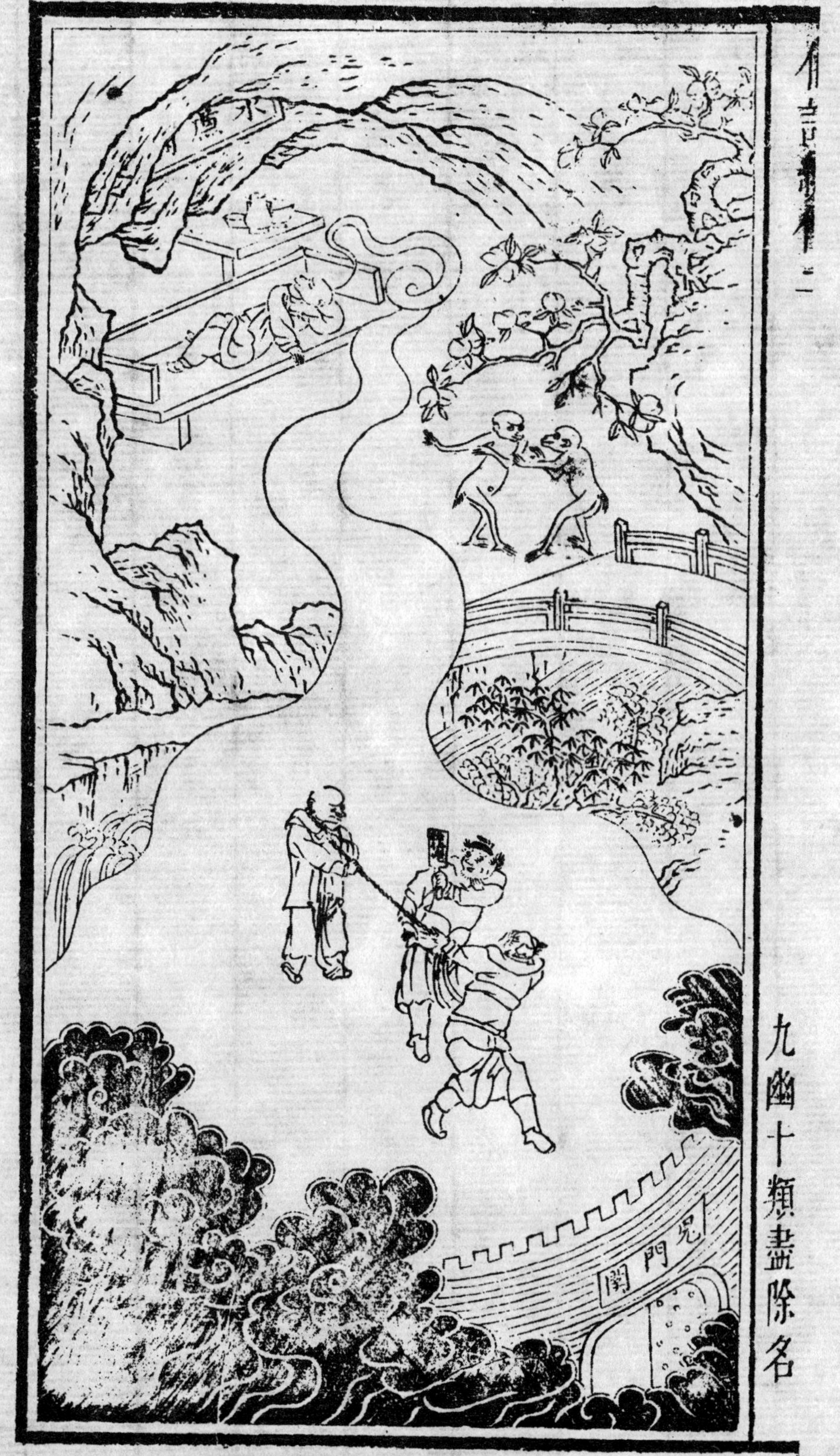

九幽十類盡除名

清初原刻本

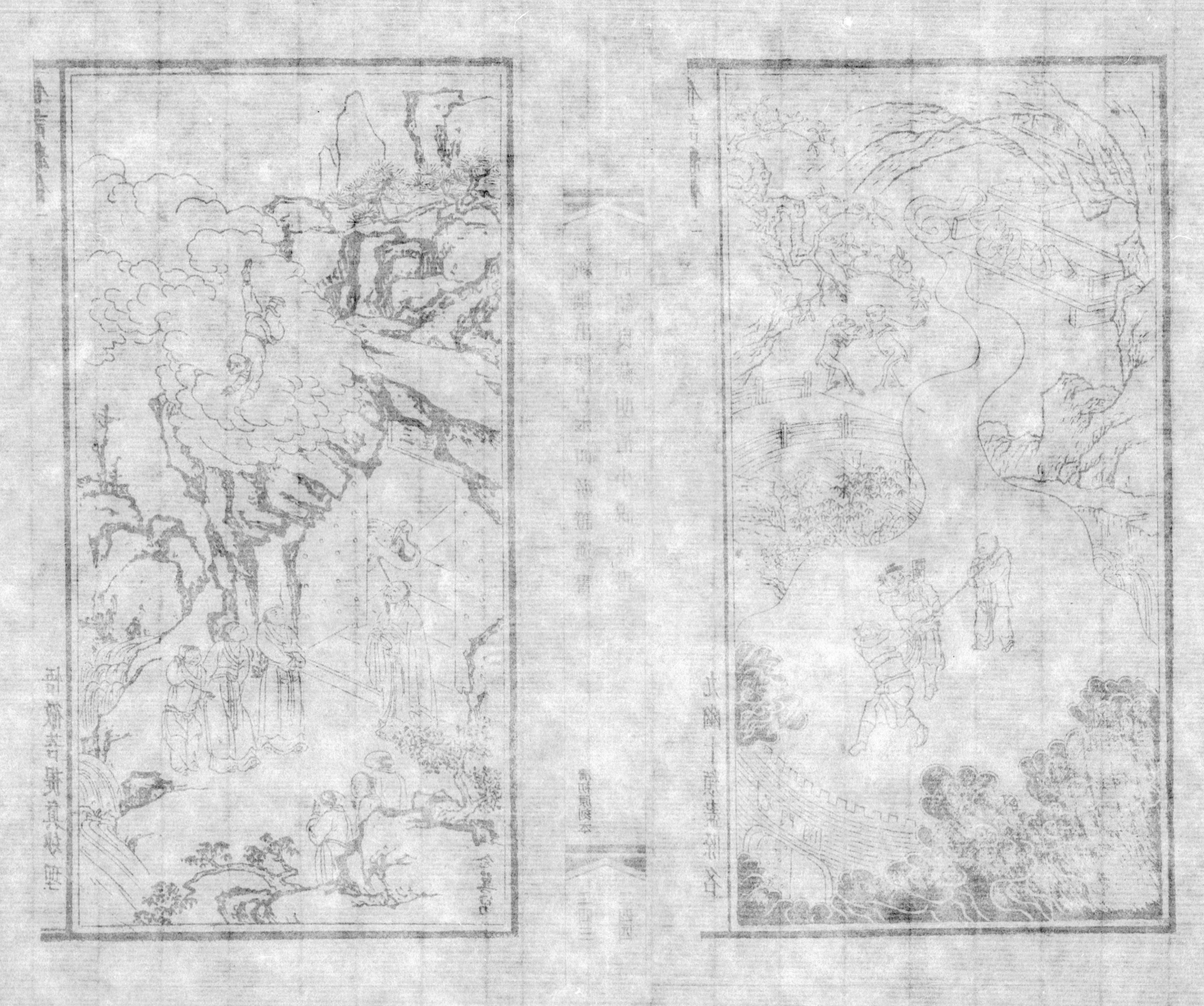

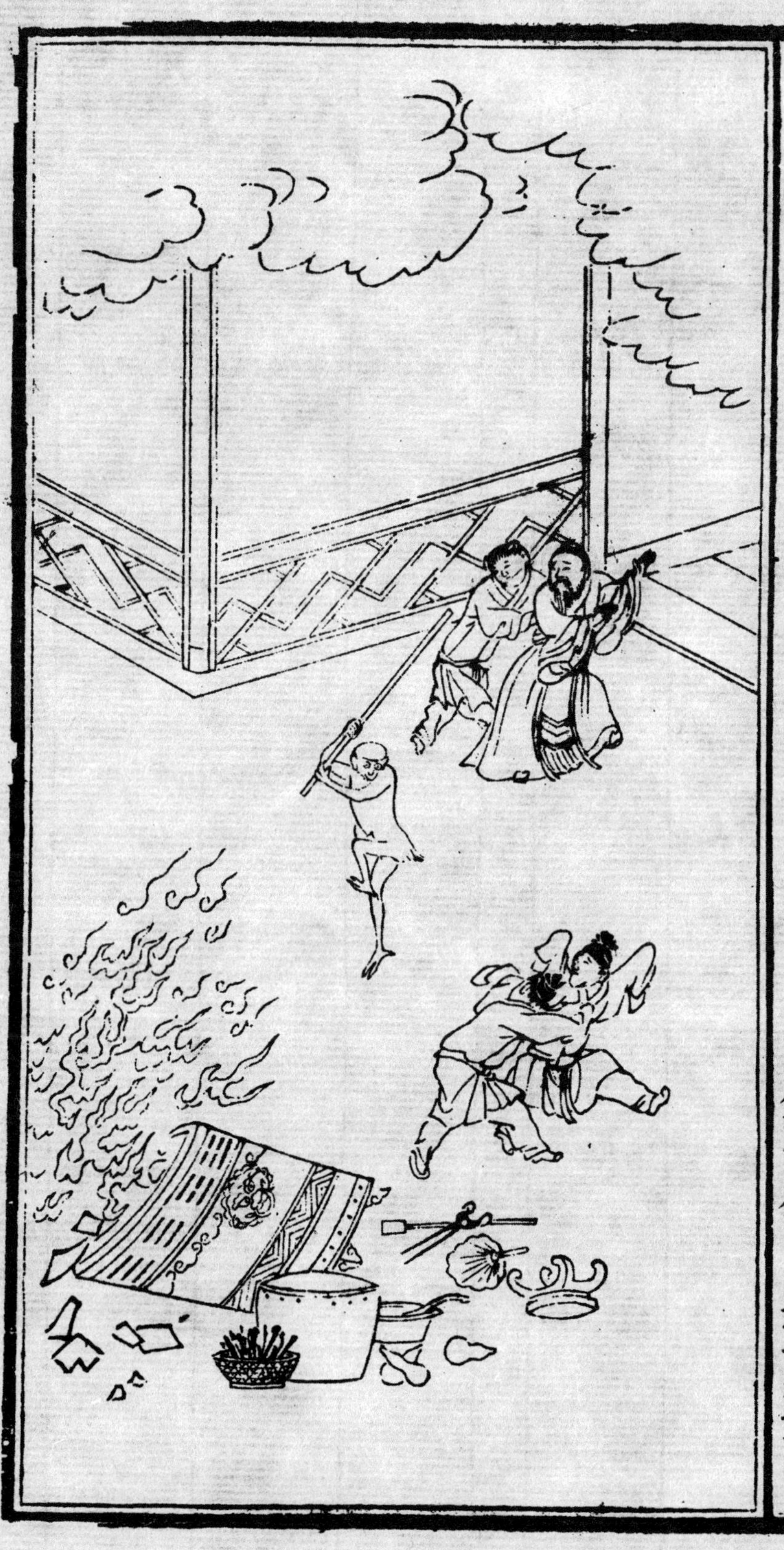

八卦爐中逃大聖

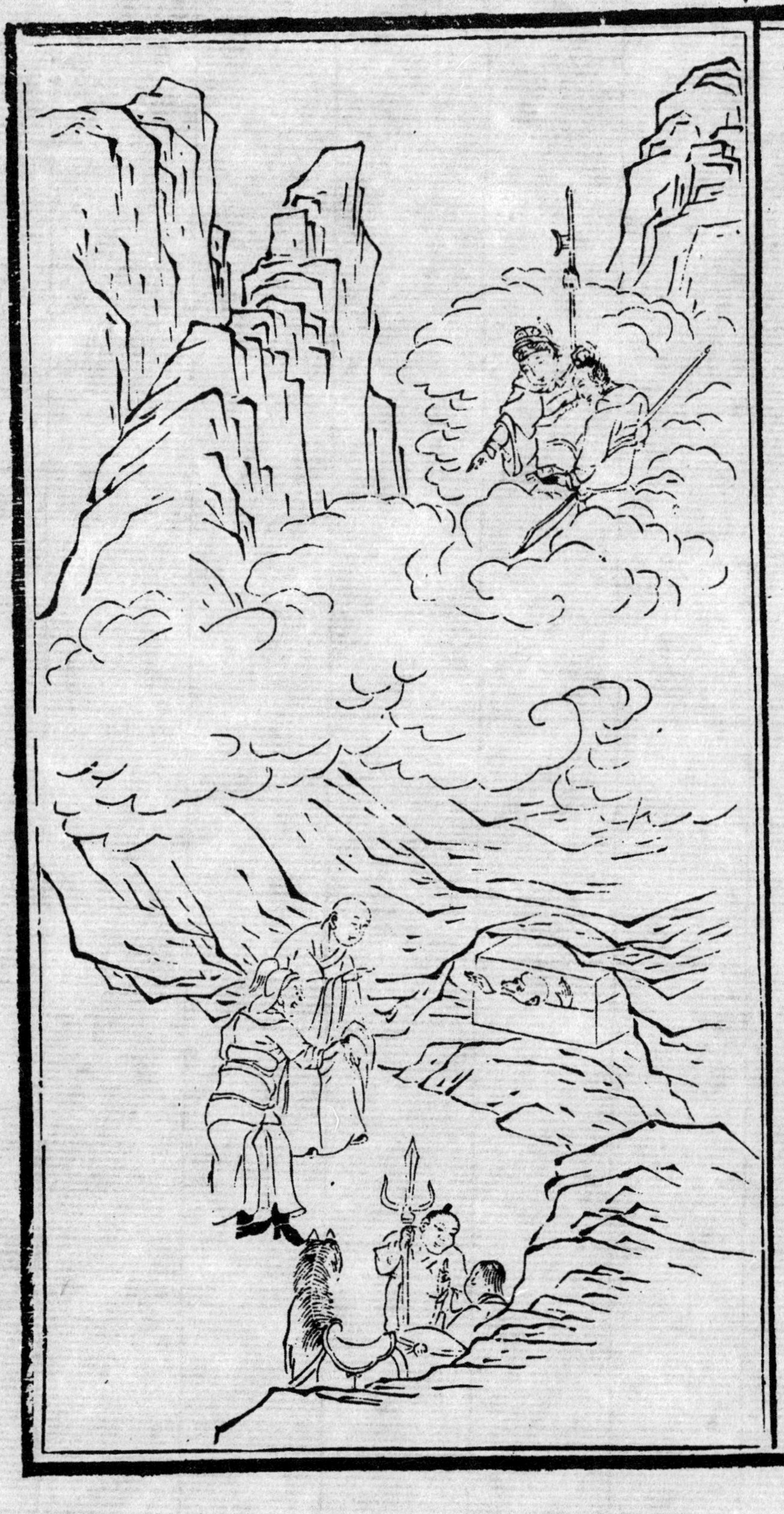

心猿歸正

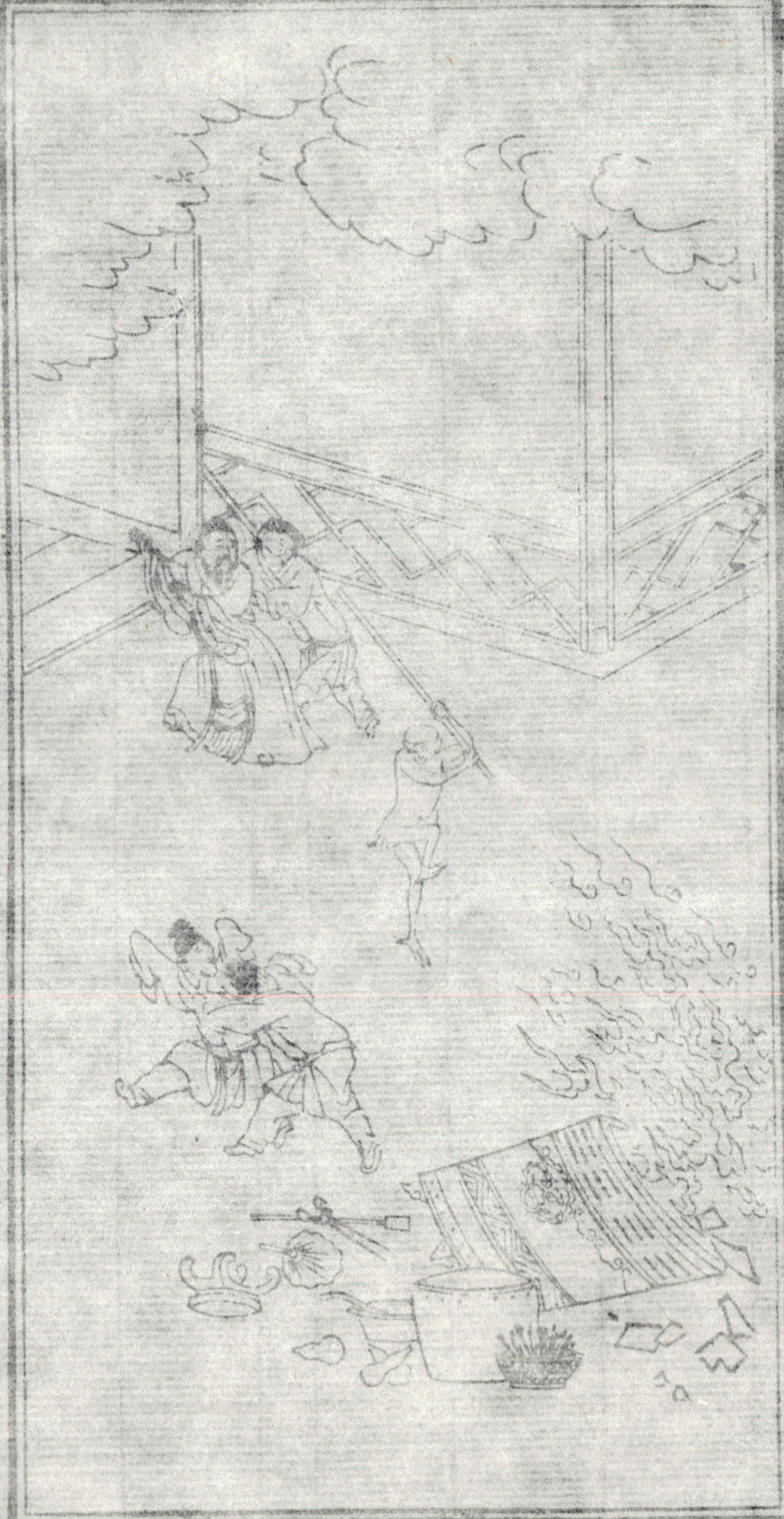

八卦爐中逃大聖

[illegible]明清小說叢刊

新鐫出像古本西遊證道書

清初原刻本

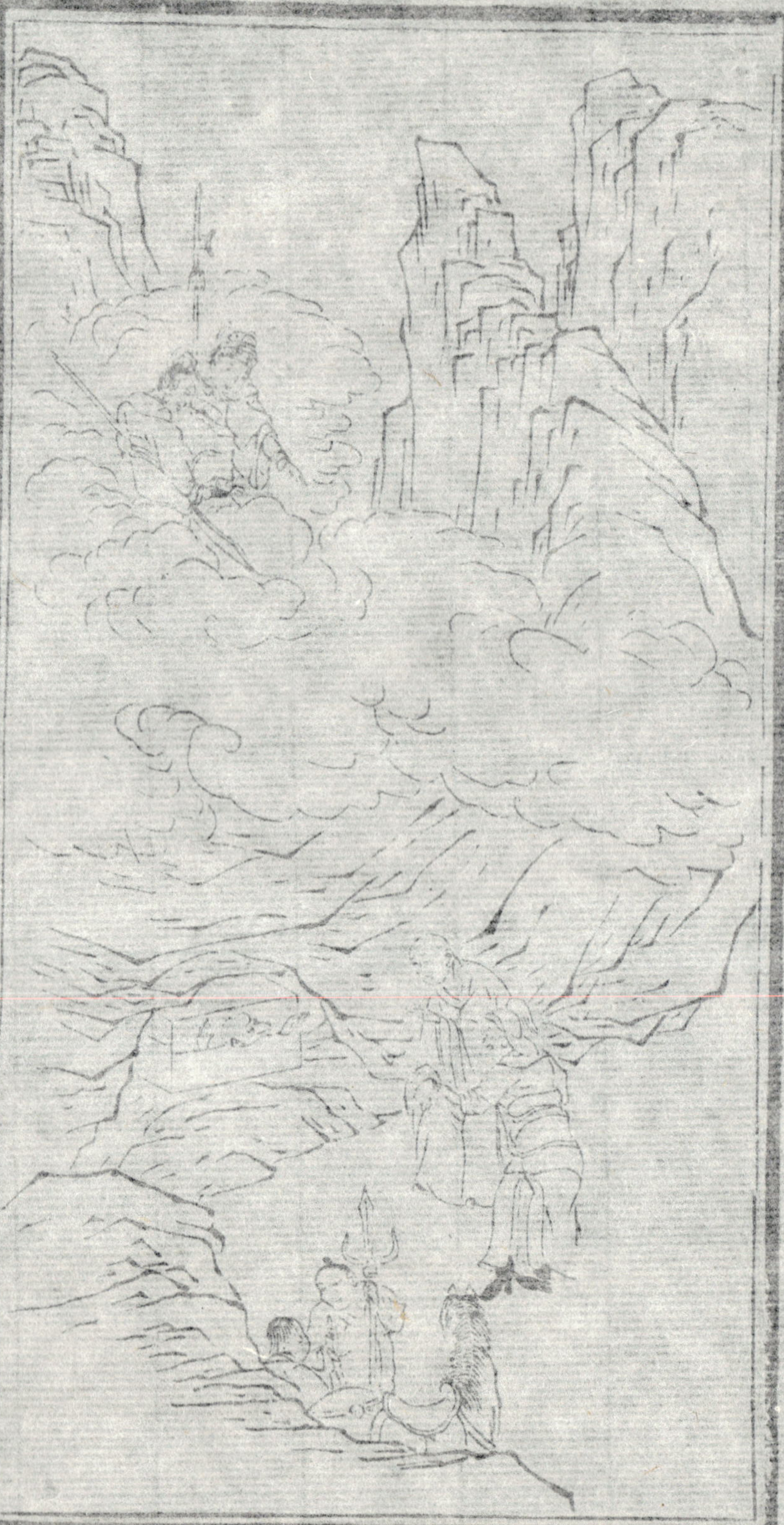

心猿歸正

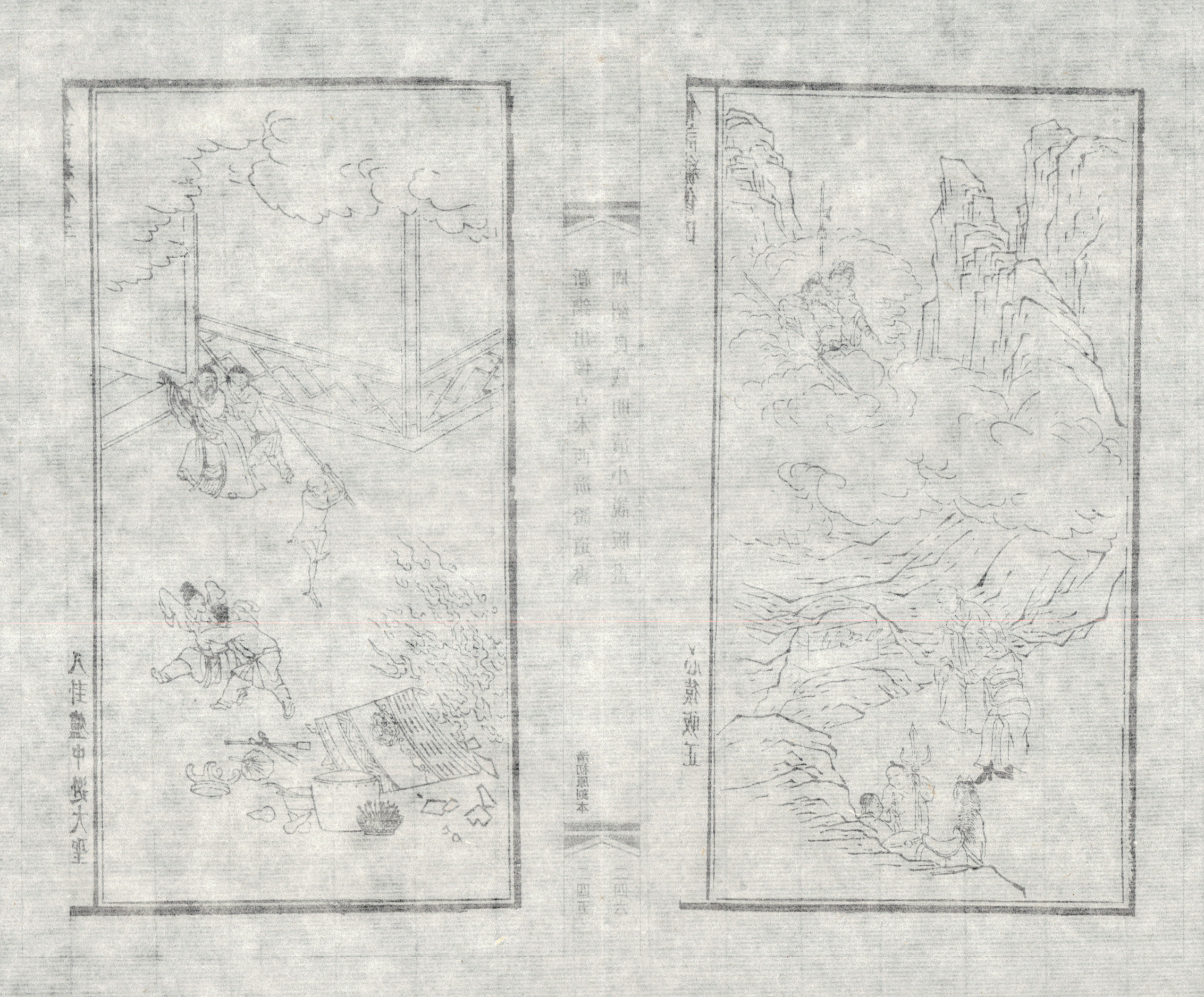

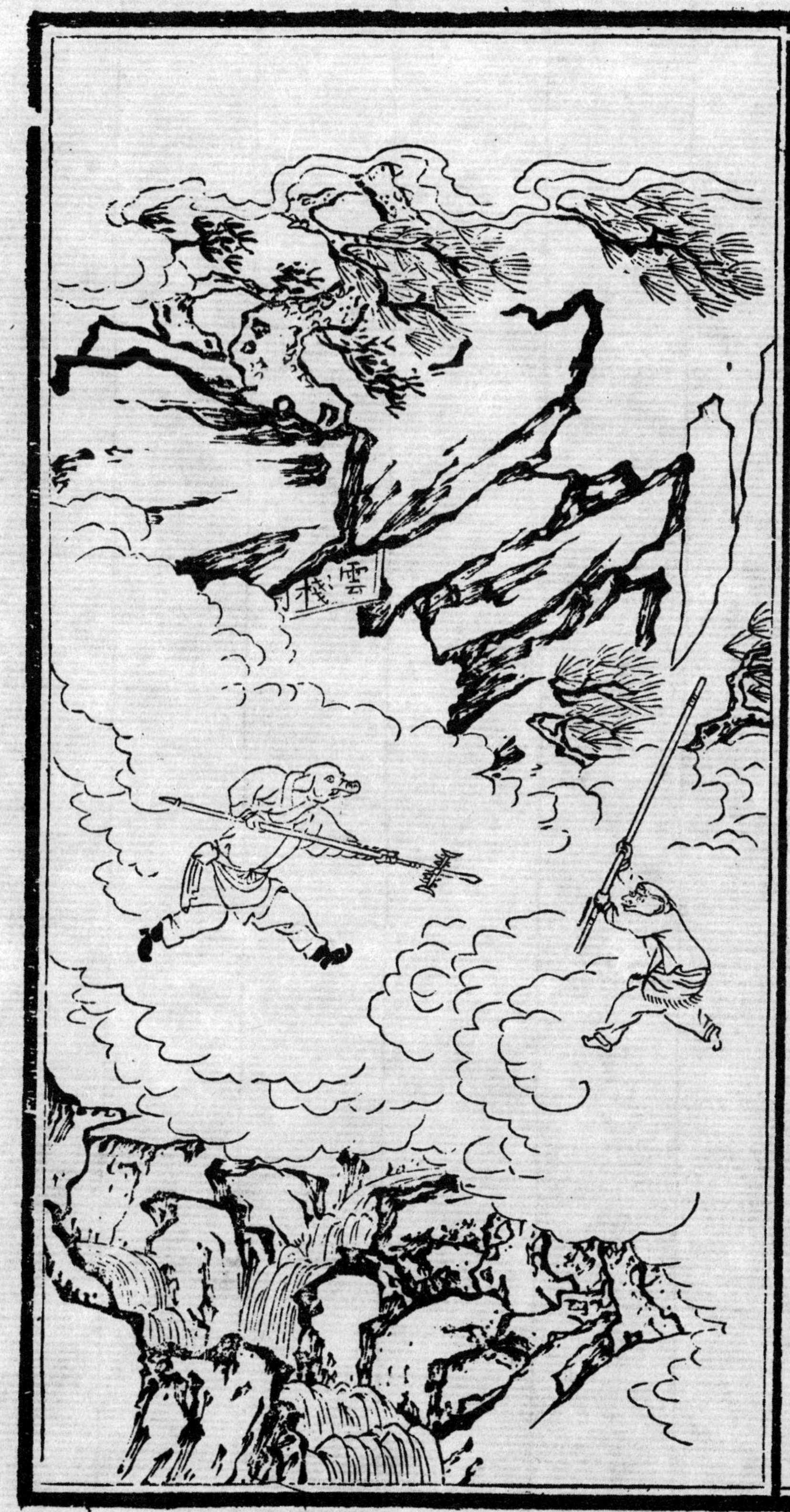

雲棧洞悟空收八戒

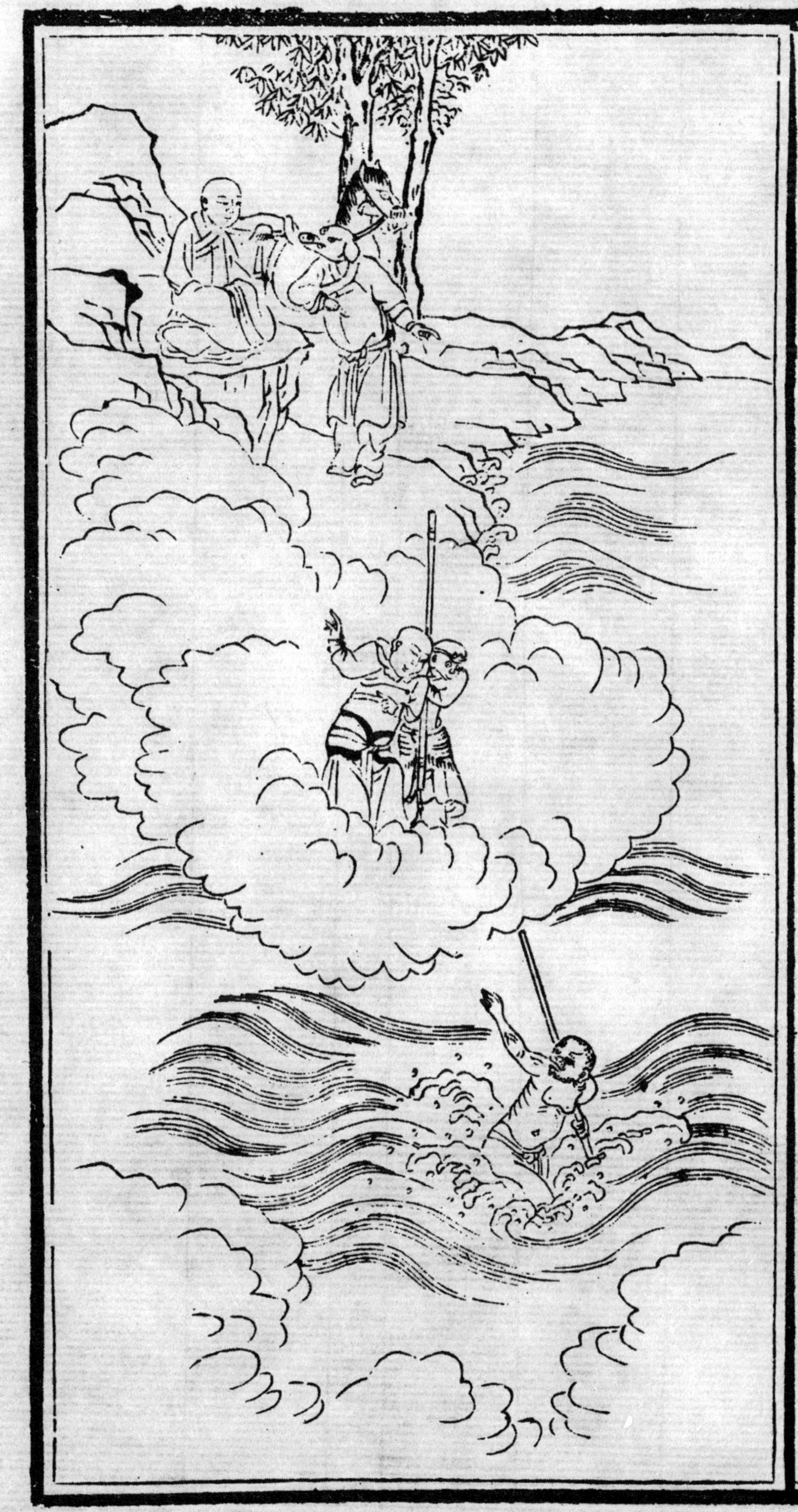

木叉奉法收悟淨

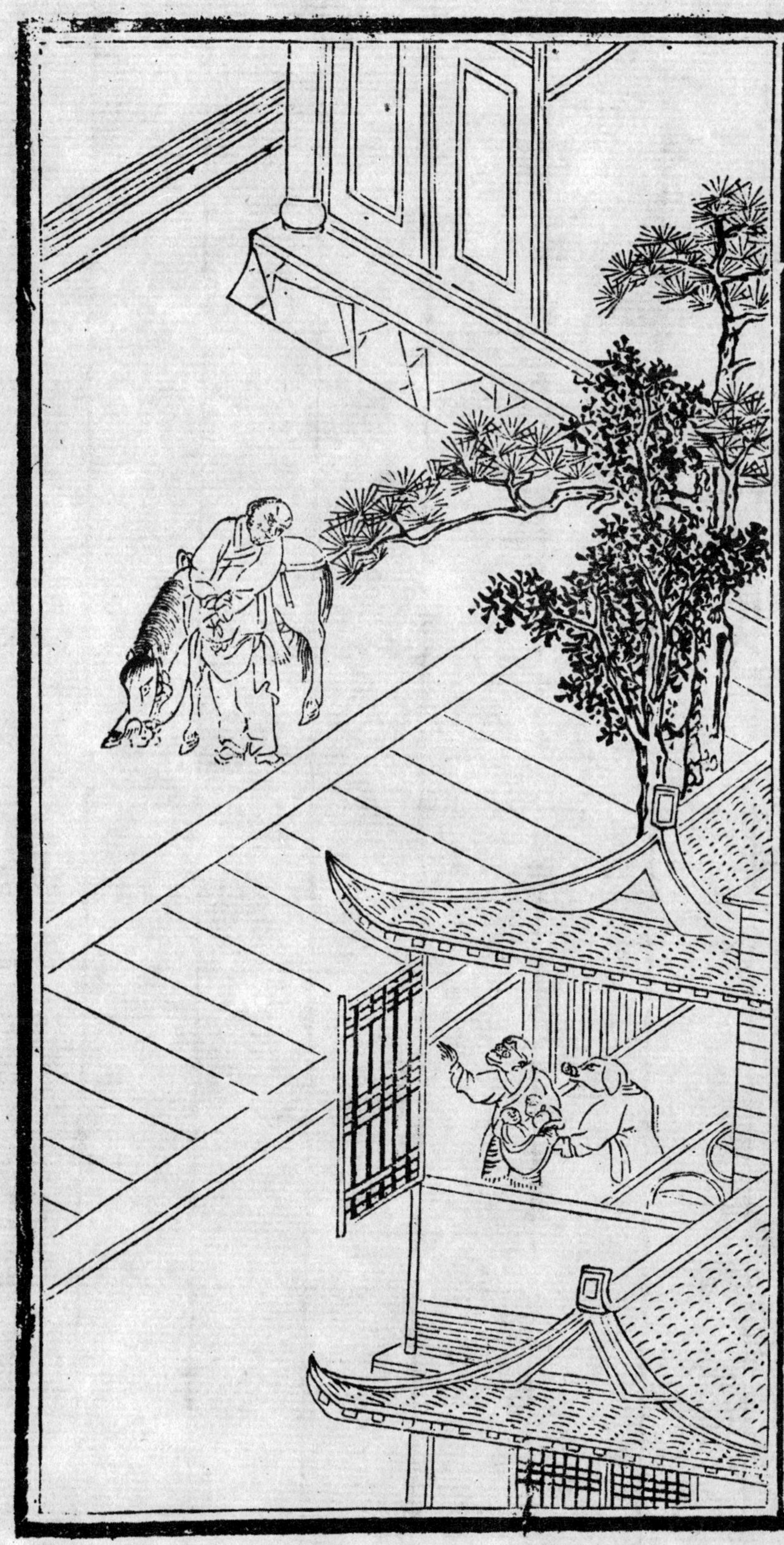

五莊觀行者竊人參

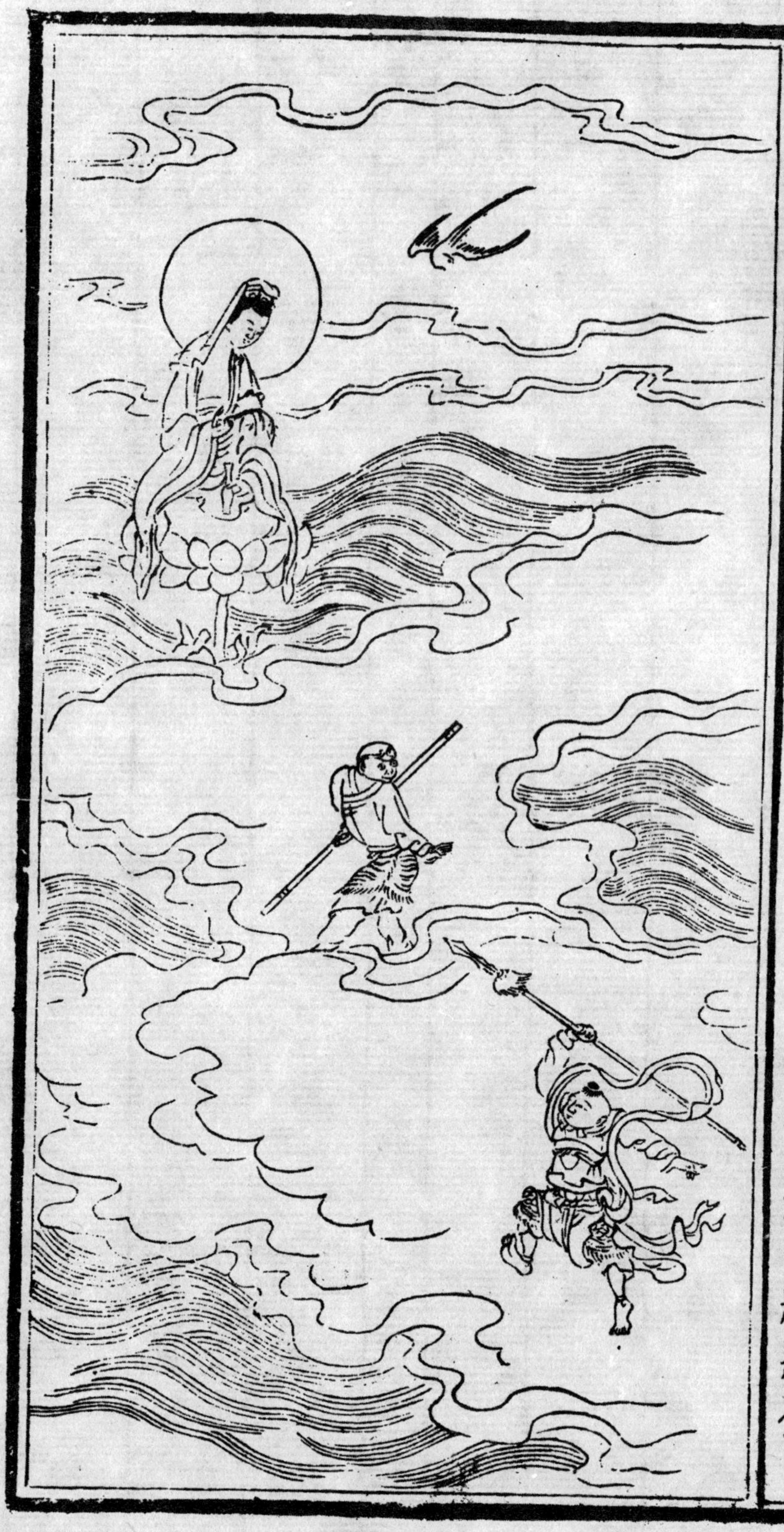

觀音慈善縛紅孩

新镌出像古本西游证道书

清初原刻本

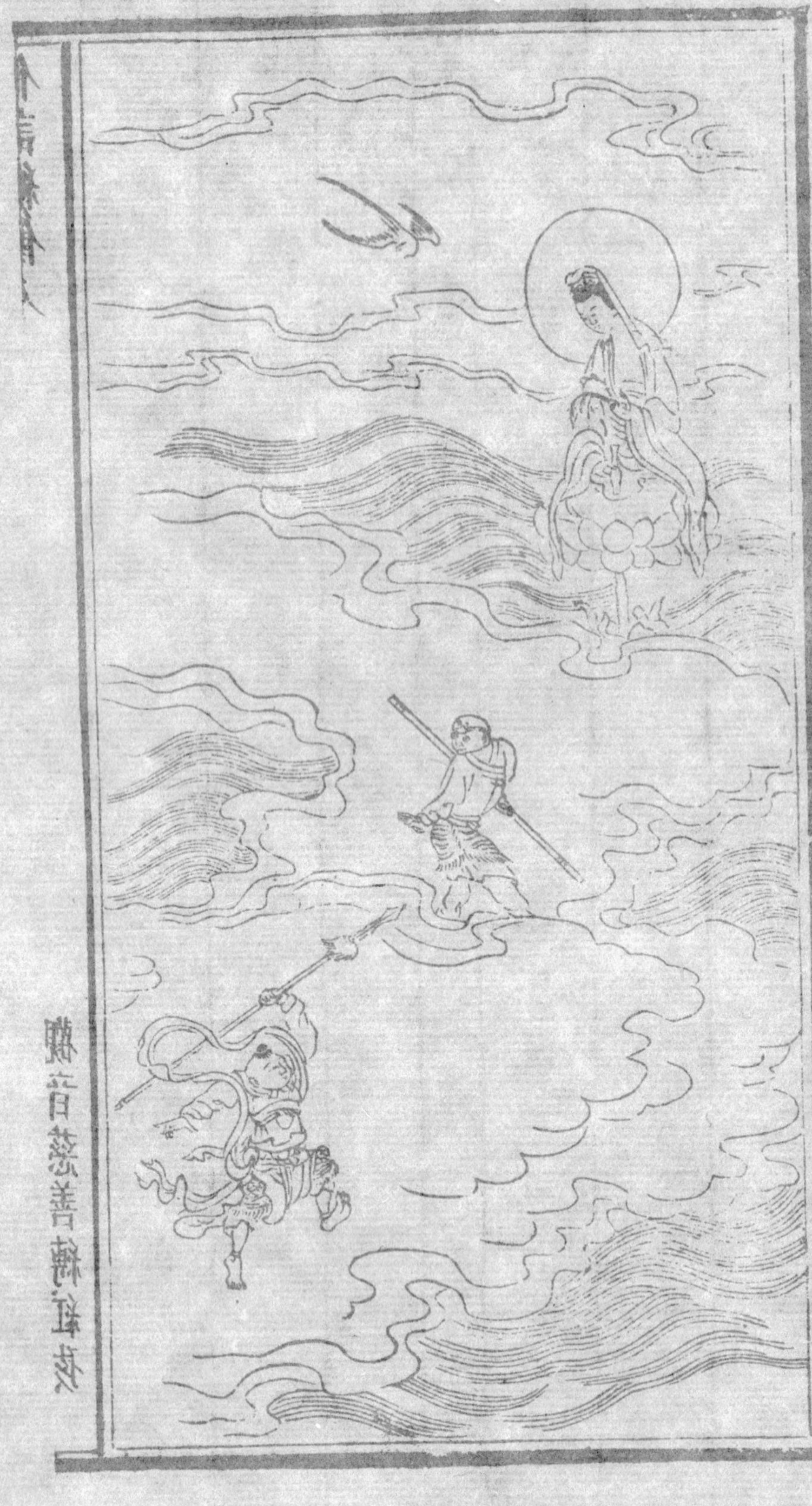

觀音慈善縛紅孩

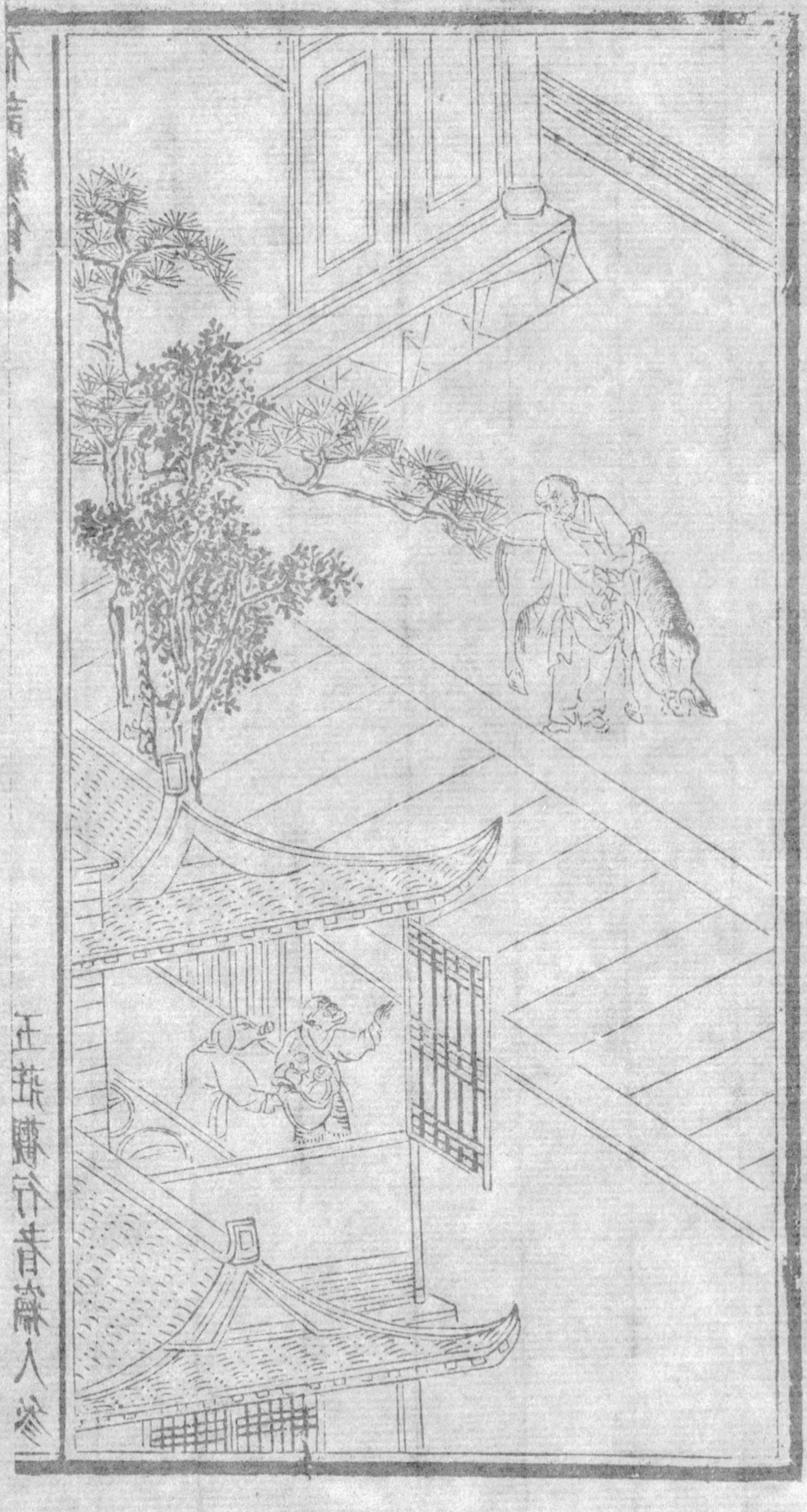

五莊觀行者竊人參

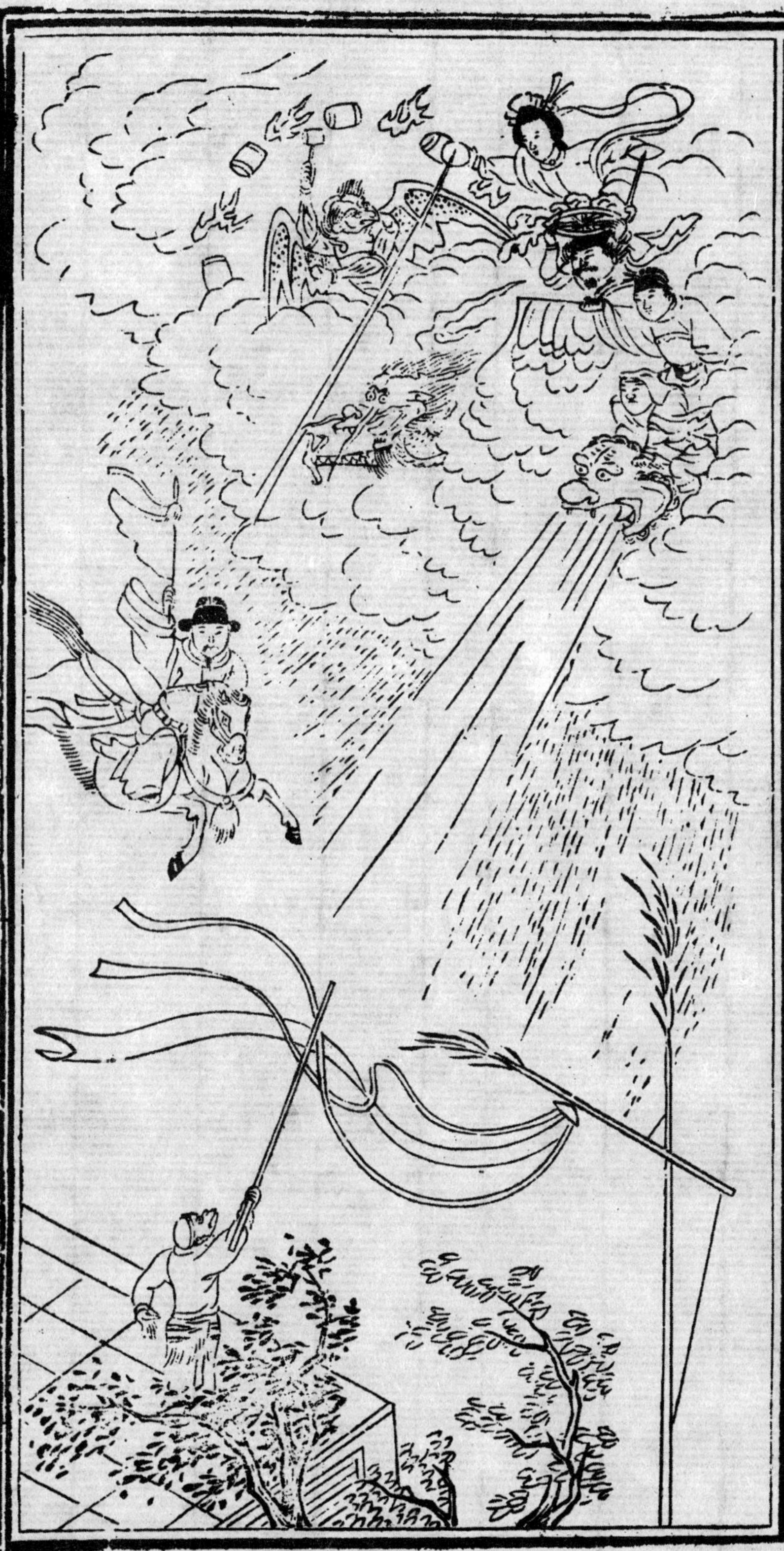

車遲國猴王顯法

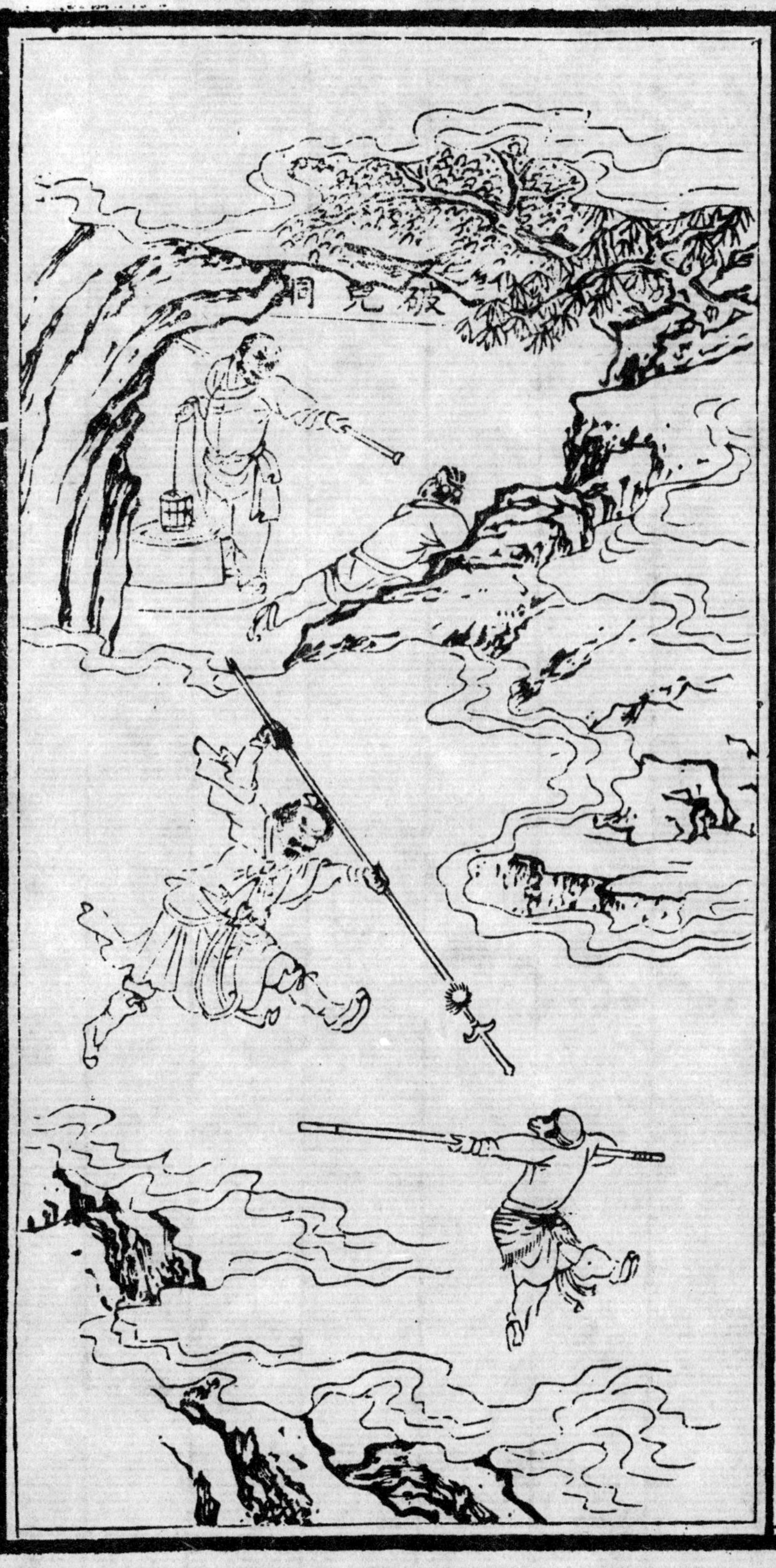

黄婆運水解邪胎

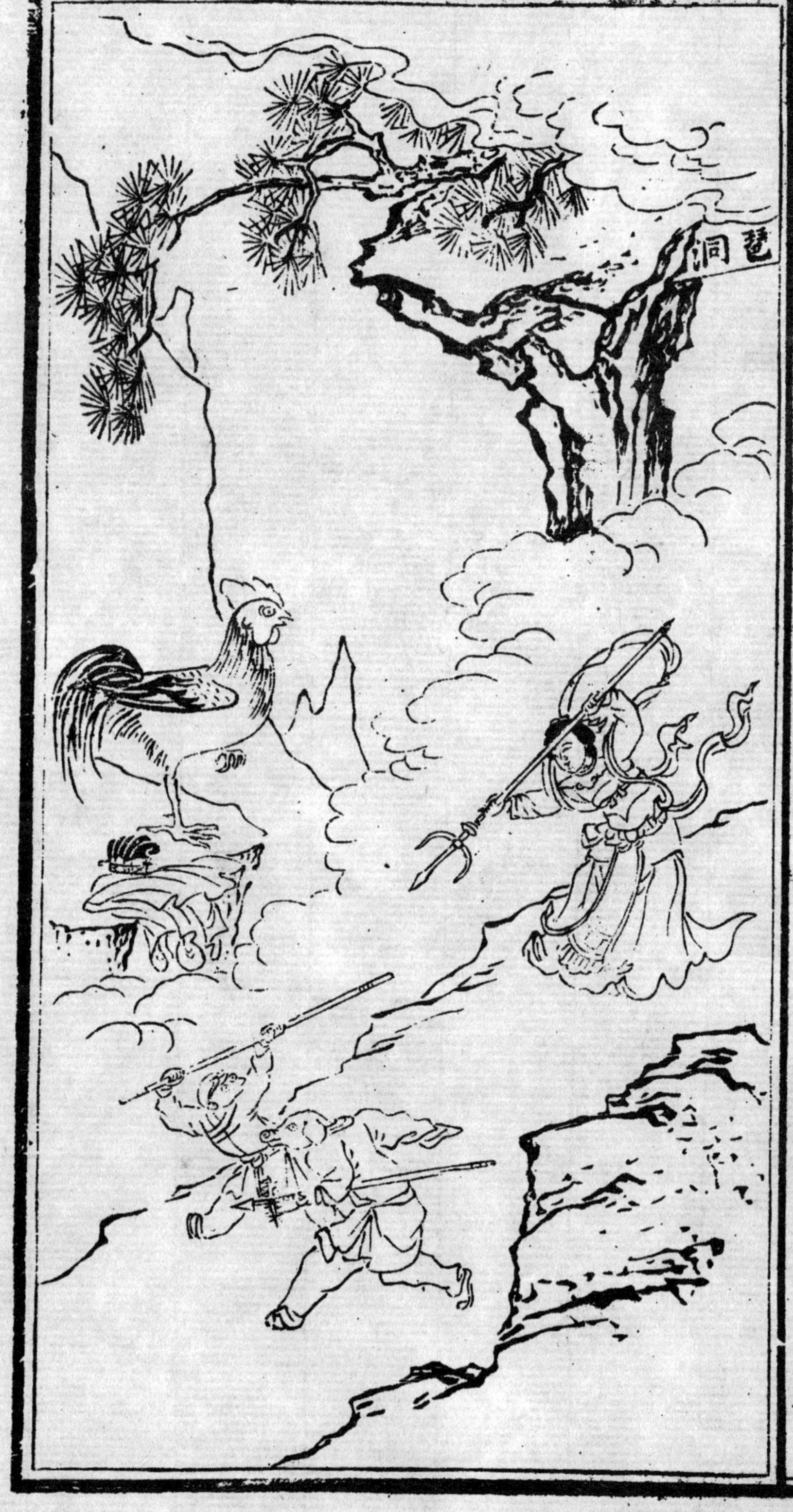

性正修持不壞身

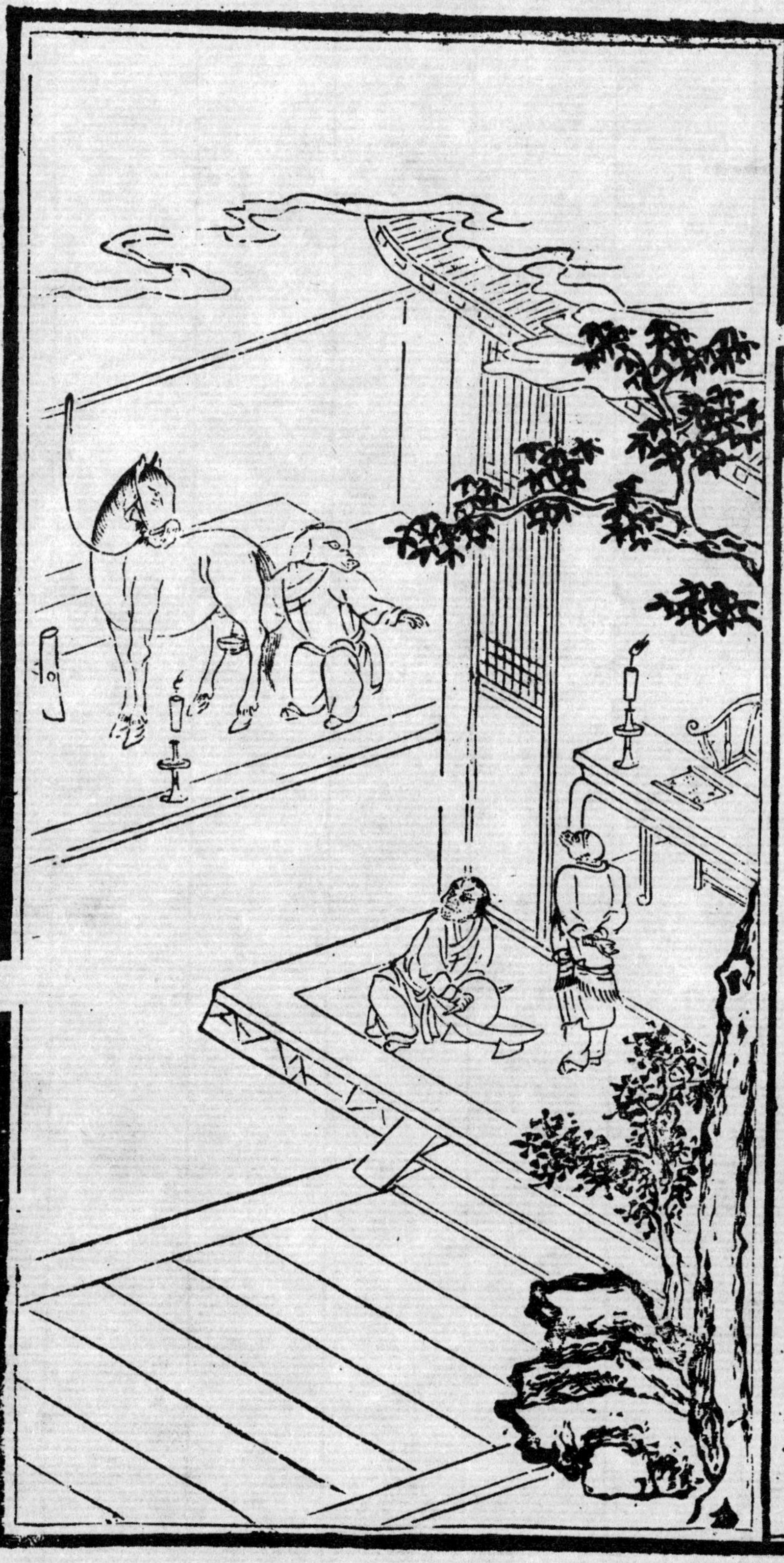

心主夜間脩藥物

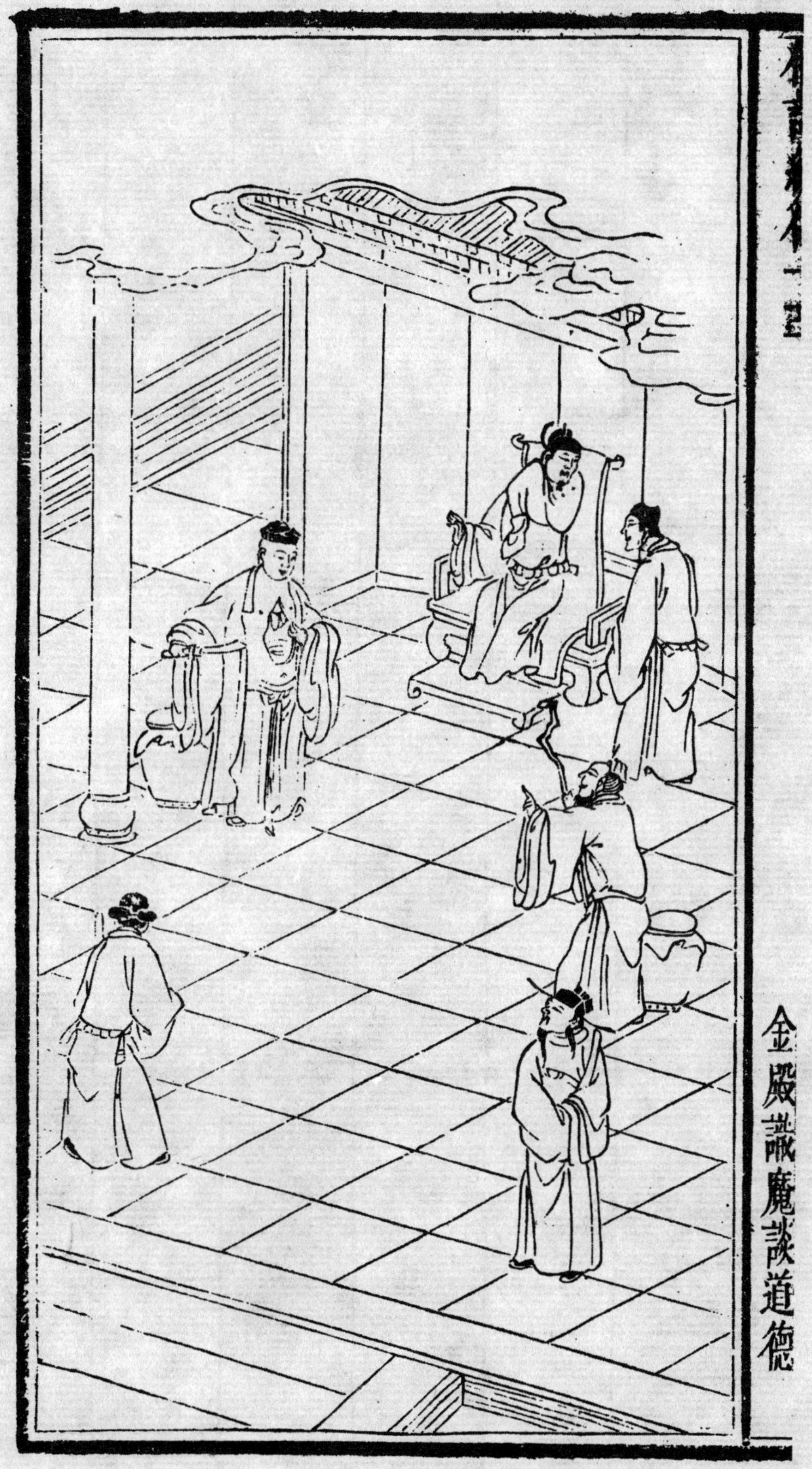

金殿識魔談道德

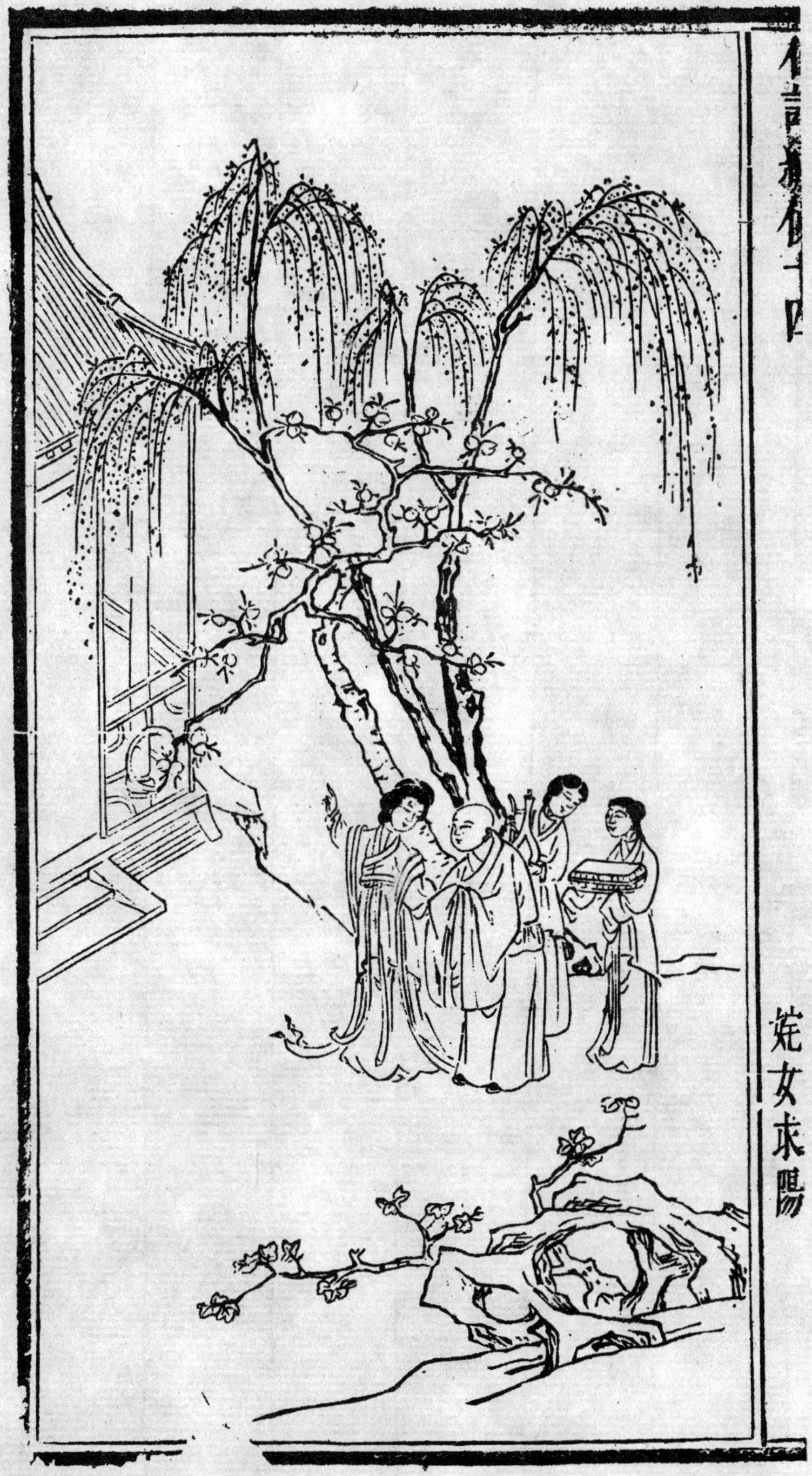

姹女求陽

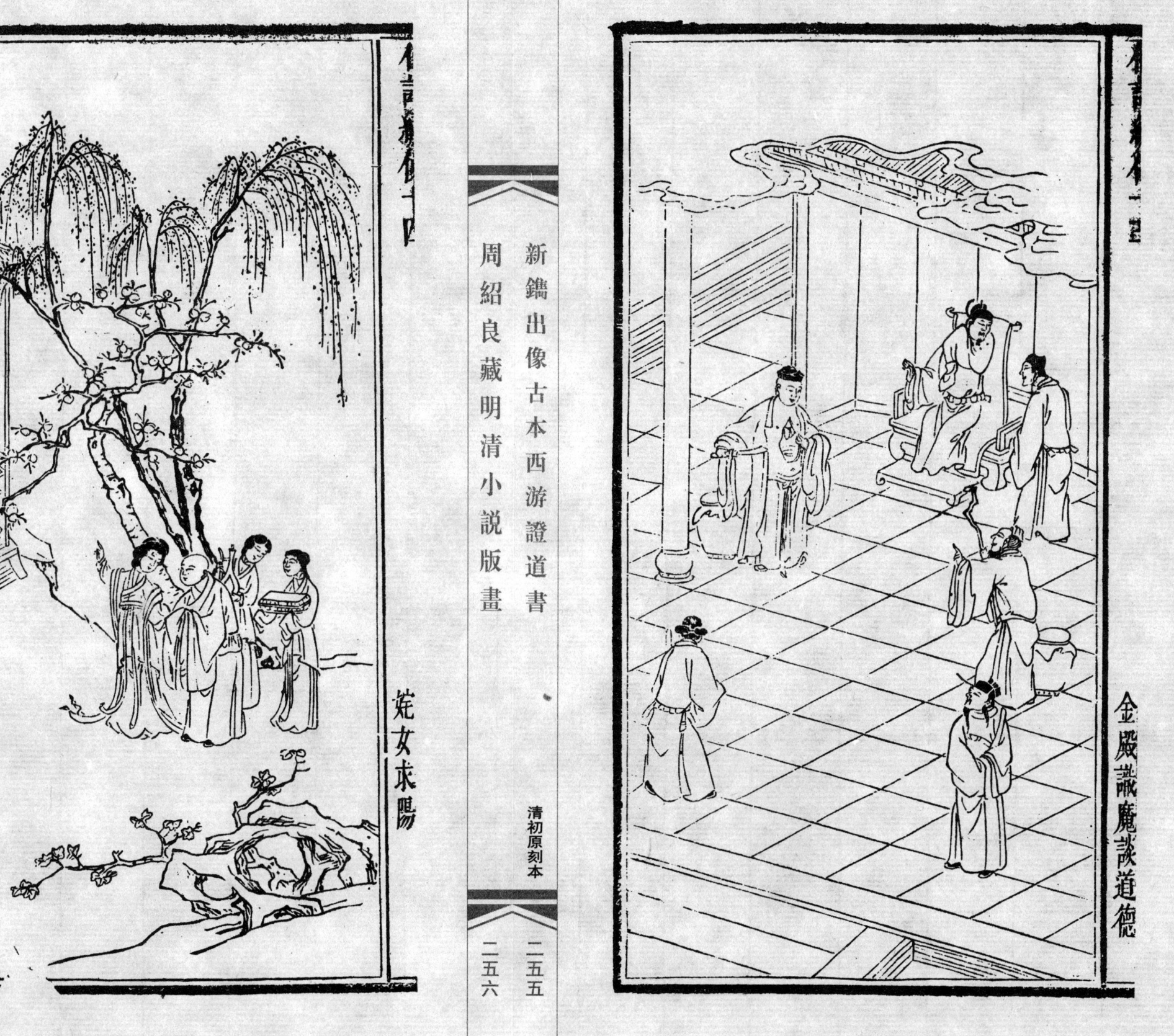

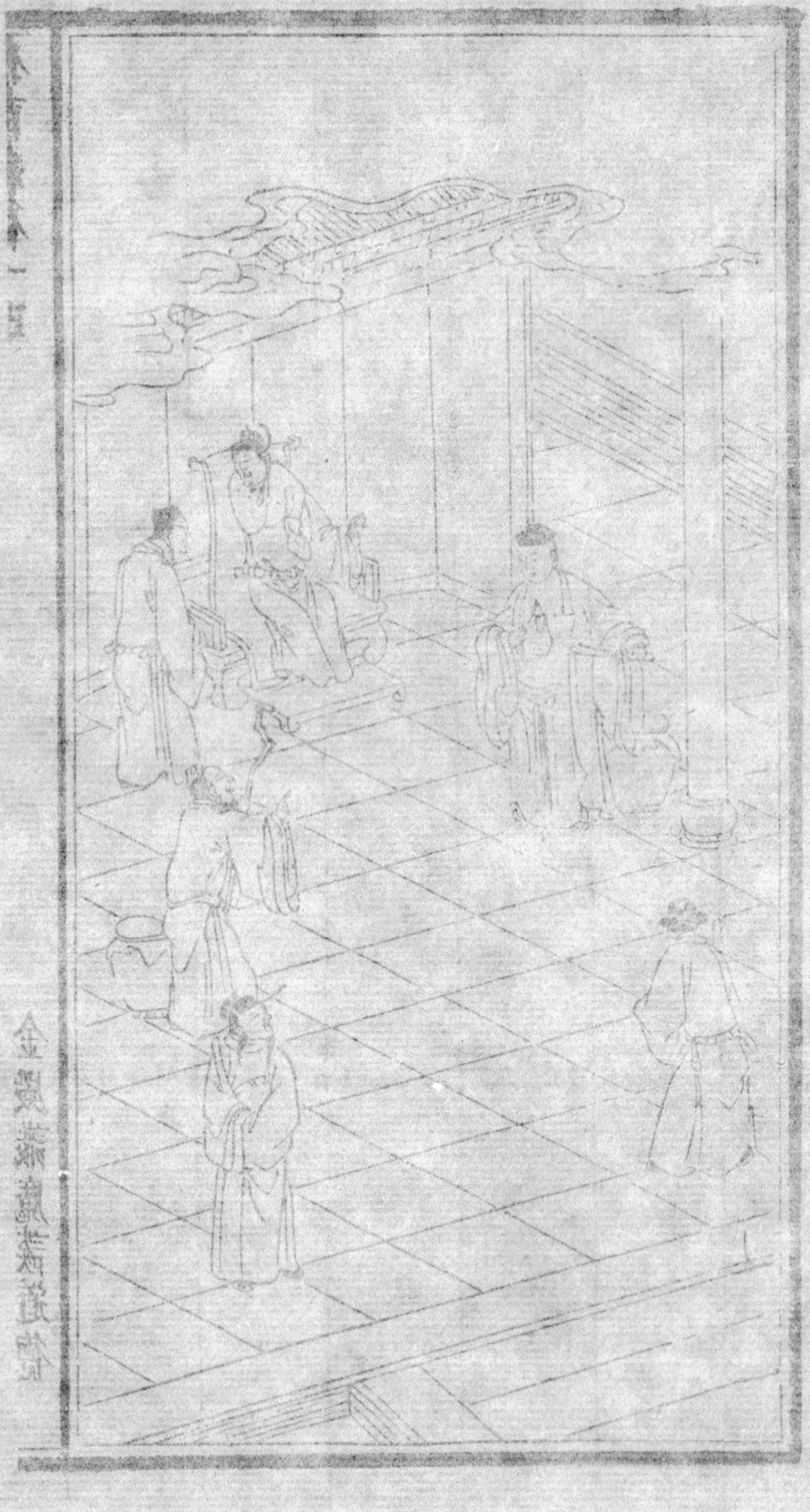

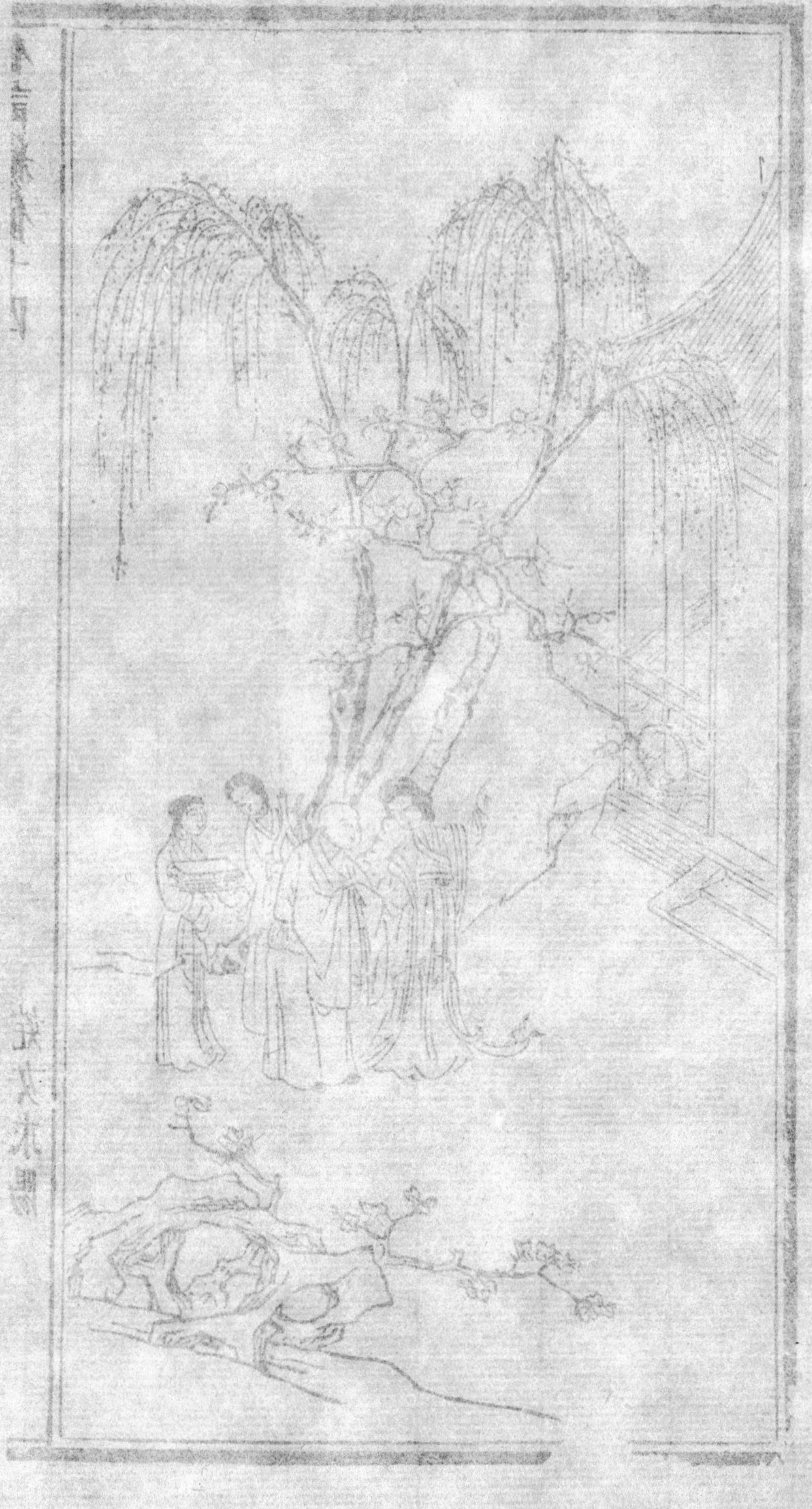

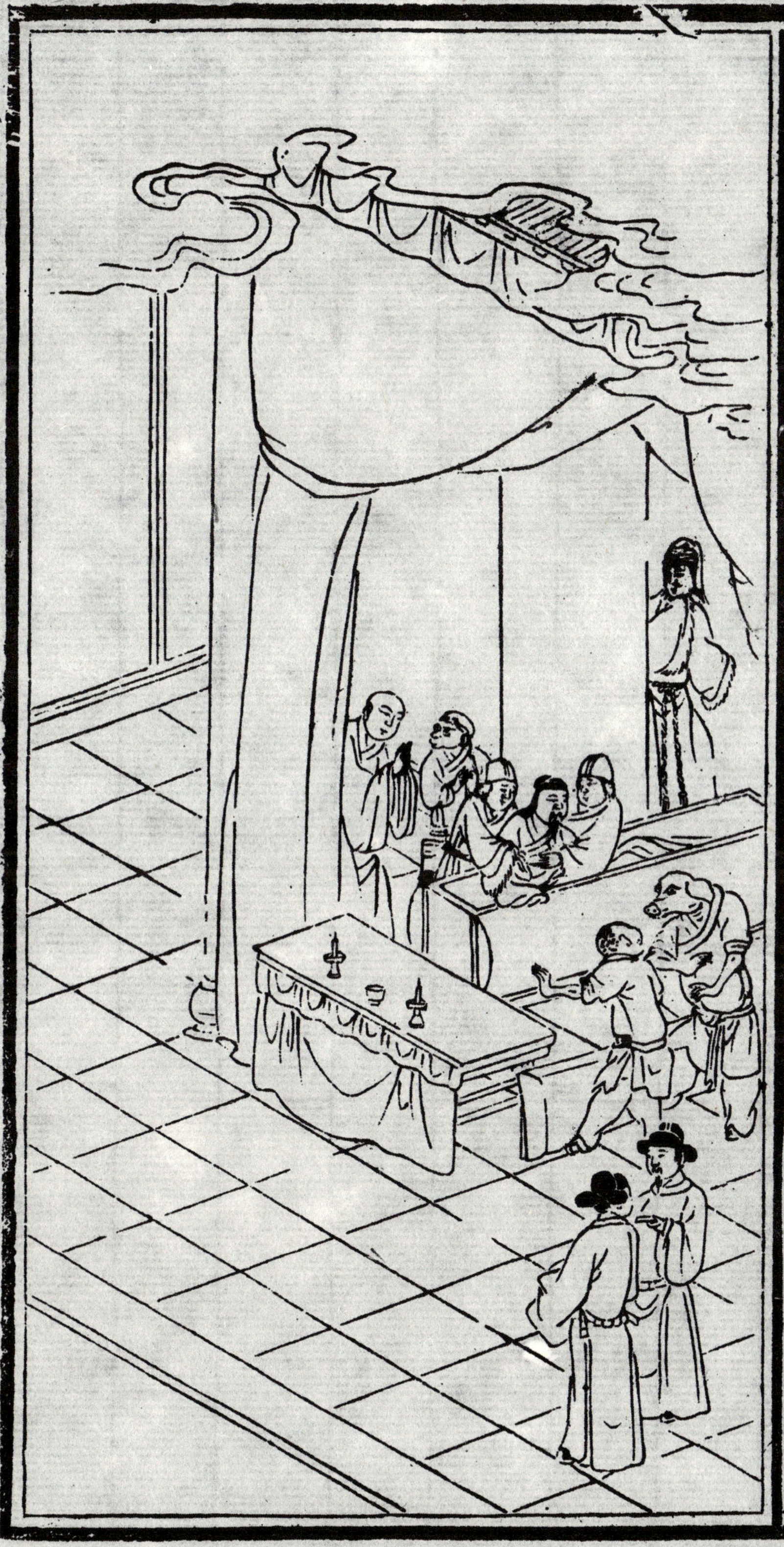

寇員外聖顯幽魂

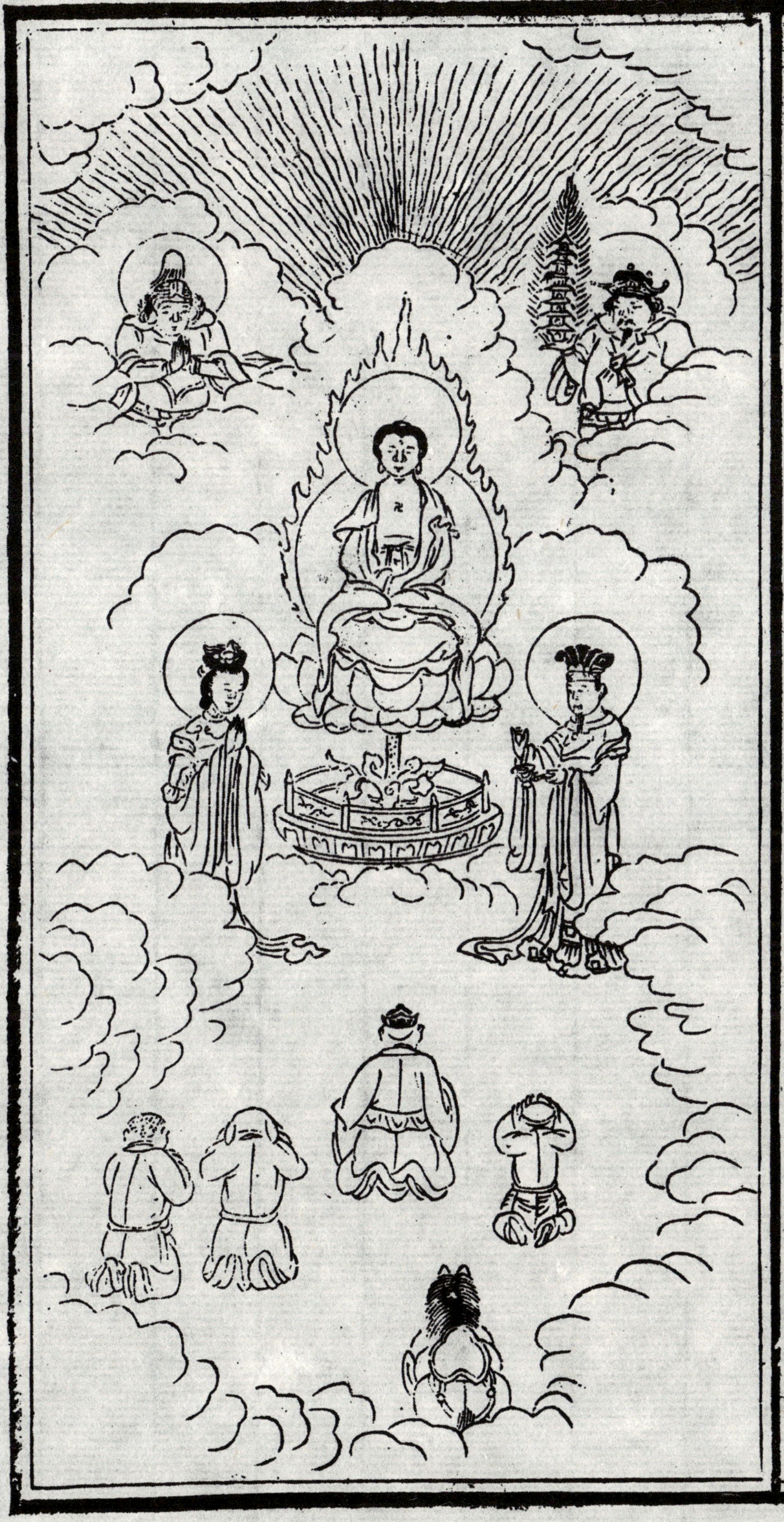

功成行滿見真如

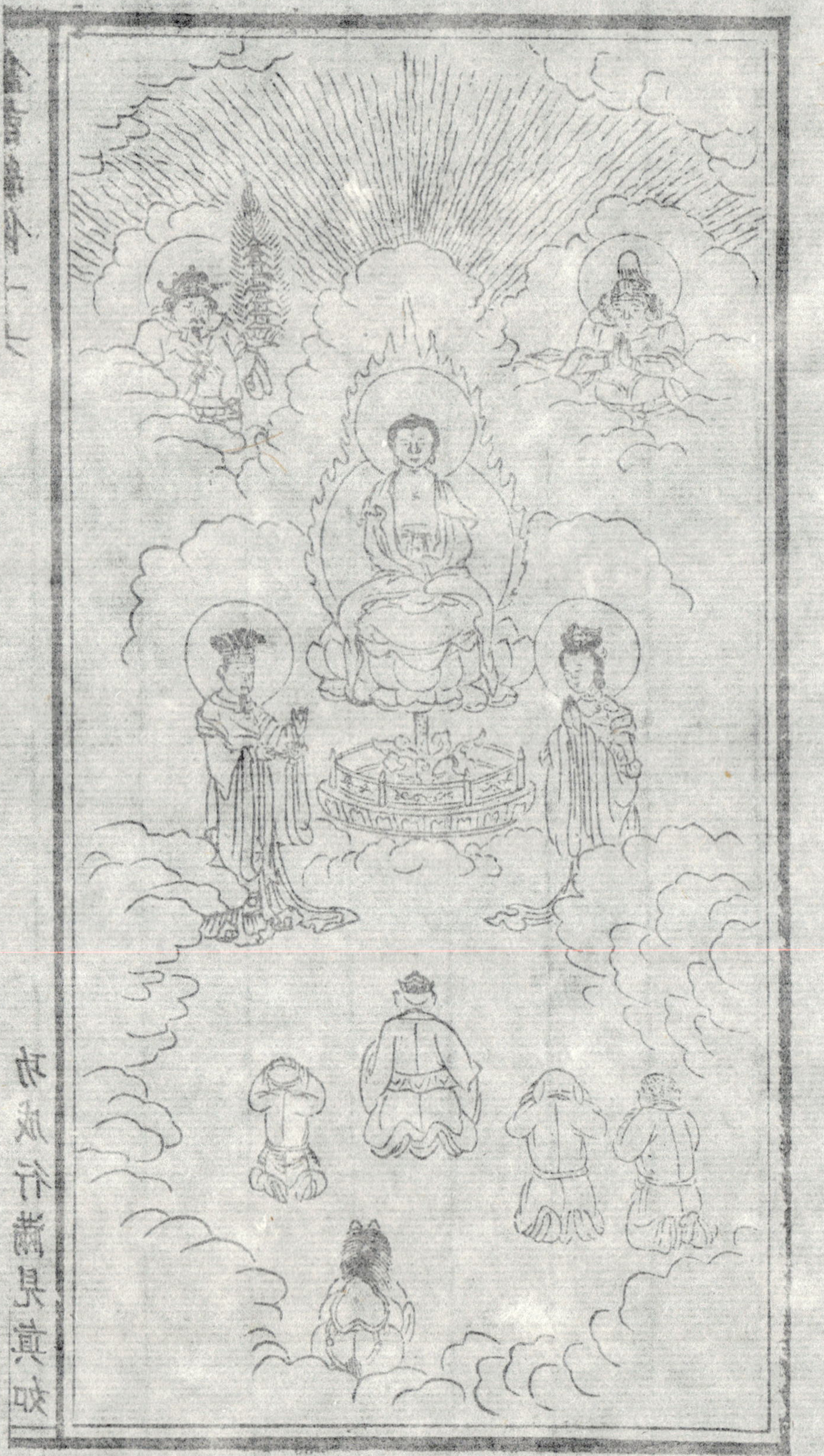

功成行滿見真如

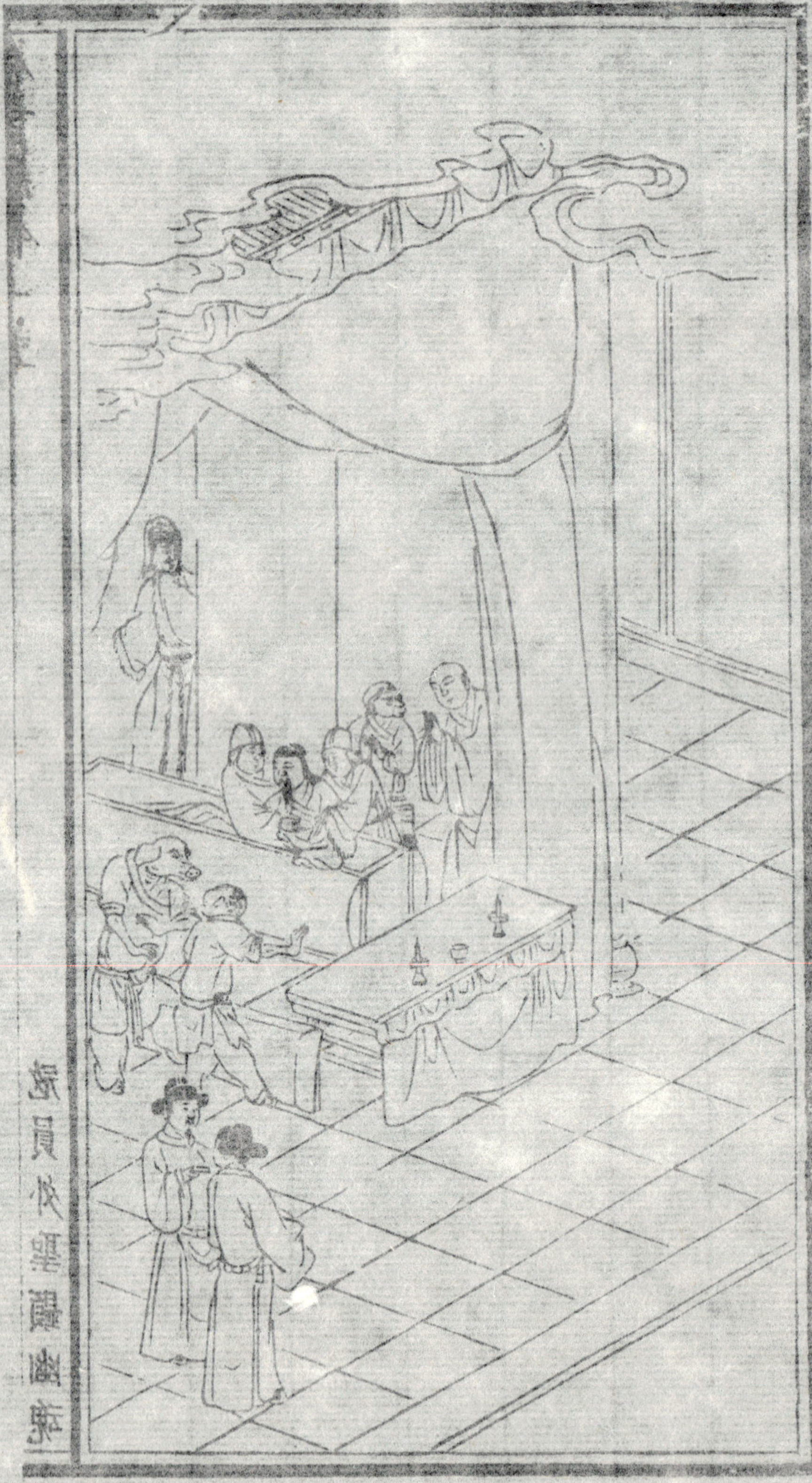

寇員外聖顯幽魂

周紹良藏明清小說版畫

新鐫出像古本西游證道書

清初原刻本

《新鐫出像古本西游證道書》 清初原刻本

目録題『鍾山黄太鴻笑蒼子，西陵汪象旭憺漪子同箋評』。正文題『西陵殘夢道人汪憺漪箋評，鍾山半非居士黄笑蒼印正』，翻來覆去仍是此二人。蓋汪象旭，號憺漪，別號殘夢道人，西陵人，黄太鴻字笑蒼，別號半非居士，鍾山人，蓋俱南京人也。

書前有『仙詩綉像』十六幅，右圖左詩，刻繪極工細，第一幅《悟徹悟提真妙理》圖左下方有小字『念翼』，即胡念翊，乃有名繪手，李漁《無聲戲》原本圖即其所繪，可見此書諸圖亦出其手筆。

正文半葉九行，行二十六字。版心上頂格題『證道書』，中題『古本西游第某回』。

《新鐫出像古本西游證道書》首有天曆己巳（公元一三二九年）翰林學士臨川邵庵虞集撰《原序》，次《丘長春真君傳》。卷端題：『西陵殘夢道人汪憺漪箋評，鍾山半非居士黄笑蒼印正』。有單幅圖十六幅。

一、悟徹菩提真妙理（念翼寫） 二、九幽十類盡除名 三、八卦爐中逃大聖 四、心猿皈正 五、雲棧洞悟空收八戒 六、木乂奉法收悟凈 七、五莊觀行者竊人參 八、觀音慈善縛紅孩 九、車遲國猴王顯法 十、黄婆運水解邪胎 十一、性正修持不壞身 十二、心主夜間修藥物 十三、金殿識魔談道德 十四、姹女求陽 十五、寇員外聖顯幽魂 十六、功成行滿見真如

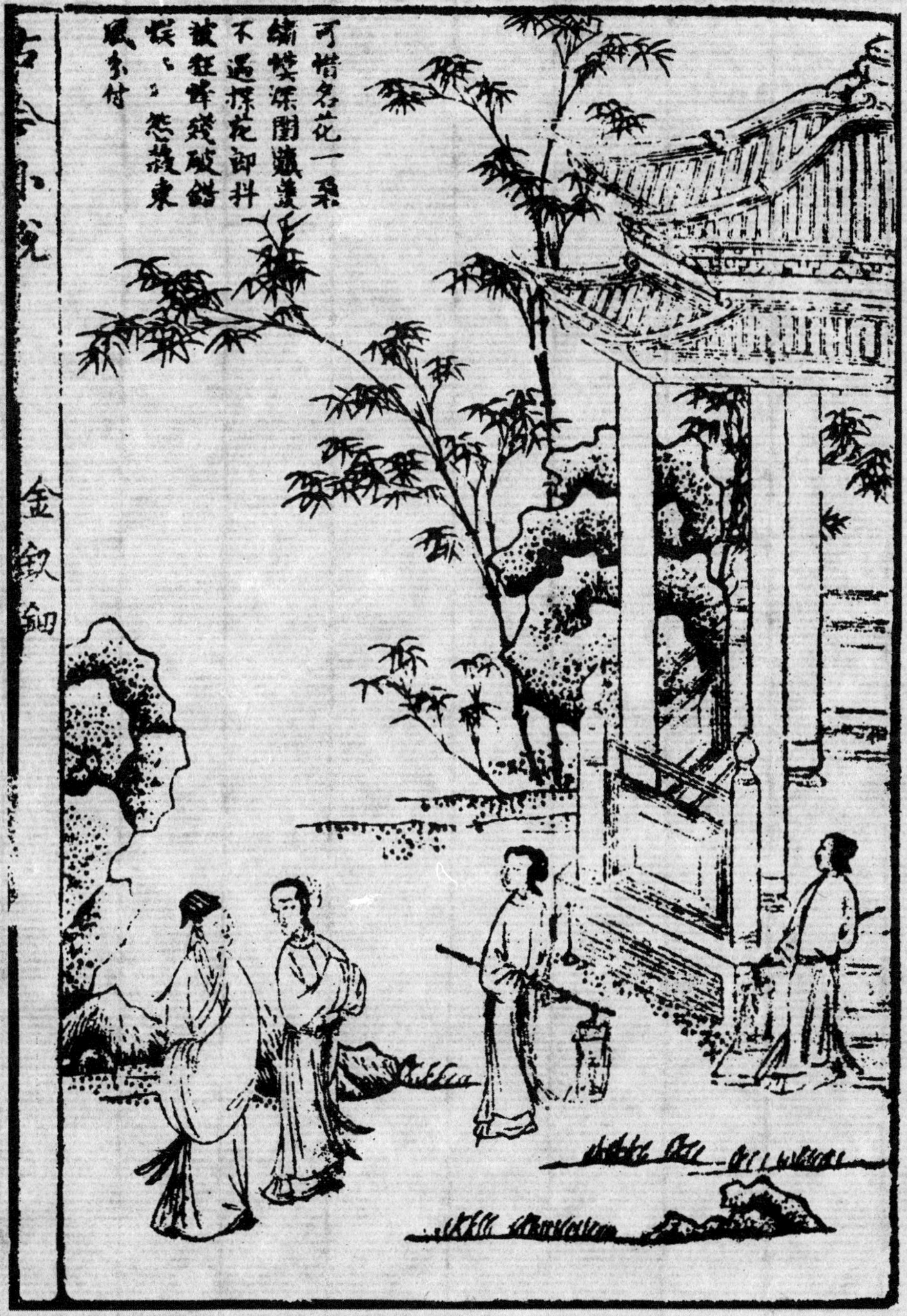

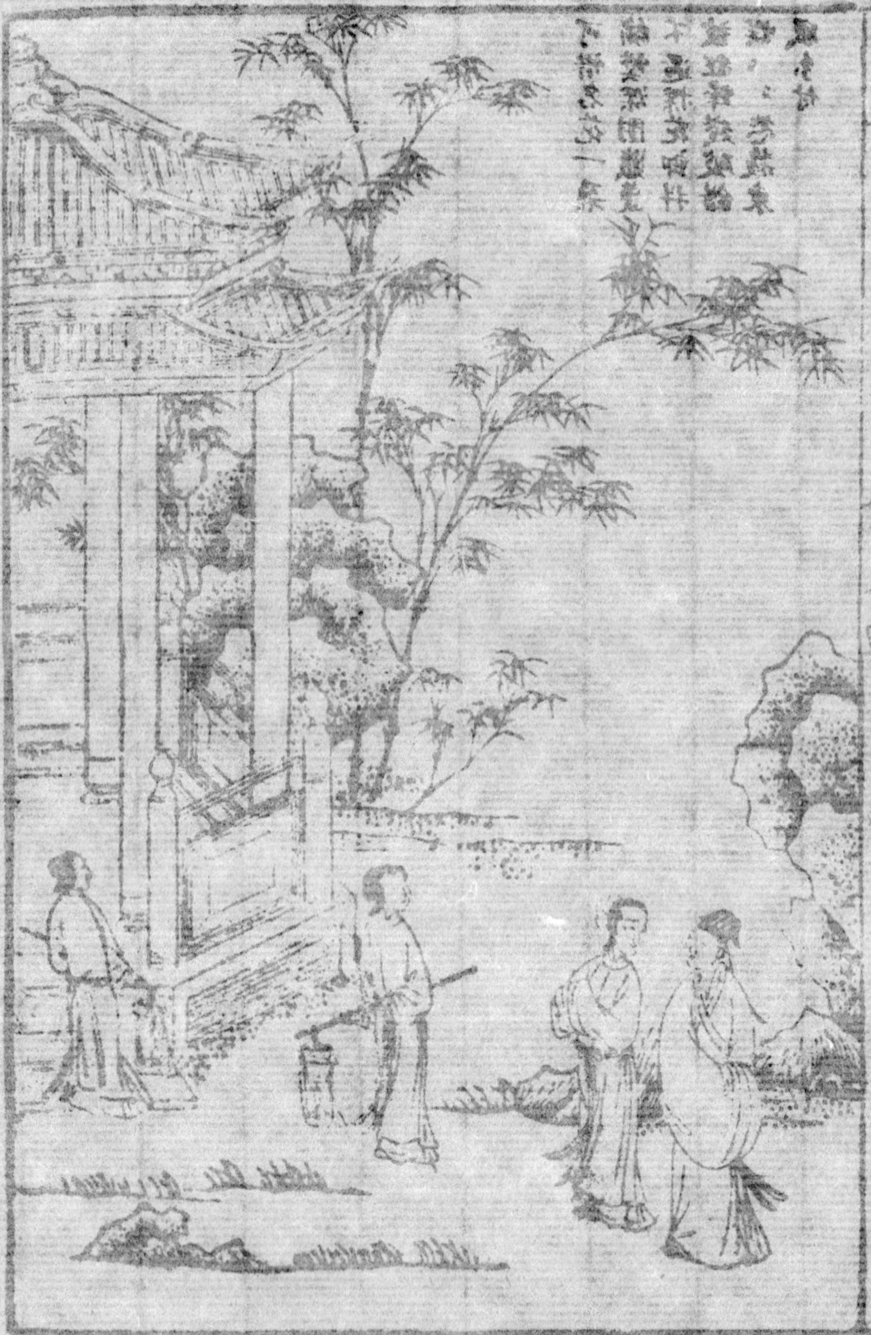

古今小說

周紹良藏明清小說版畫

明刻本

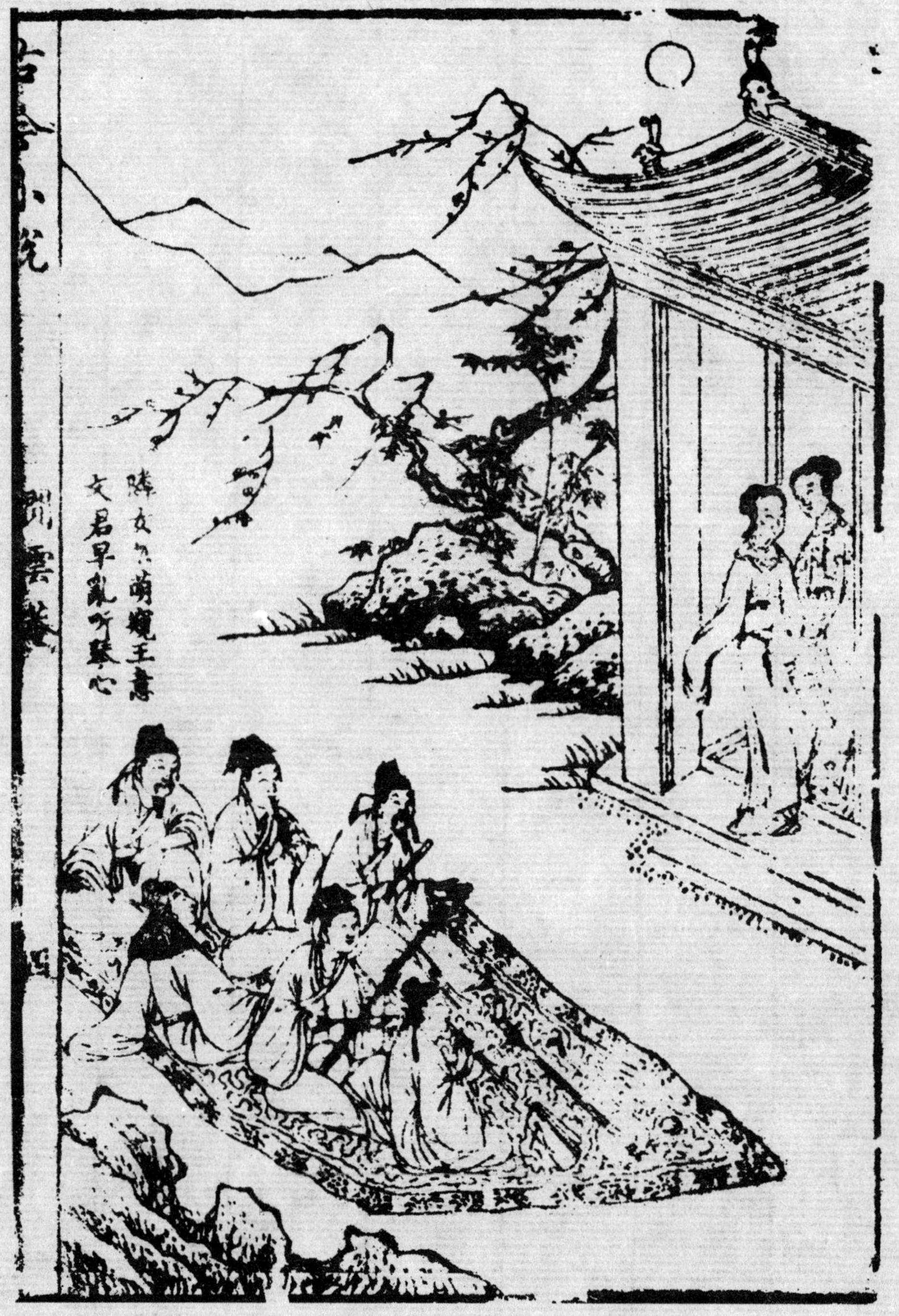

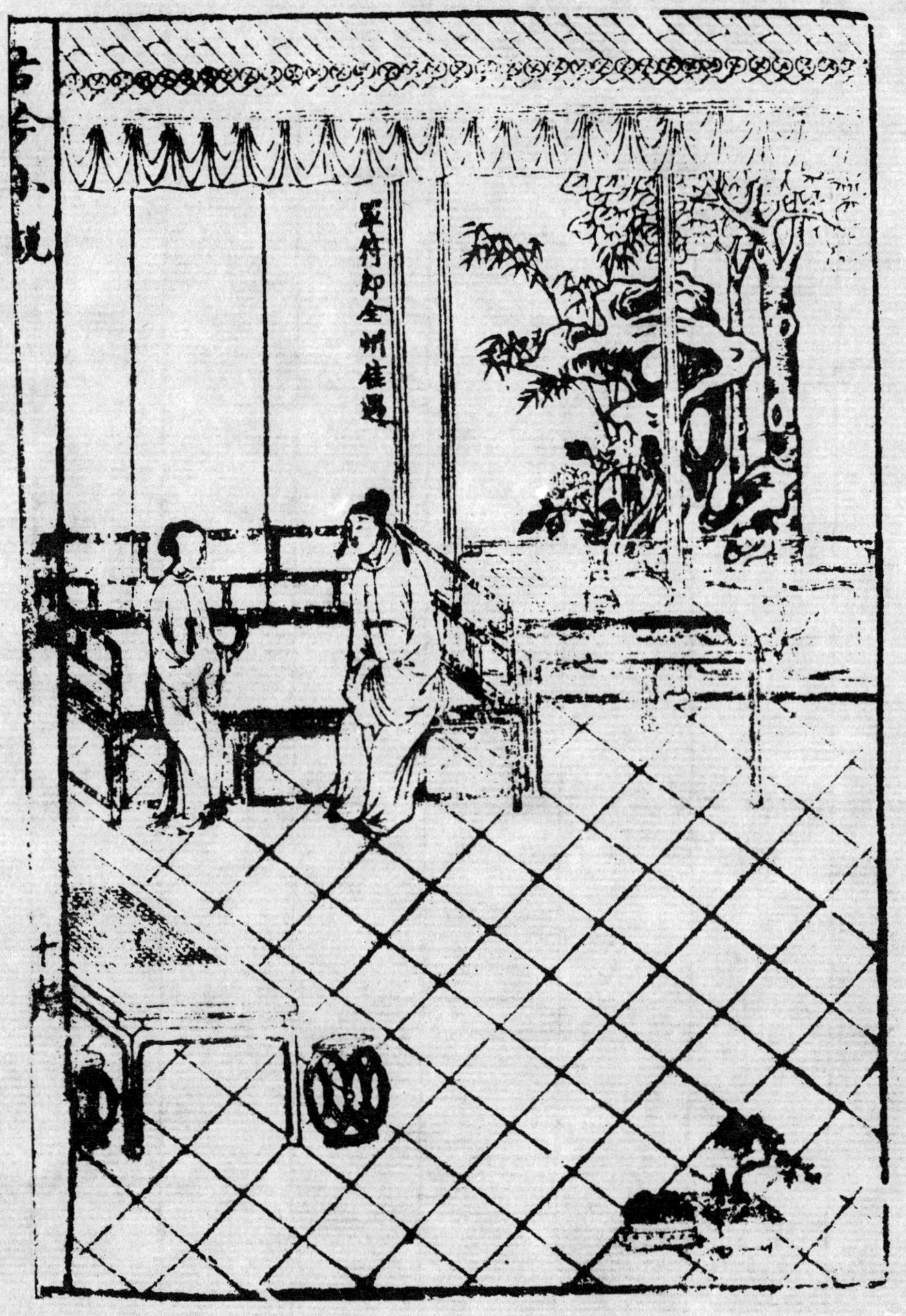

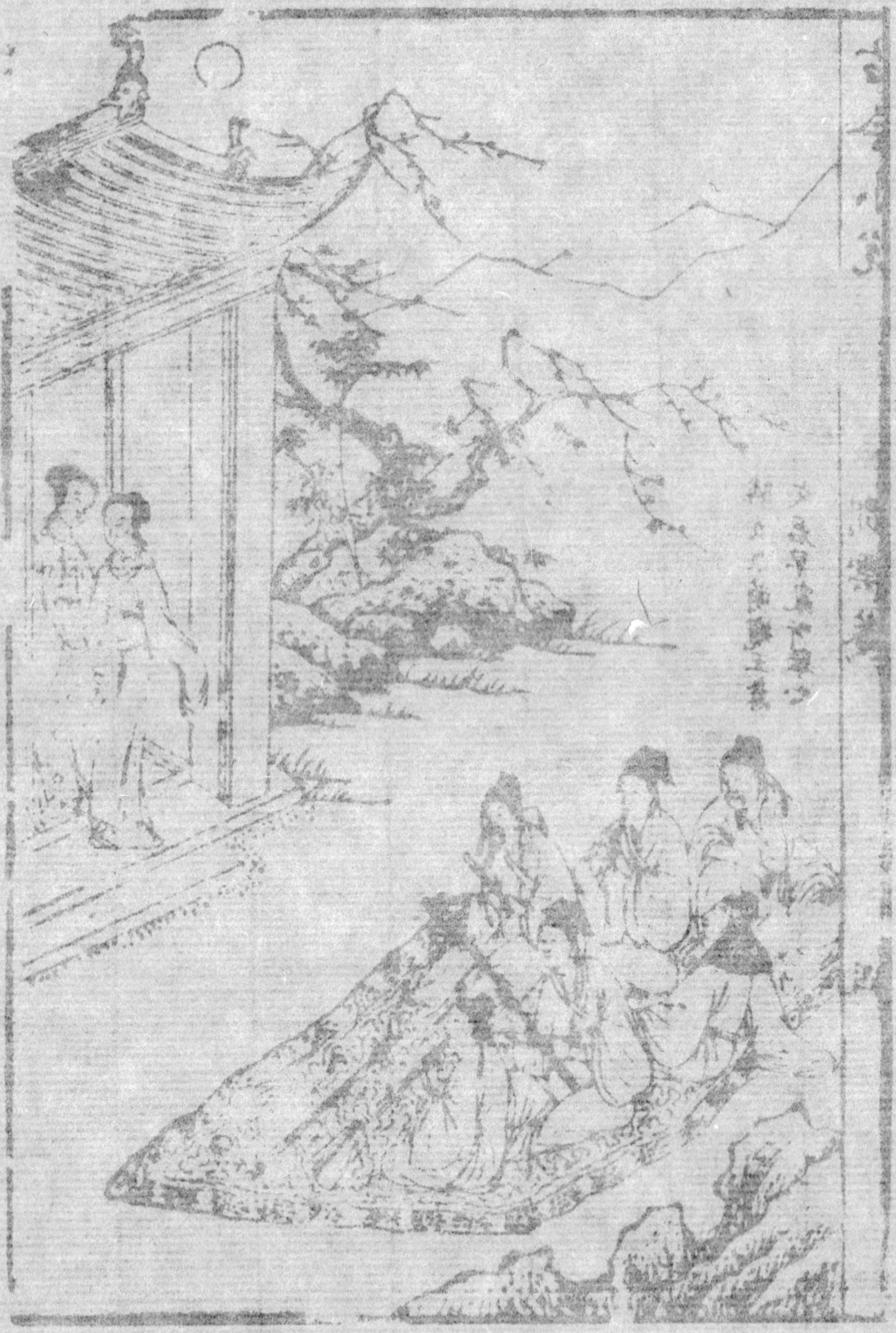

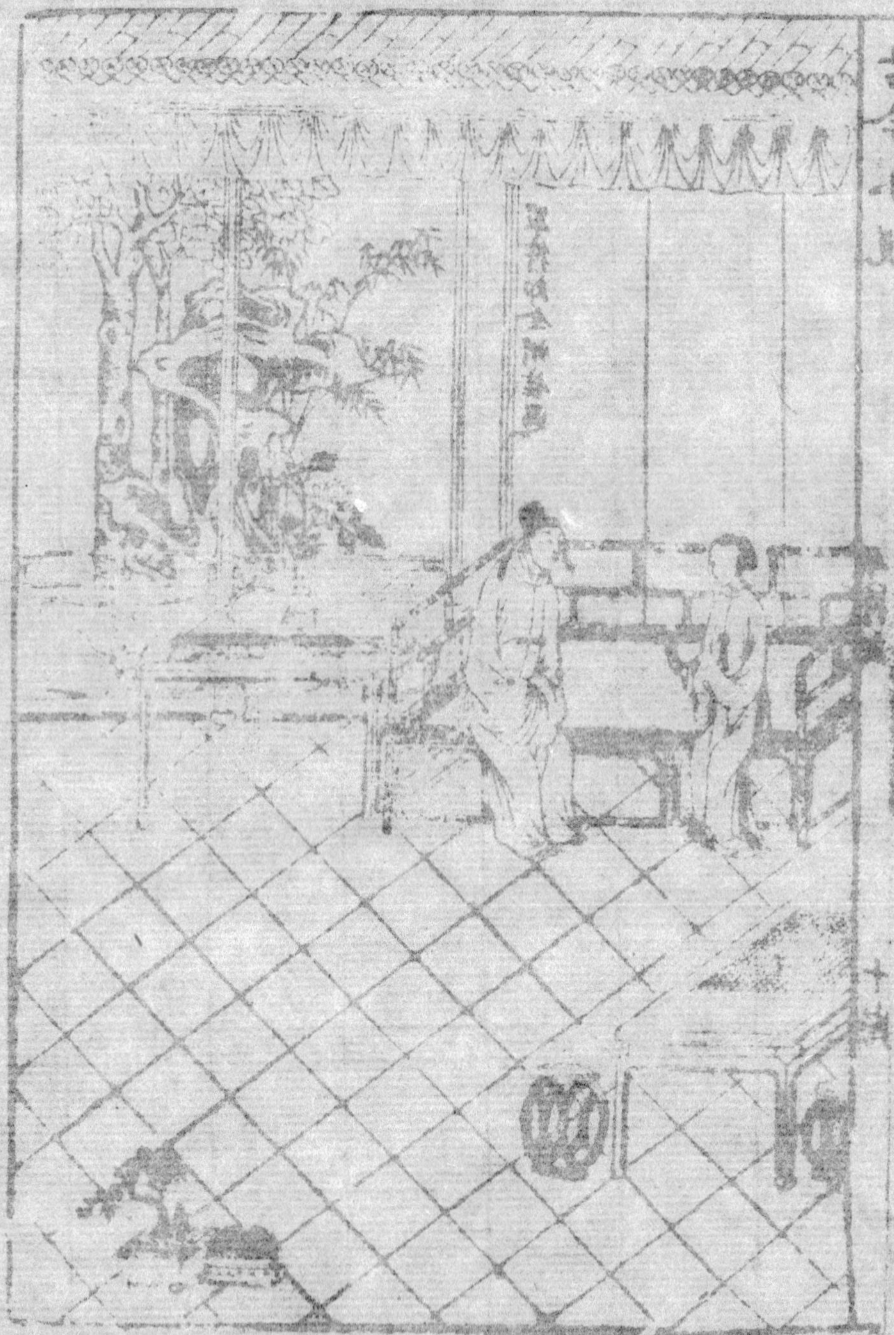

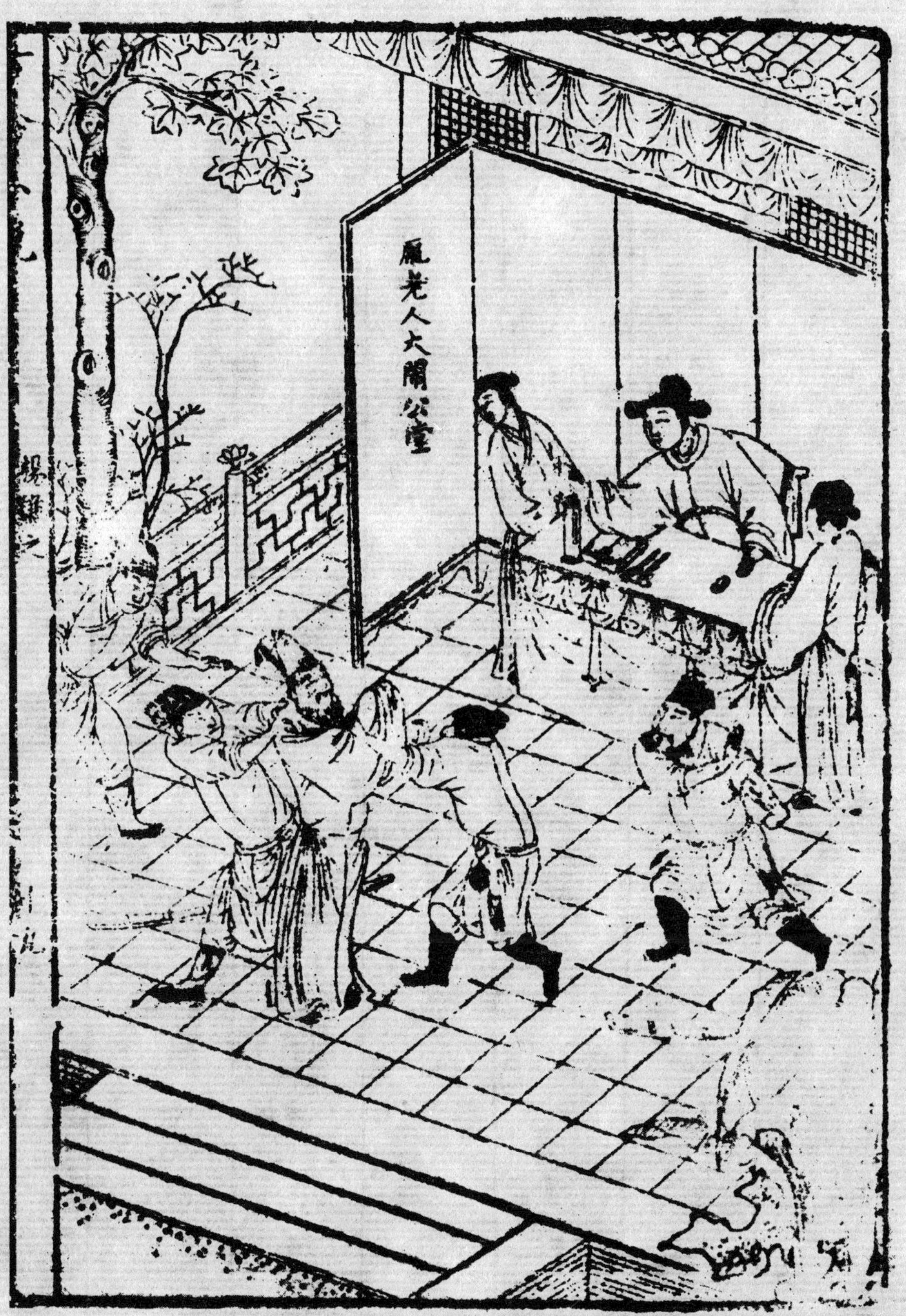

明刻本

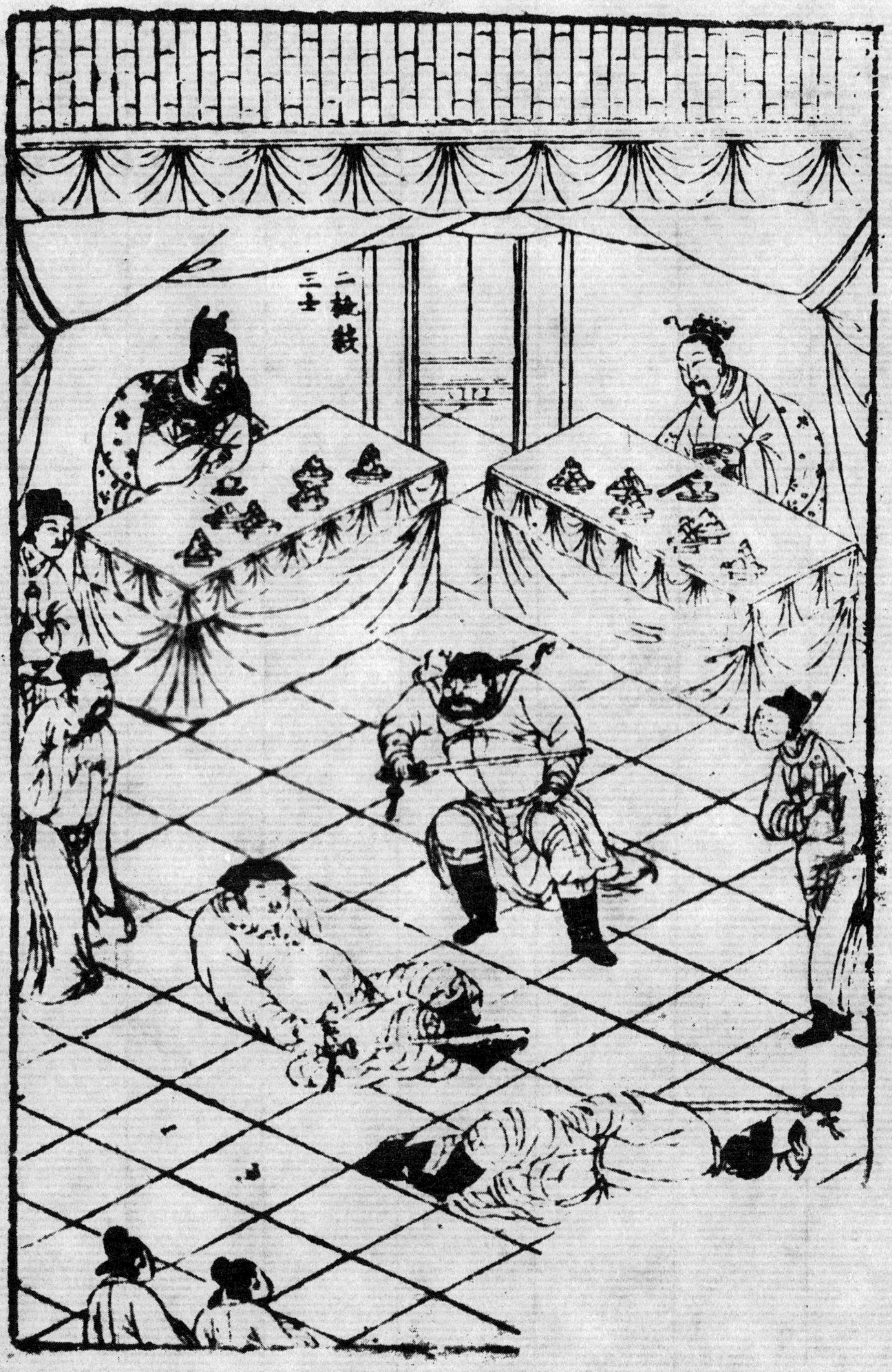

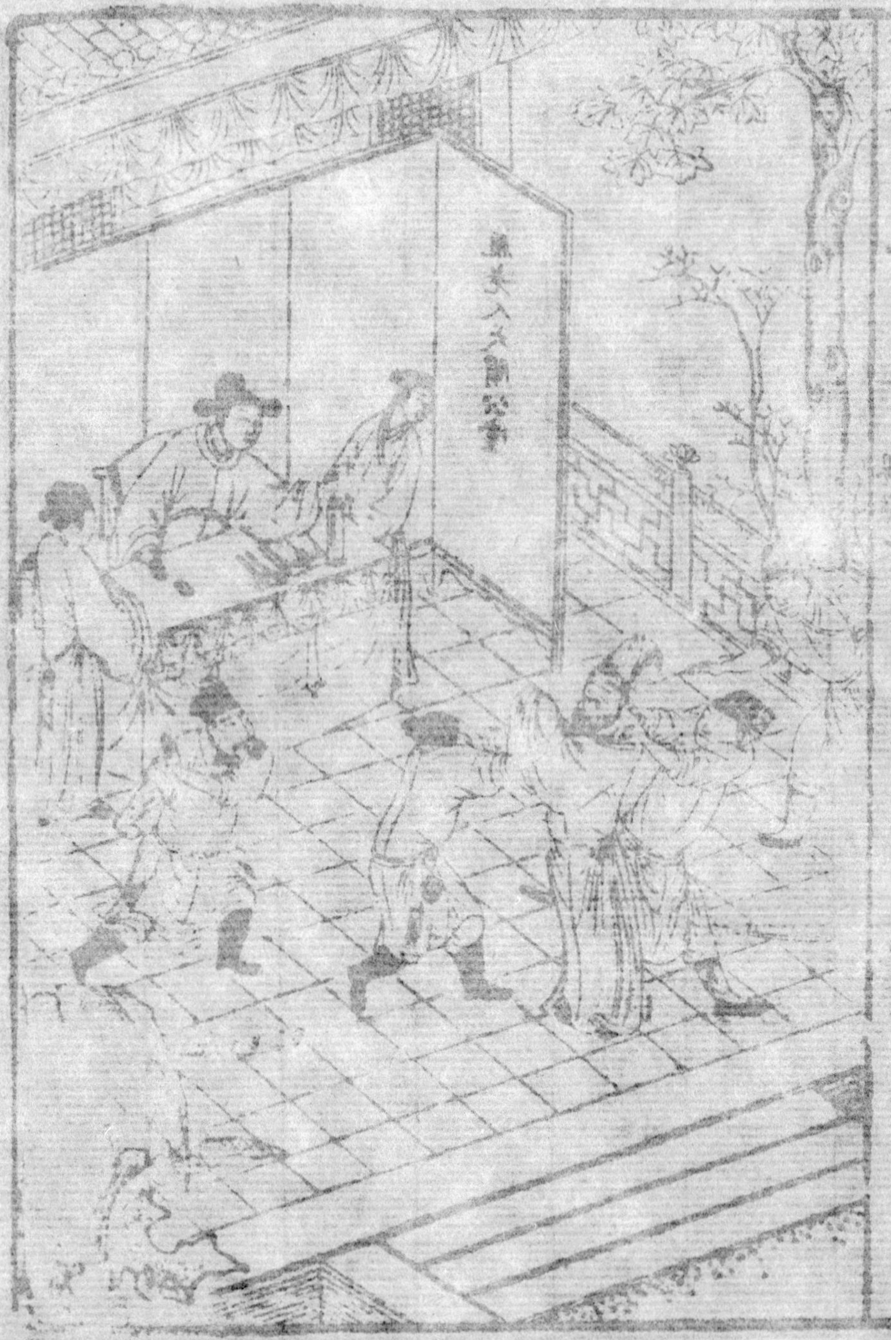

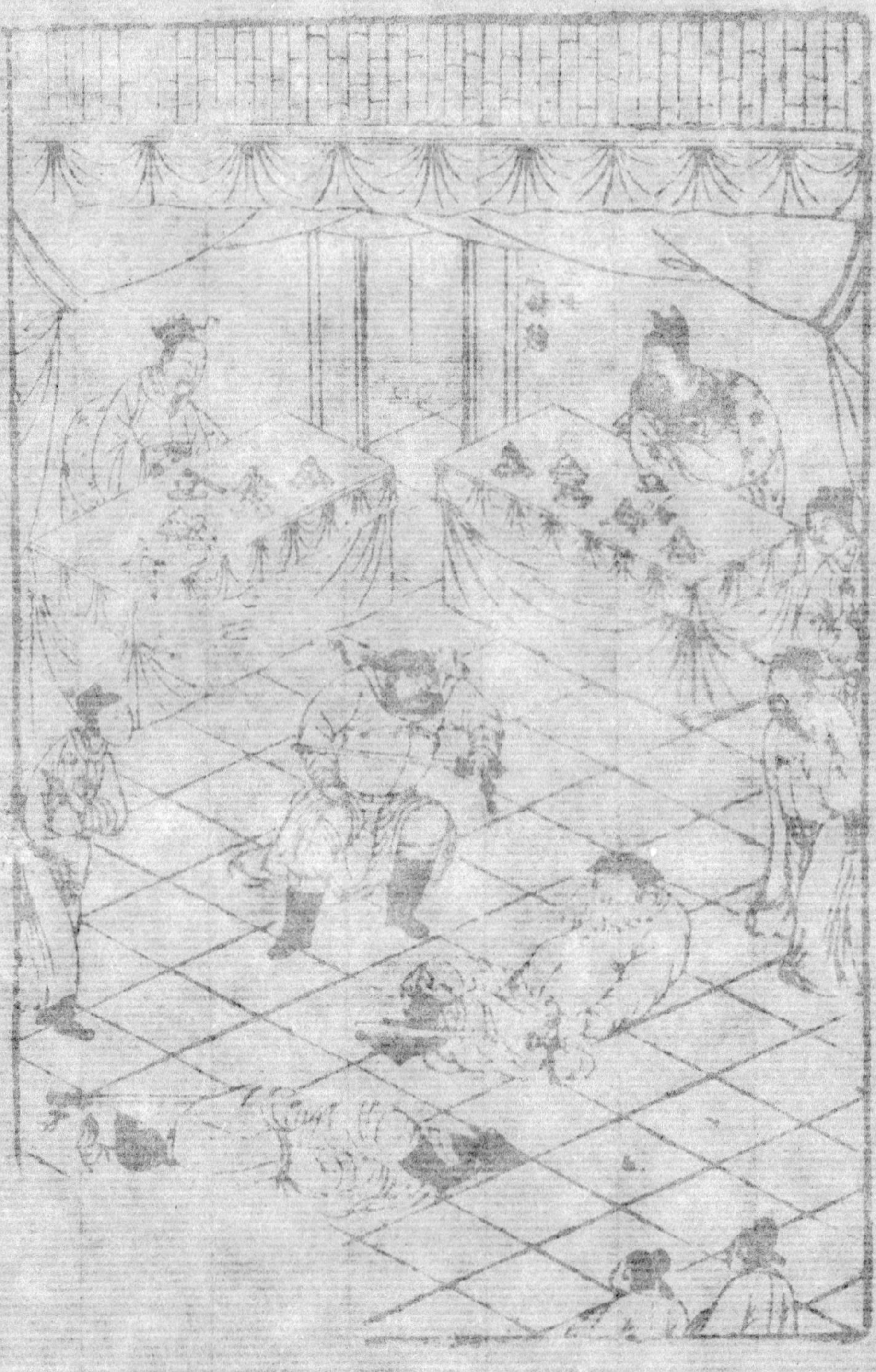

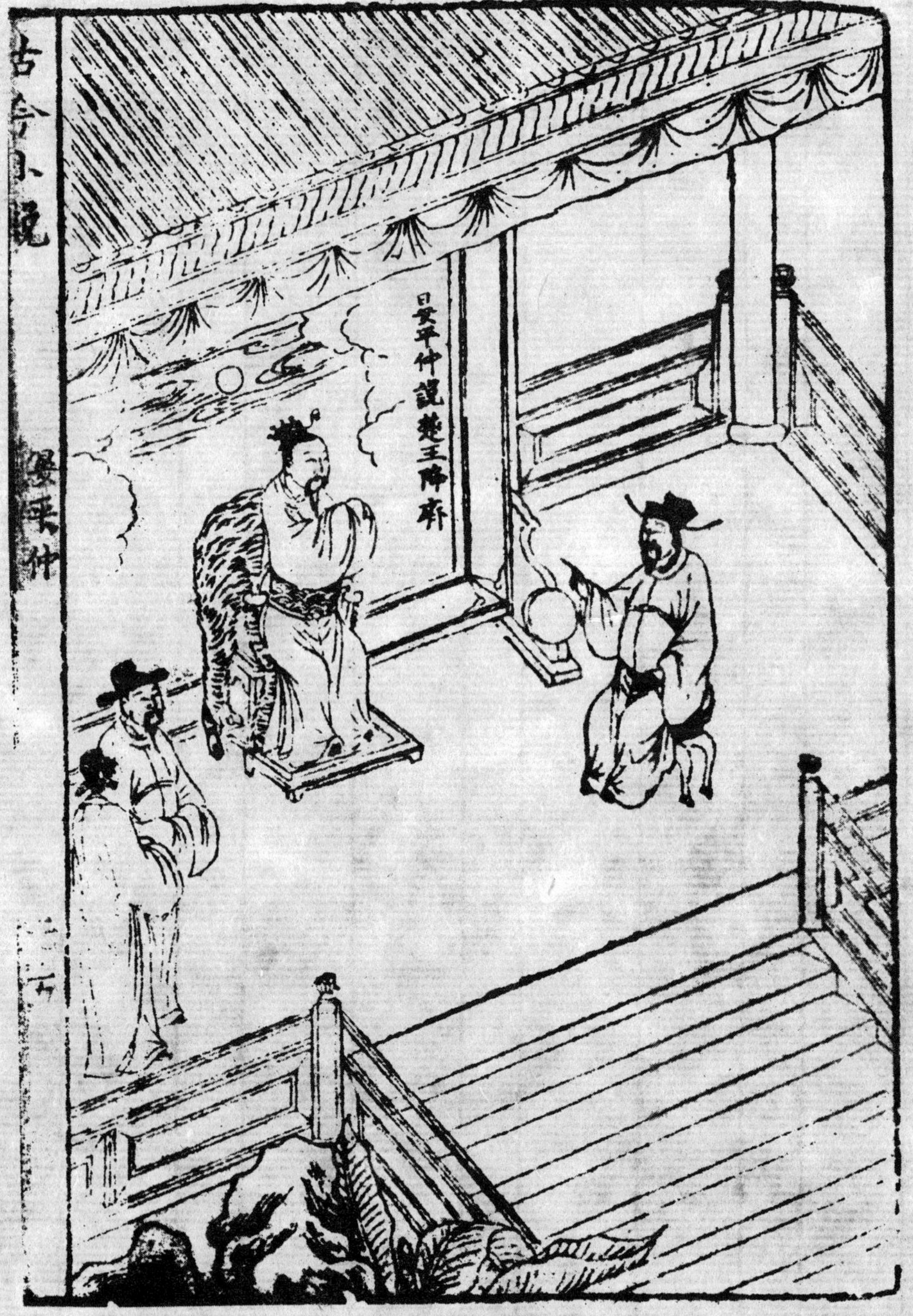

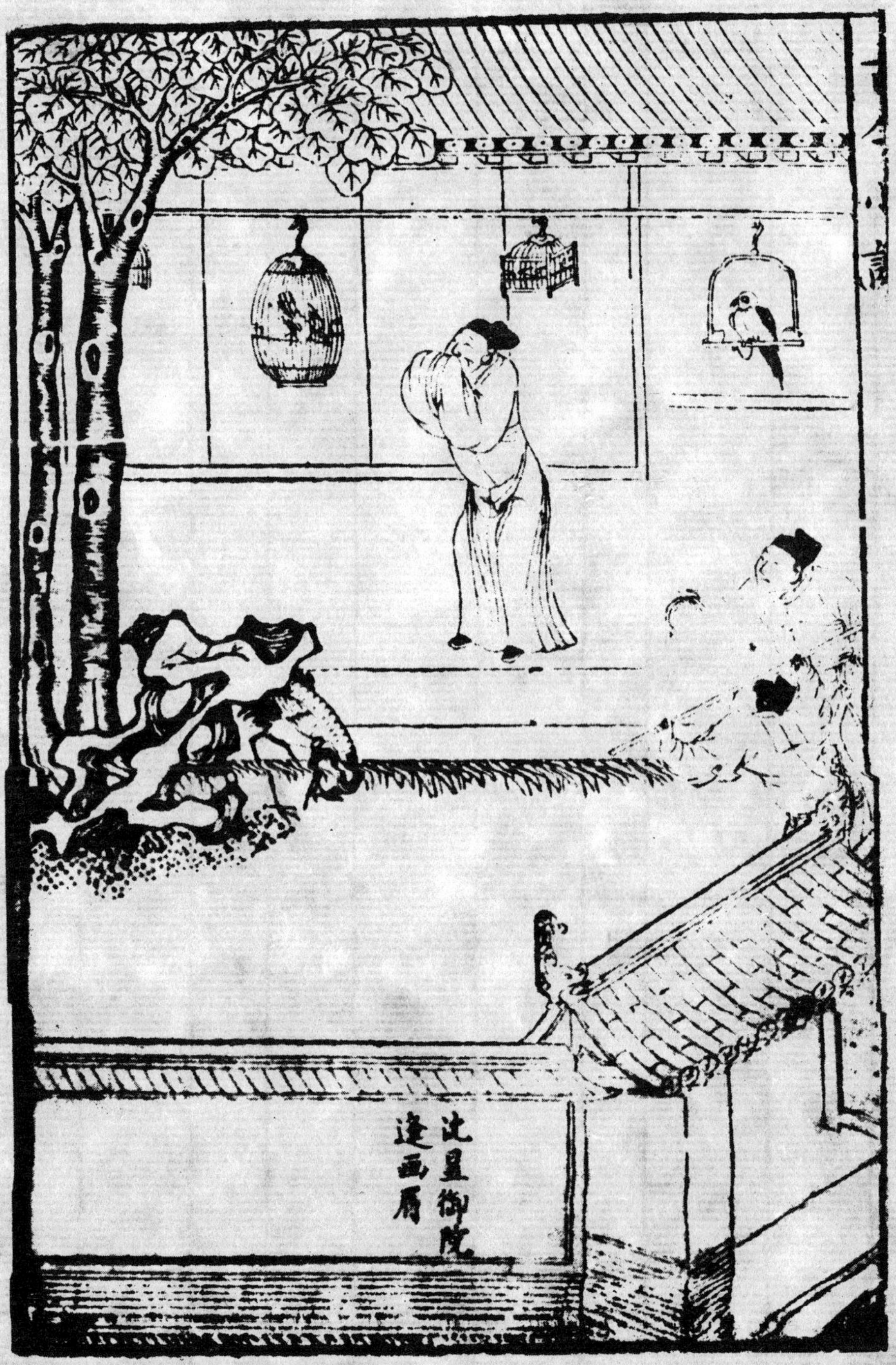

明刻本

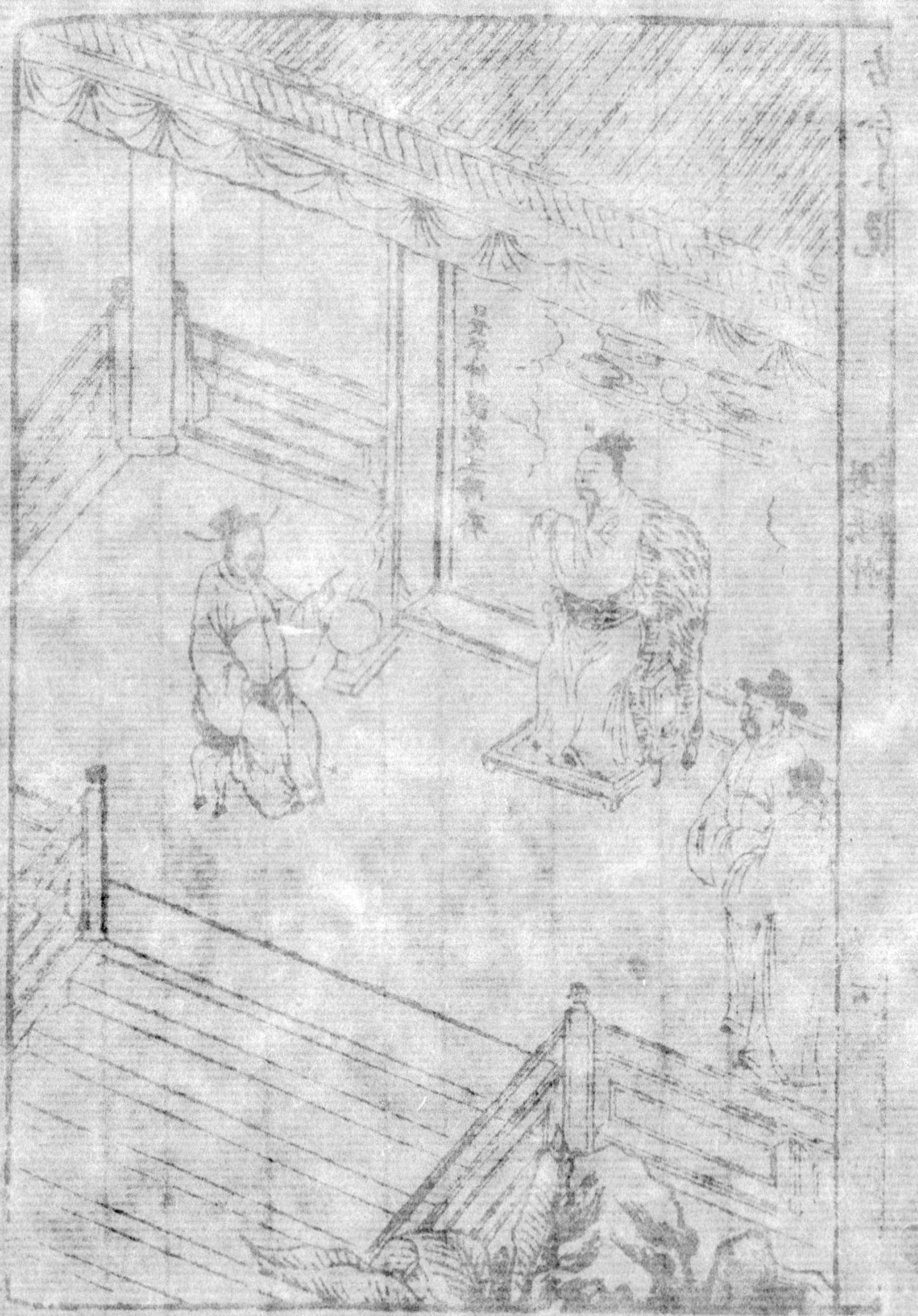

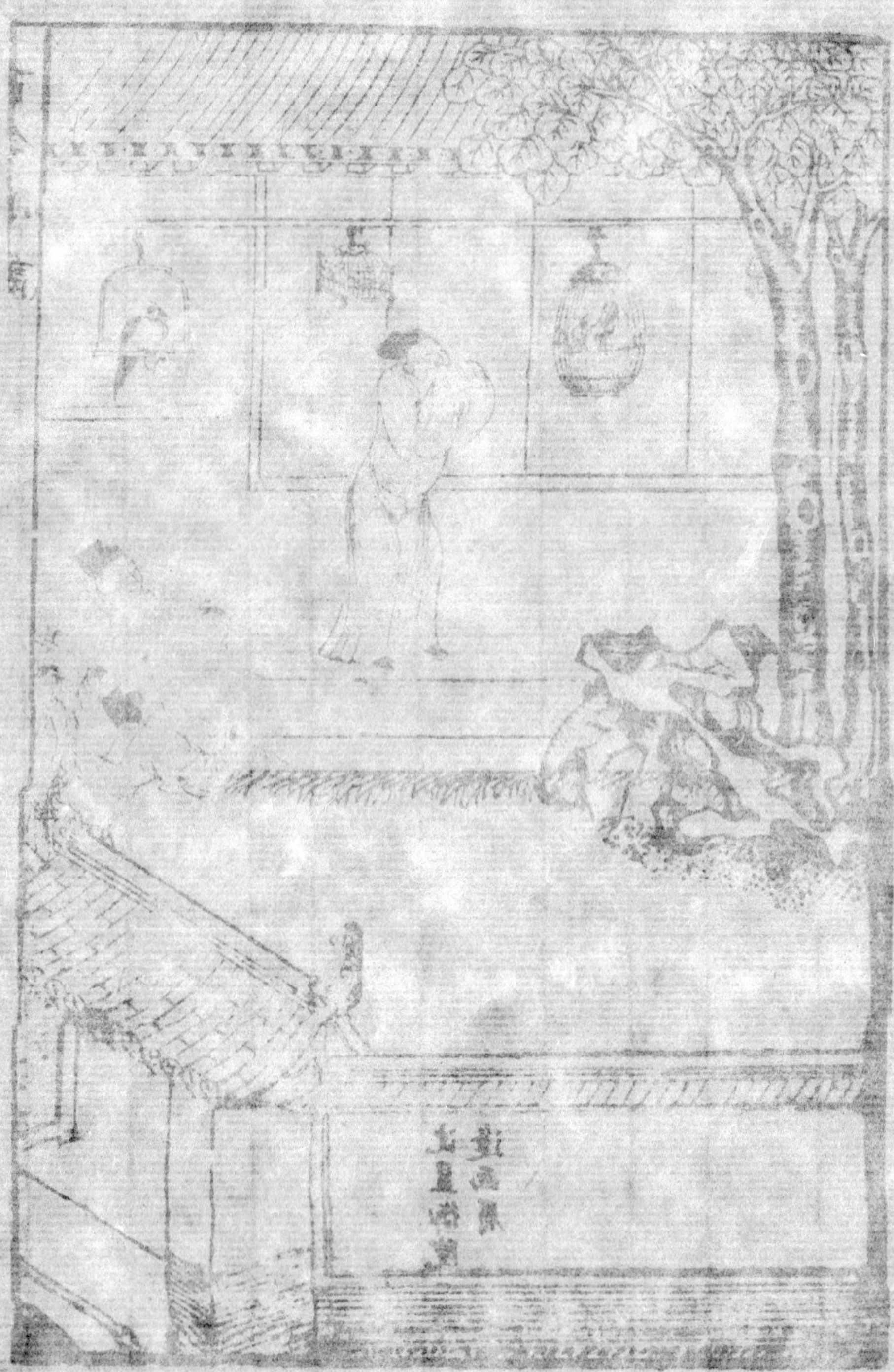

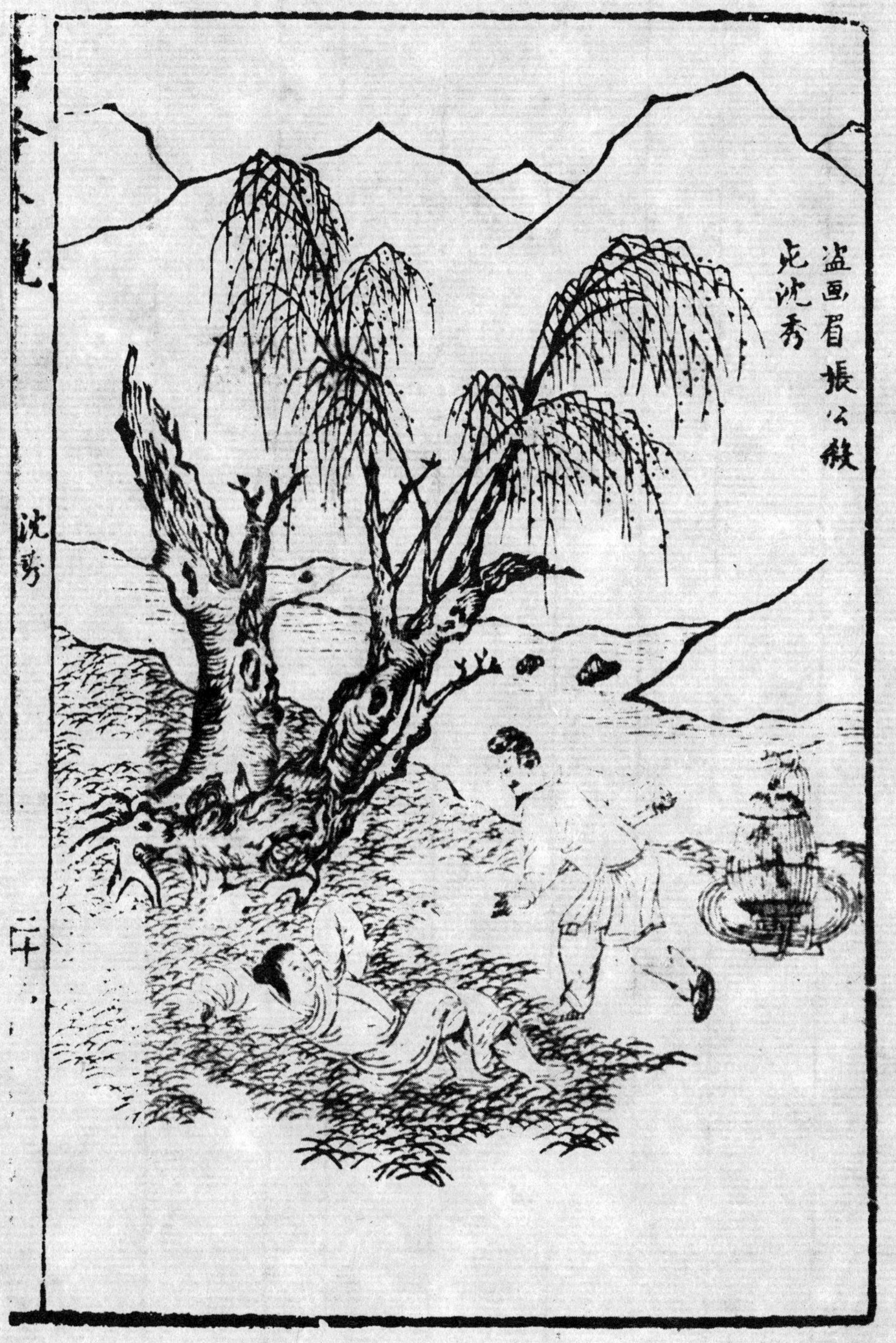

明刻本

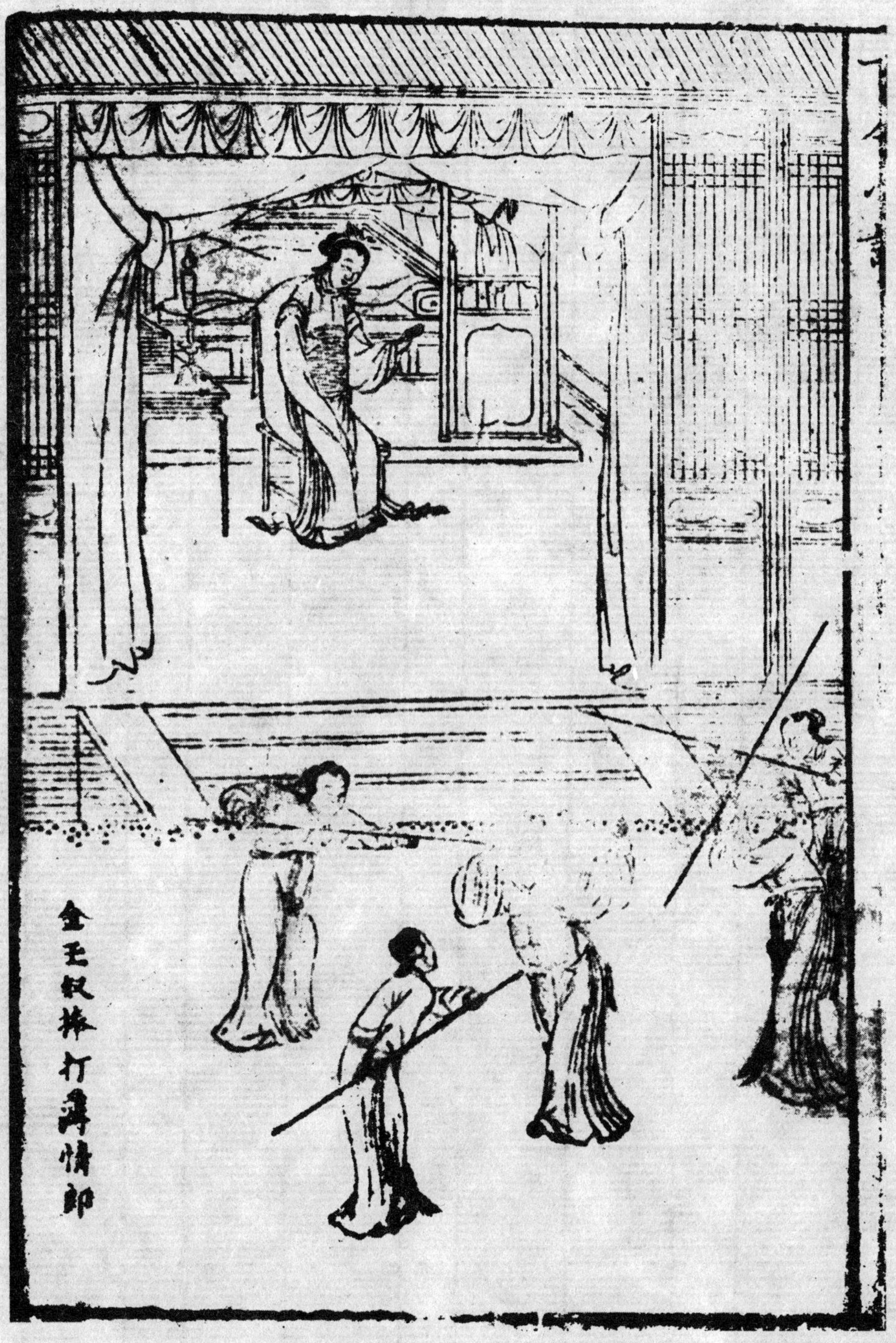

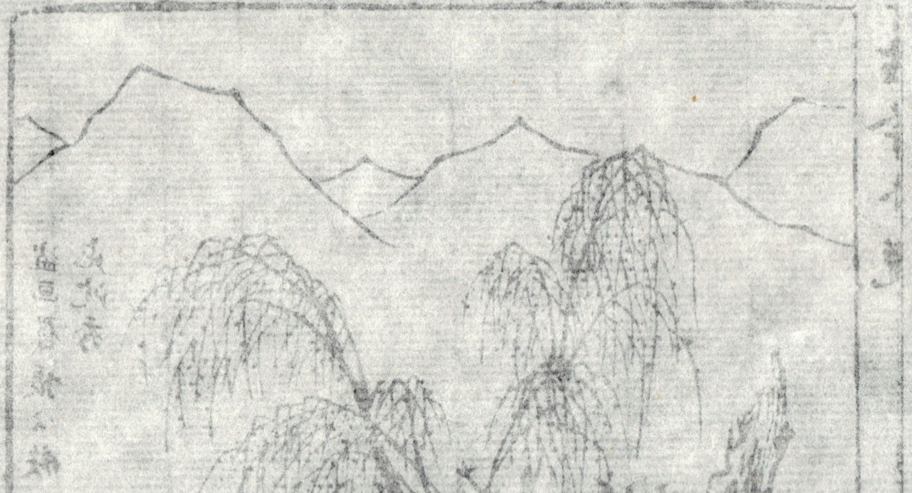

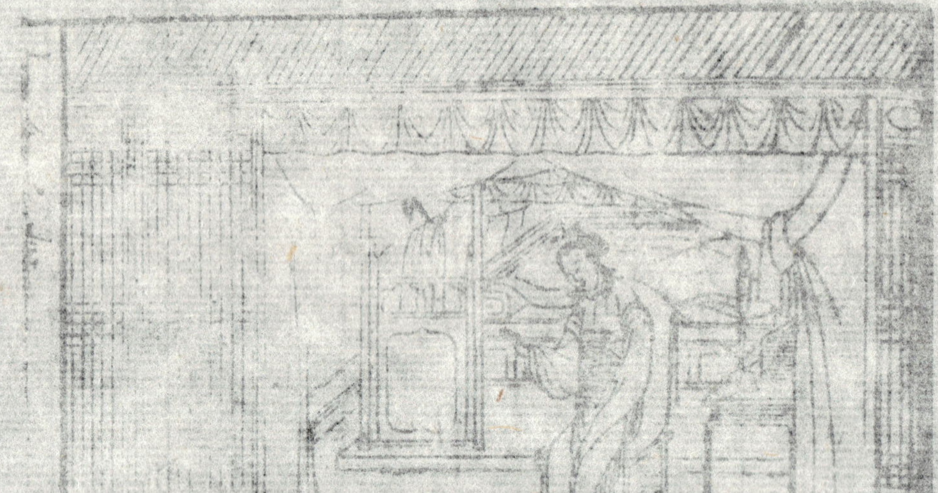

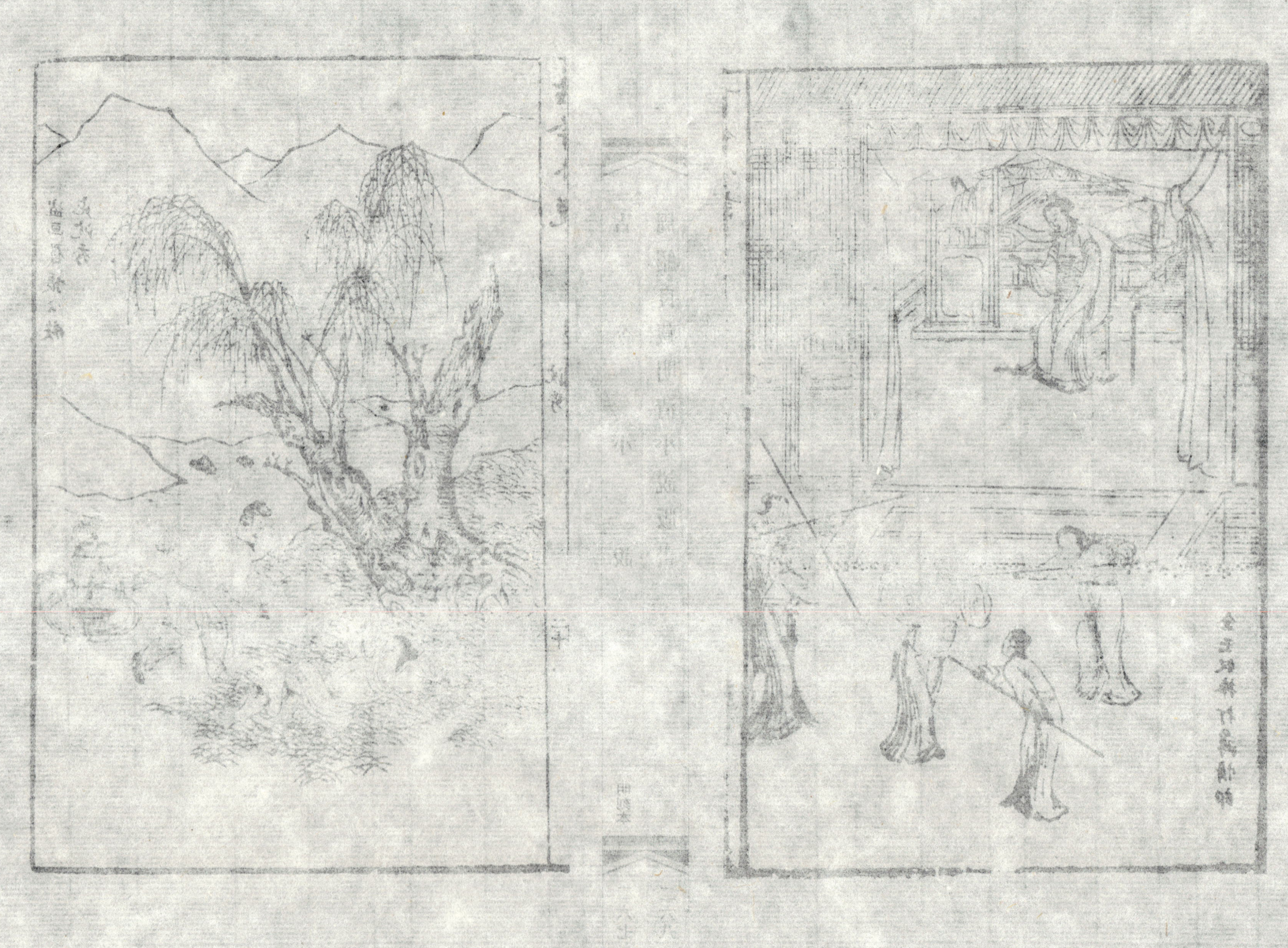

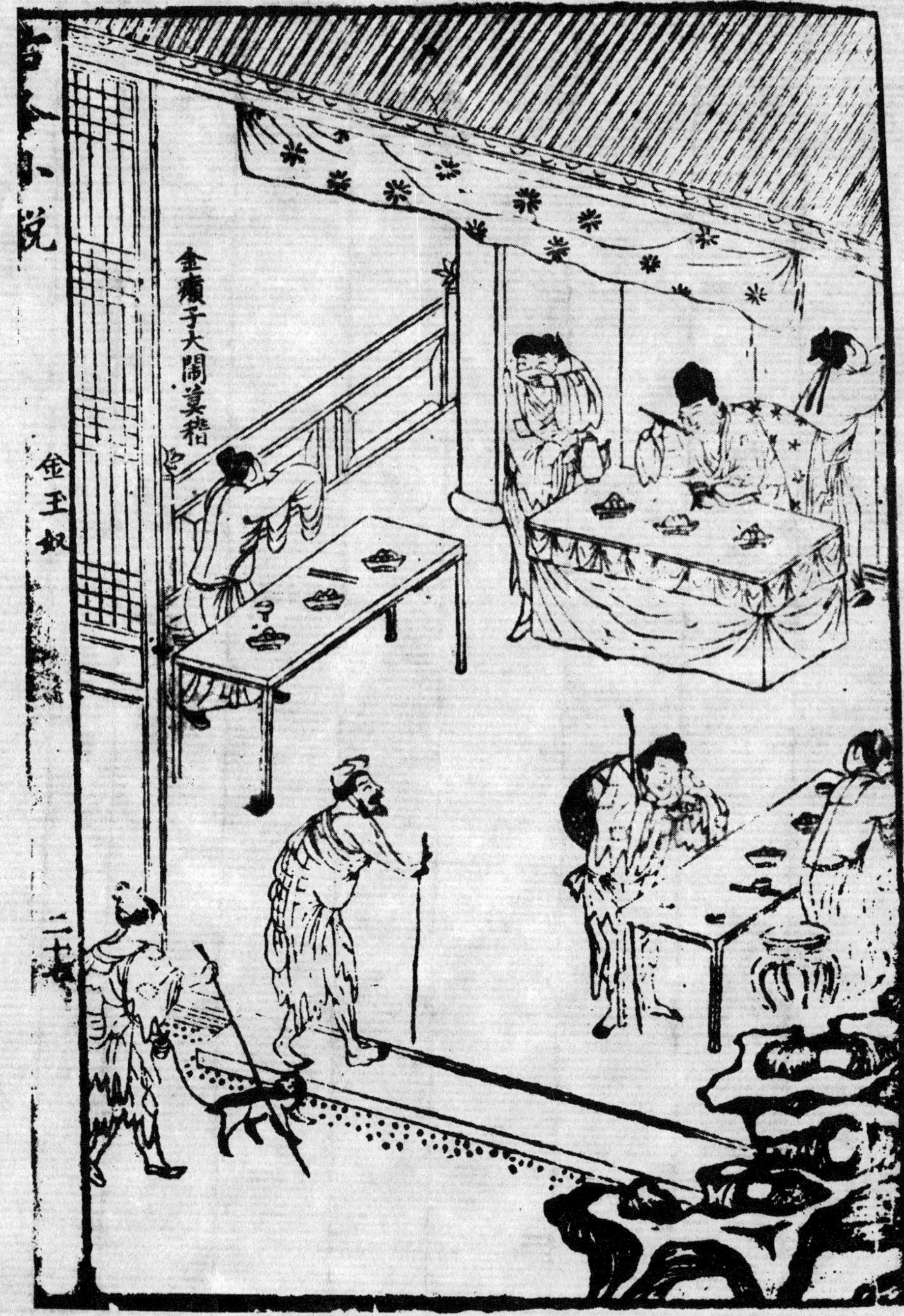

明刻本

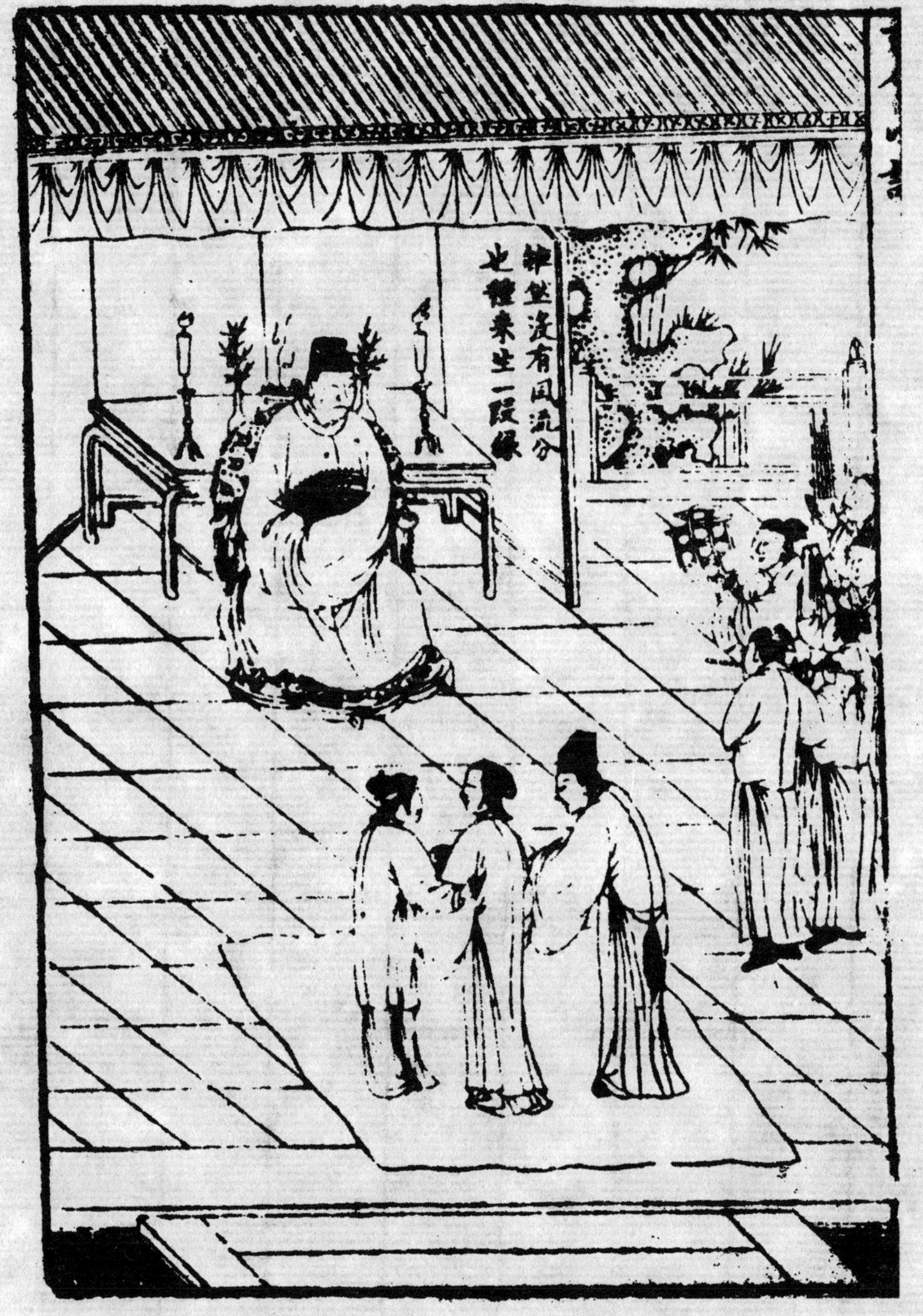

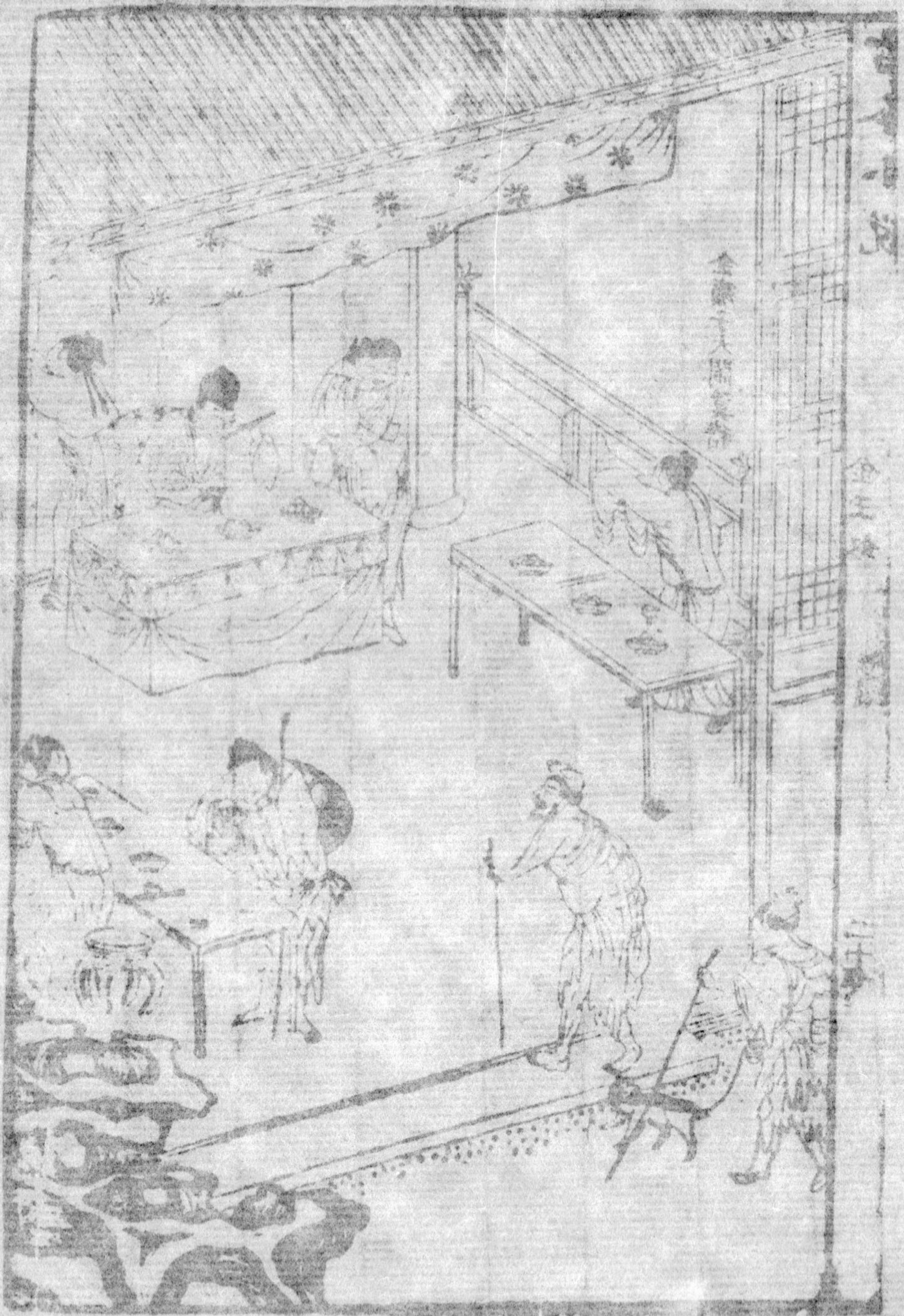

明容與堂刻水滸傳

古今小說

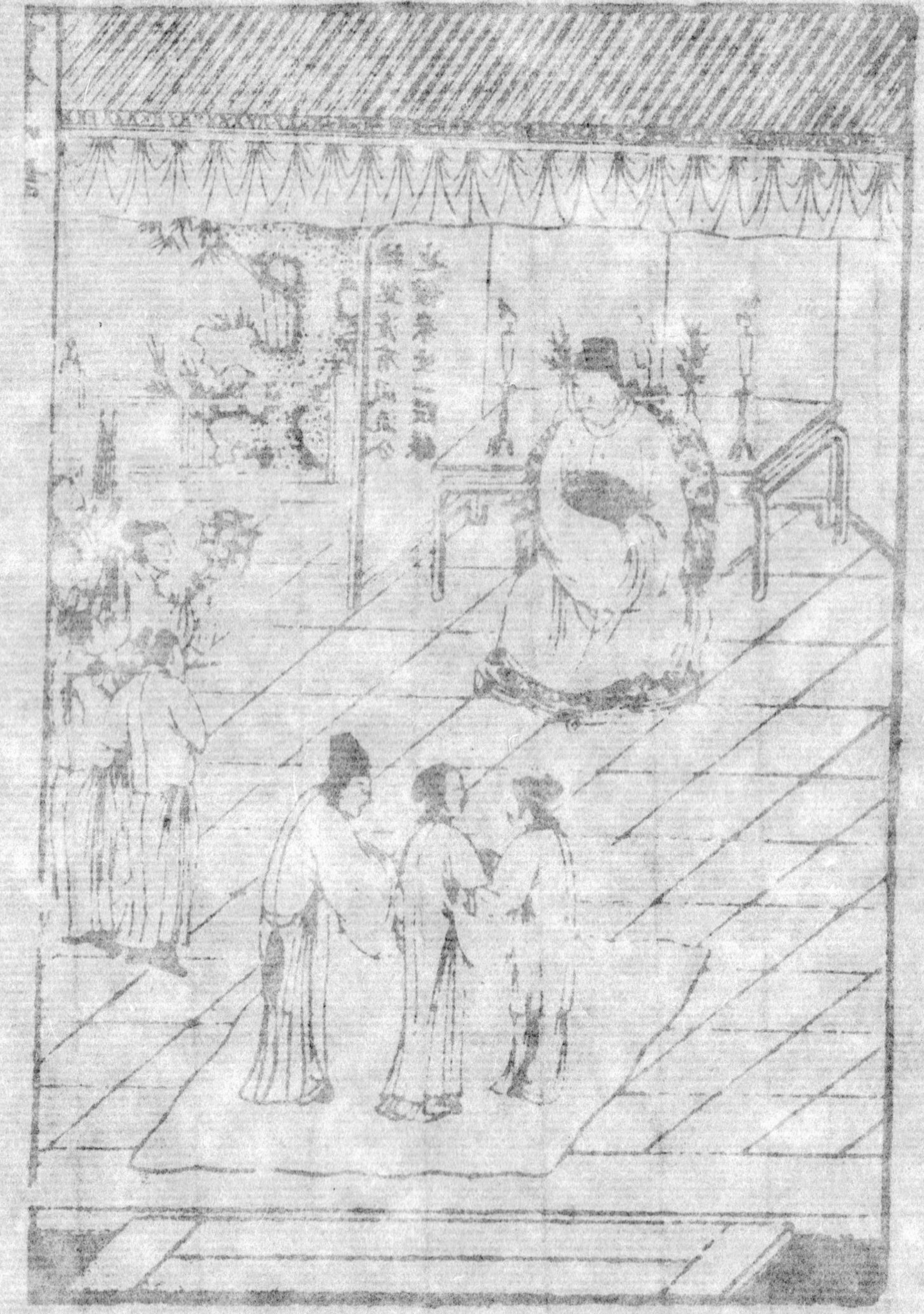

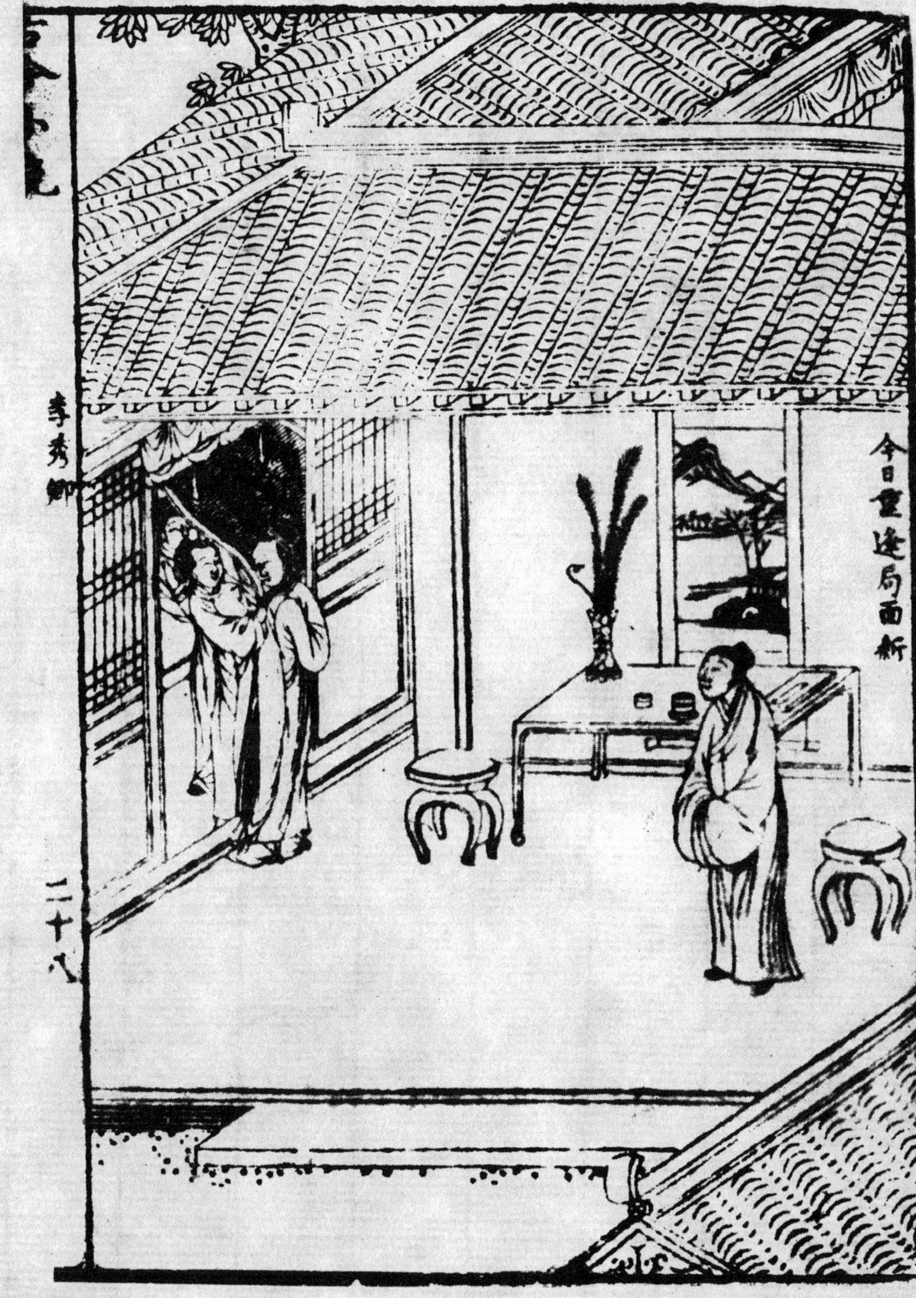

明刻本

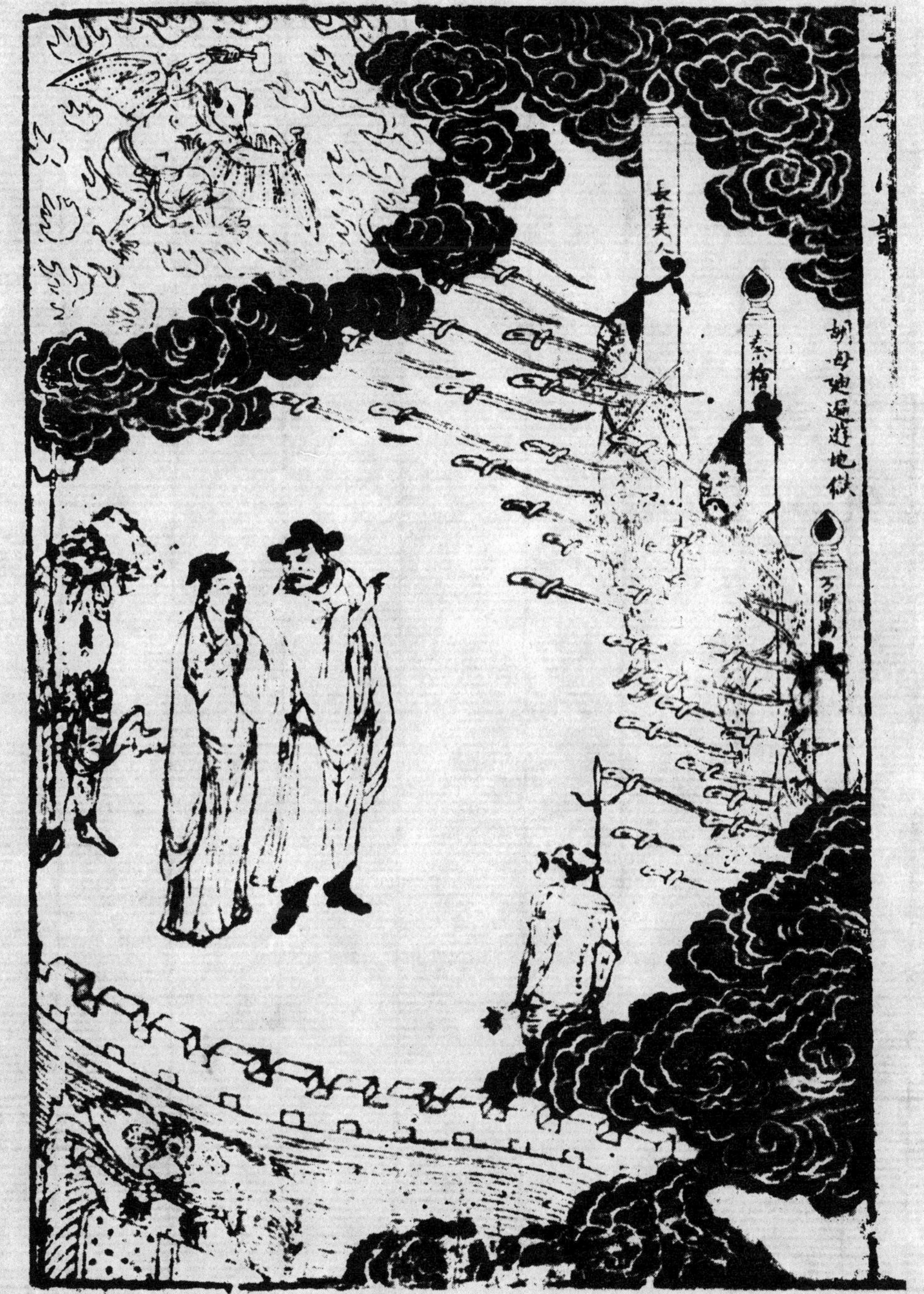

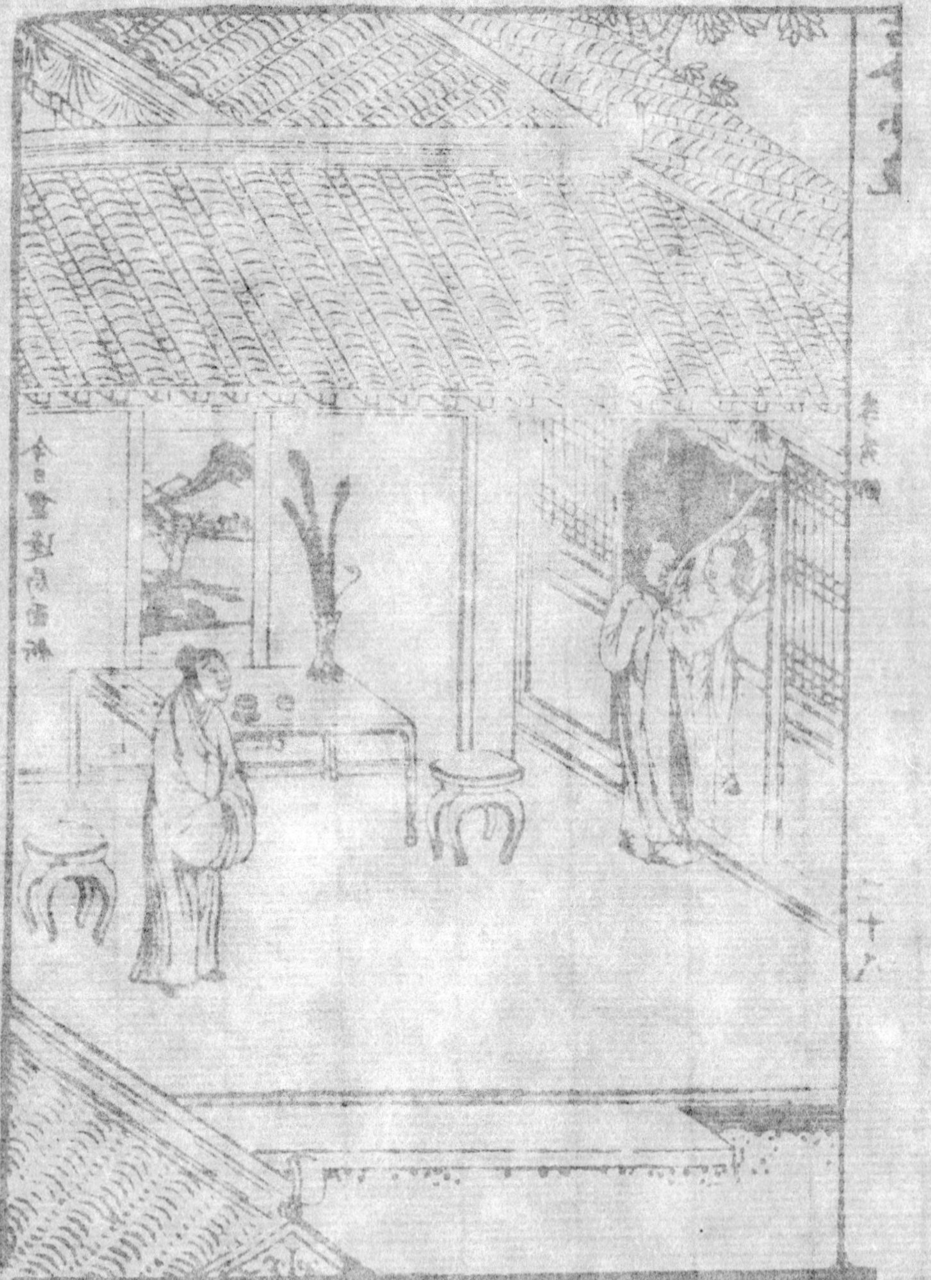
今日重逢

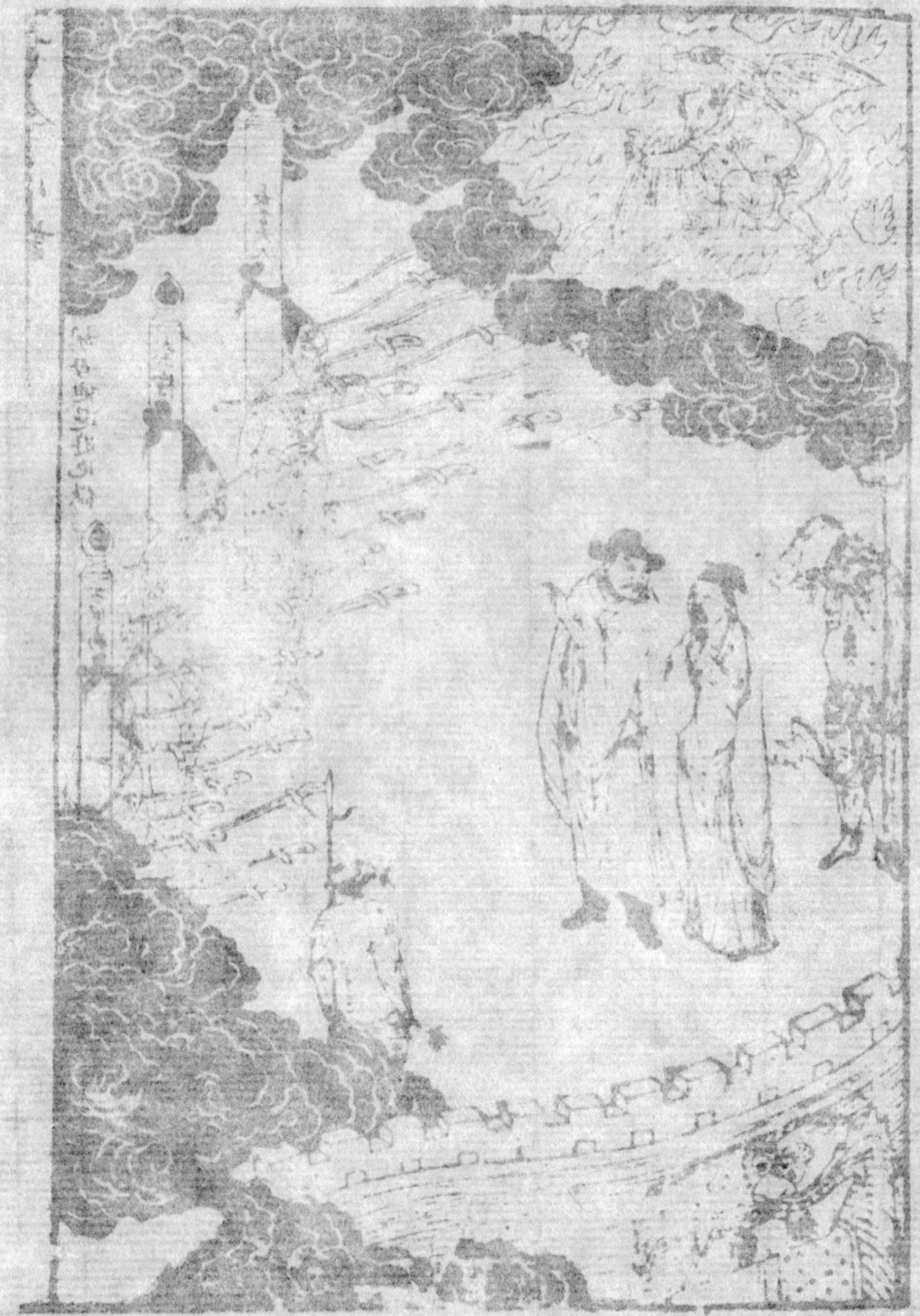

古今小說

周紹良藏明清小說版畫

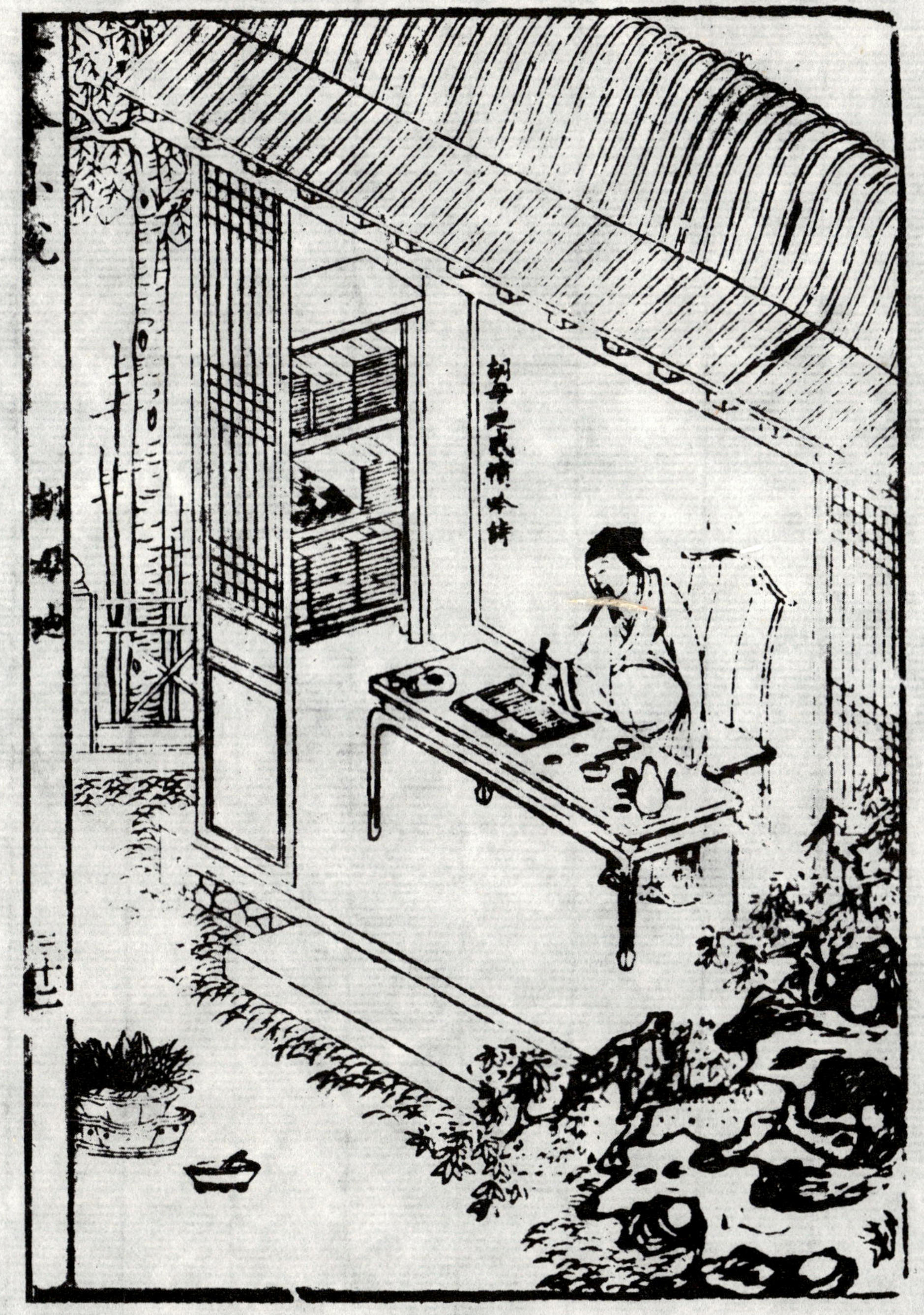

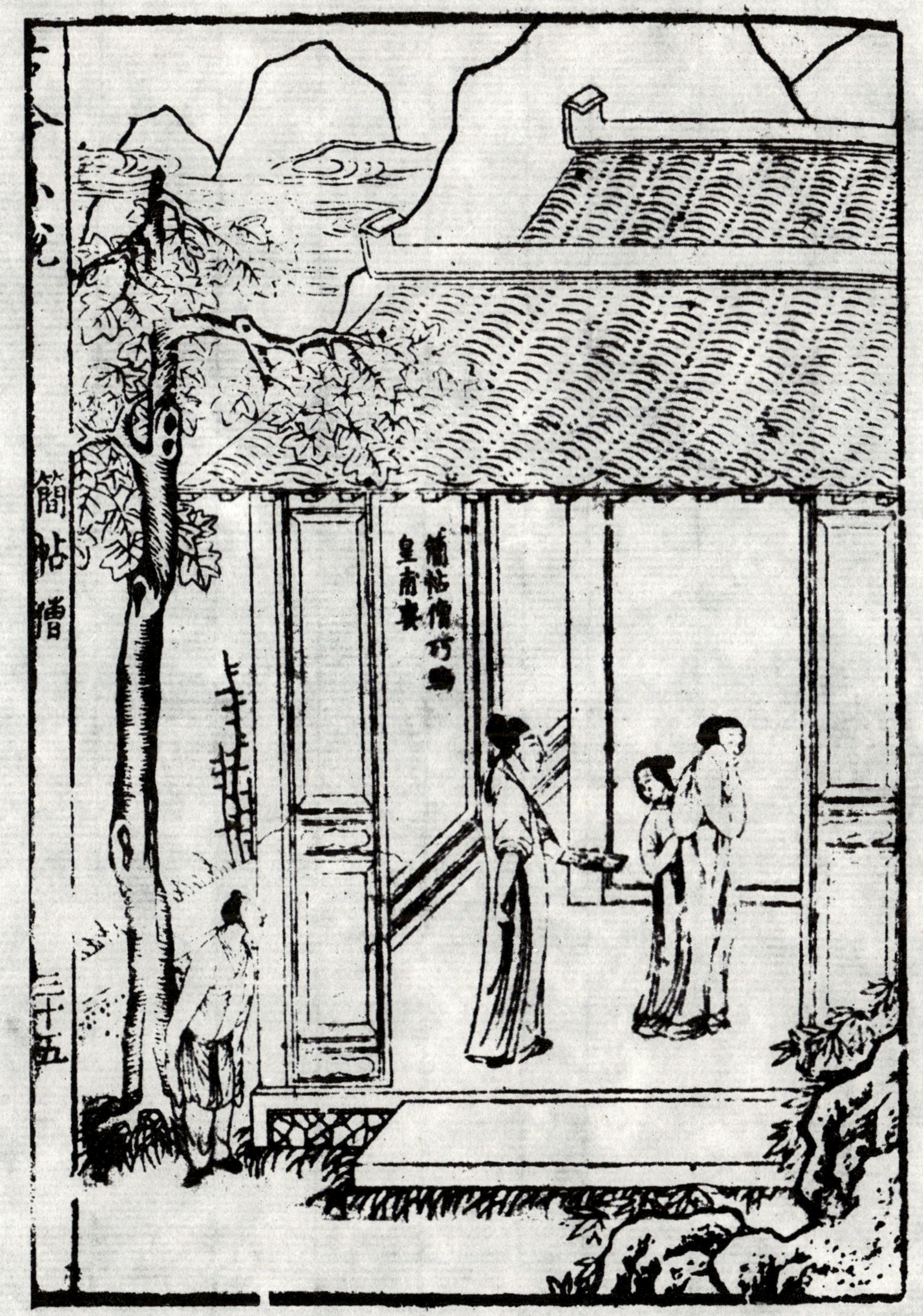

明刻本

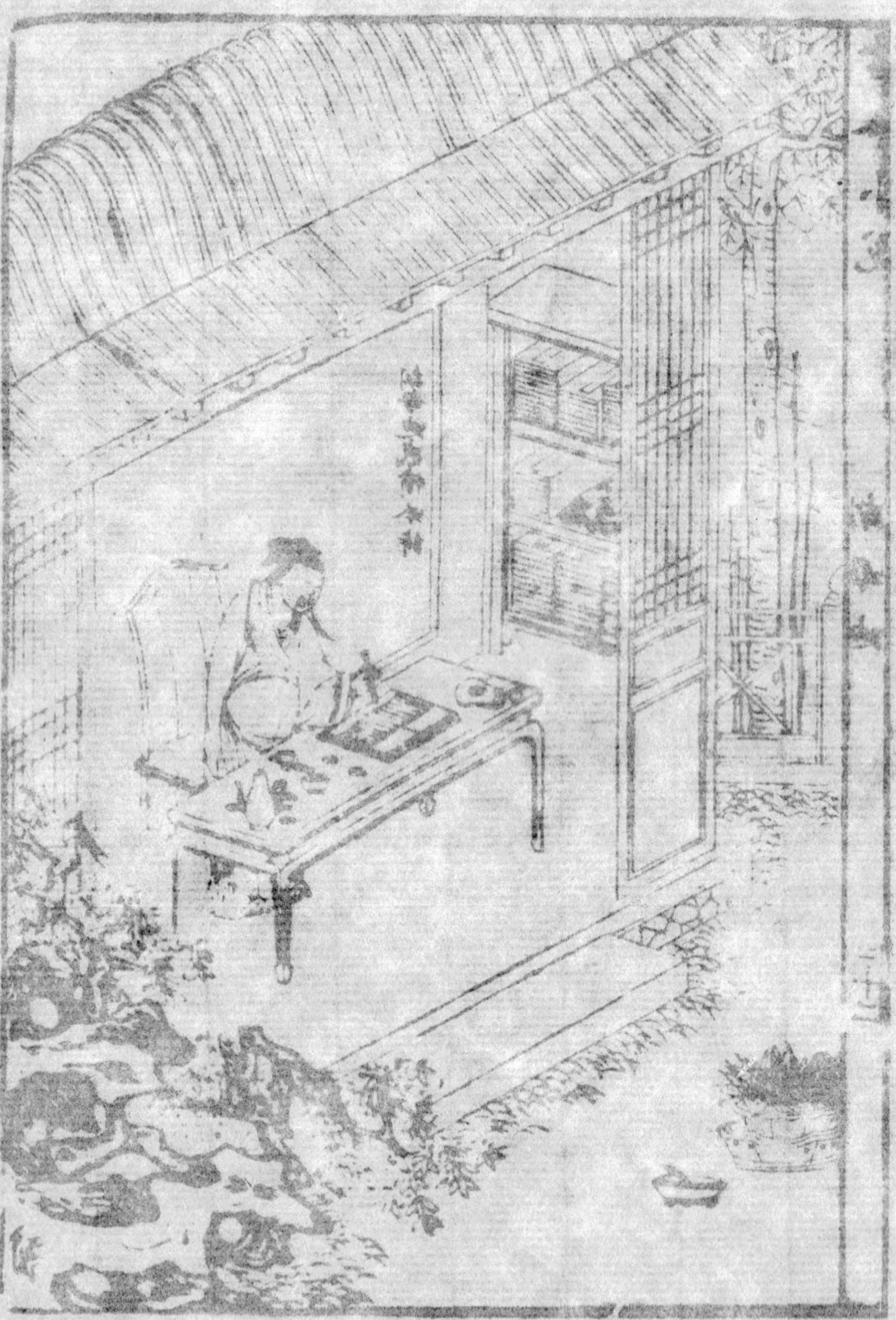

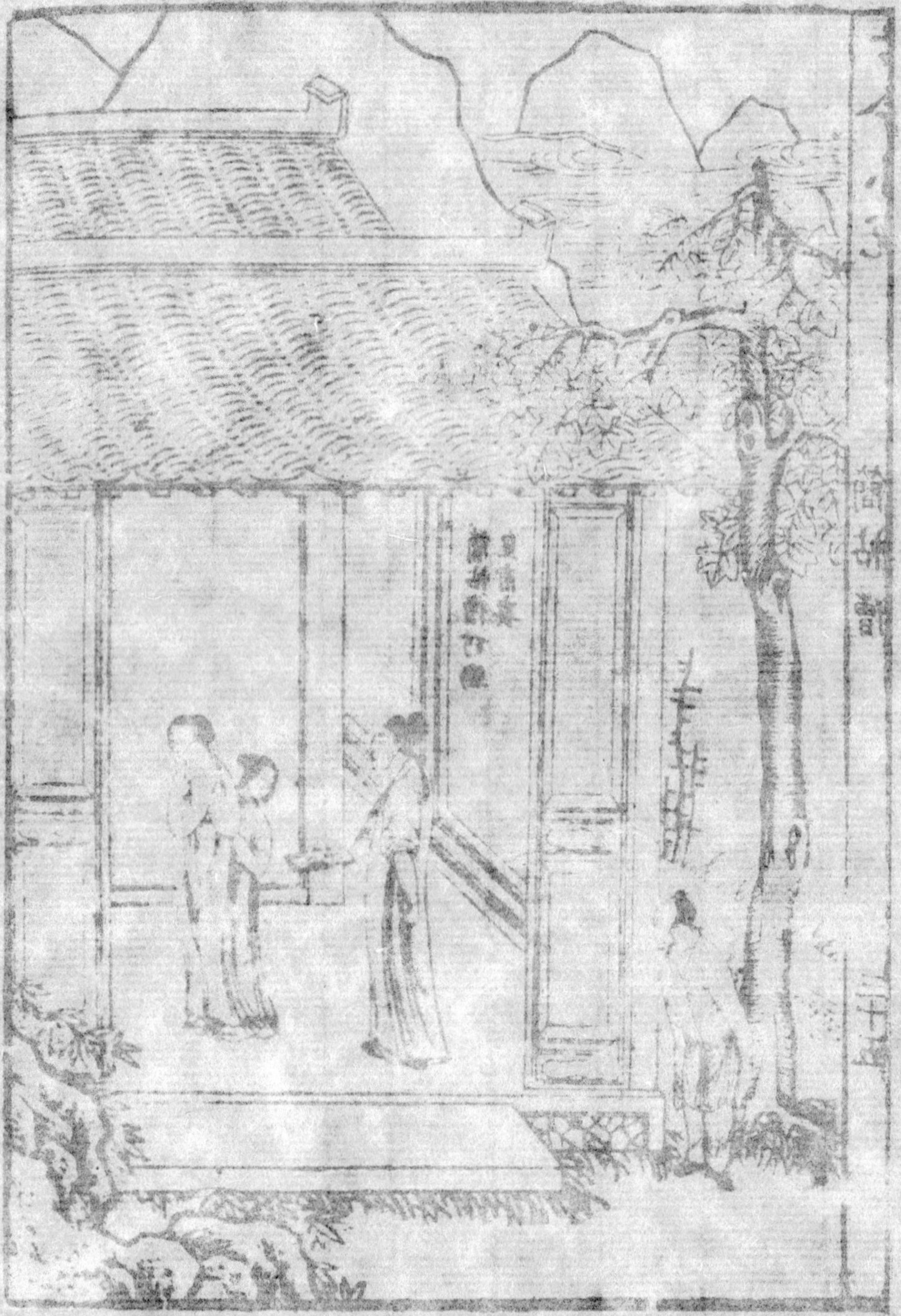

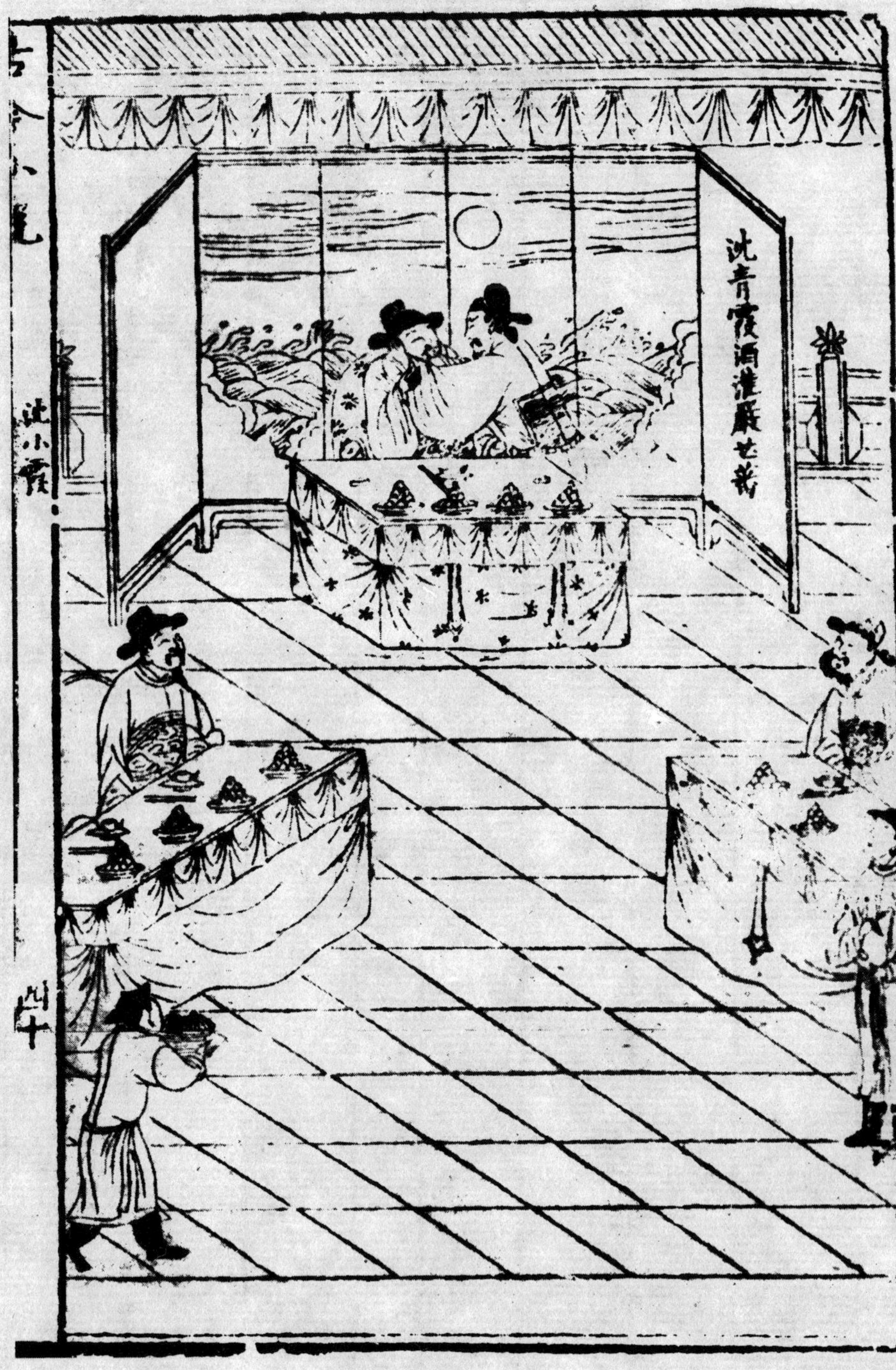

明刻本

《古今小說》 明刻本

內閣文庫藏。圖四十葉，极精細，第三十七葉記刻工姓名曰『素明刊』，即劉素明也。此四十圖當皆出其手。正文半葉十行，行二十字。尊經閣亦藏一部，白紙印，插圖形式，正文行款悉同。

本書為明天許齋刻本，又名《全像古今小說》，四十回，明馮夢龍輯。《三言》之一，為古代著名的白話小說集。原書每回兩圖，有圖八十幅。鑒於圖中文字較少被人注意，現試為録出，以饗讀者。茲選圖十六幅：

一、珍珠衫《蔣興哥重會珍珠衫》

A：臘盡愁難盡，春歸人不歸。朝來嗔寂寞，不肯試新衣。

B：珠還合浦重生彩，劍合豐城倍有神。

二、金釵鈿《陳御史巧勘金釵鈿》

A：可惜名花一朵，綉幙深閨藏護。不遇探花郎，被狂蜂殘破。錯誤，錯誤！怨殺東風分付。

B：貪癡無底蛇吞象，禍福難明螳捕蟬。

三、新橋市《新橋市韓王賣春情》

A：無字

B：無字。

四、閑雲庵《閑雲庵阮三償冤債》

A：隣女乍萌窺玉意，文君早亂聽琴心。

B：一個想著吹簫風韻，一個想著戒指恩情，相思半載欠安寧，此際相逢僥倖。

五、窮馬周《窮馬周遭際賣錘媼》

A：世人尚口，我獨尊足。口易興波，足能涉陸。處下不傾，千里可逐。勞重賞薄，無言忍辱。酬之以酒，慰爾僕僕。

B：分明乞相寒儒，忽作朝家貴客。

六、葛令公《葛令公生遣弄珠兒》

A：岳雲樓令公賞玩。

B：葛令雲生遣弄珠兒。

七、羊角哀《羊角哀捨命全交》

A：寒來雪三天，人去途千里。長途苦雪寒，何況囊無米。并糧一人生，同行兩人死。兩死誠何益，一生尚有恃。賢哉左伯桃，隕命成人美。

B：羊角哀捨命全交。

八、吳保安《吳保安棄家贖友》

A：應時還得見，勝似岳陽金。

B：遙望平陽數千里，不知何日到家鄉。

九、裴晉公《裴晉公義還原配》

A：屋漏更遭連夜雨，船遲还被打頭風。

B：裴晉公義還原配。

十、滕大尹《滕大尹鬼斷家私》

A：隨常布帛，俏身軀賽著綾羅；點景野花，美豐儀不須釵鈿。

B：一幅畫圖藏啞謎，千金家事仗搜尋。

十一、趙伯升《趙伯昇茶肆遇仁宗》

A：趙伯昇茶肆遇仁宗。

B：多謝貴人修尺一，西川制置徑相投。

十二、柳七官《眾名姬春風吊柳七》

A：十里荷花九里紅。

B：樂游原上妓如雲，盡上風流柳七墳。可笑紛紛縉紳輩，憐才不及眾紅裙。

十三、張道陵《張道陵七試趙昇》

A：美色人皆好，如君鐵石心。少年不作樂，辜負好光陰。

B：張道陵七試趙昇。

十四、陳希夷《陳希夷四辭朝令》

A：來時自有白雲封。

B：片片白雲迷峽鎖。

十五、史弘肇《史弘肇龍虎君臣會》

A：史弘肇龍虎君臣會。

B：封史弘肇四鎮令公。

十六、范巨卿《范巨卿雞黍死生交》

A：風吹落月夜夜更，千里幽魂敘舊盟。

B：靈輀若候故人來，黃泉一笑重相見。

十七、單符郎《單符郎全州佳偶》

A：同目。

B：今朝彩綫喜雙牽。

十八、楊八老《楊八老越國奇逢》

A：楊八老漳州被虜。

B：同目。

十九、楊謙之《楊謙之客訪遇俠僧》

A：龐老人大鬧公堂。

B：無字。

二十、陳從善《陳從善梅嶺失渾家》

A：同目。

B：三年辛苦在申陽，恩愛夫妻痛斷腸。

二十一、錢鏐王《臨安里錢婆留發迹》

A：錢鏐與二鍾賭鈔。

B：錢鏐王衣錦還鄉。

二十二、鄭虎臣《木綿庵鄭虎臣報冤》

A：賈仕遣西湖游玩。

B：木綿庵鄭虎臣報仇。

二十三、張舜美《張舜美燈宵得麗女》

A：月掛柳梢頭，人約黃昏後。

B：一江流水三更月。

二十四、楊思溫《楊思溫燕山逢故人》

A：何處最堪憐，腸斷黃昏時節。

B：一負馮君罹水厄，一虧鄭氏喪深淵。

二十五、晏平仲《晏平仲二桃殺三士》

A：晏平仲說楚王降齊。

B：二桃殺三士。

二十六、沈秀《沈小官一鳥害七命》

A：盜畫眉張公殺死沈秀。

B：沈昱御院逢畫眉。

二十七、金玉奴《金玉奴棒打薄情郎》

A：金癩子大鬧莫稽。

B：同目。

二十八、李秀卿《李秀卿義結黃貞女》

A：今日重逢局面新。

B：雖然沒有風流分，種得來生一段緣。

二十九、月明和尚《月明和尚度柳翠》

A：月明和尚度柳翠。
B：欲知因果三生事，只在高僧棒喝中。

三十、明悟禪師《明悟禪師趕五戒》
A：紅蓮爭似白蓮香。
B：東坡夢游孝光寺。

三十一、司馬貌《鬧陰司司馬貌斷獄》
A：無字。
B：同目。

三十二、胡母迪《游酆都胡母迪吟詩》
A：胡母迪感憤吟詩。
B：胡母迪遍游地獄。

三十三、張古老《張古老種瓜聚文女》
A：八十公公思娶二八嬌妻。
B：桃花莊上樂天居。

三十四、李公子《李公子救蛇獲稱心》
A：李元閑玩救朱蛇。
B：龍神報德贈稱心。

三十五、簡帖僧《簡帖僧巧騙皇甫妻》
A：同目。

B：相國寺皇甫遇渾家。

三十六、禁魂張《宋四公大鬧禁魂張》
A：宋四公夜盜禁魂張。
B：禁魂張屈陷開封府。

三十七、梁武帝《梁武帝累修歸極樂》
A：文遺林同泰亦歡。
B：梁武帝累修成佛道。素明刊。

三十八、任孝子《任孝子烈性為神》
A：囑多才明朝千萬早些來。
B：任珪提奸殺死五人。

三十九、汪信之《汪信之一死救全家》
A：二程誣陷汪信之。
B：同目。

四十、沈小霞《沈小霞相會出師表》
A：沈青霞酒灌嚴世蕃。
B：同目。

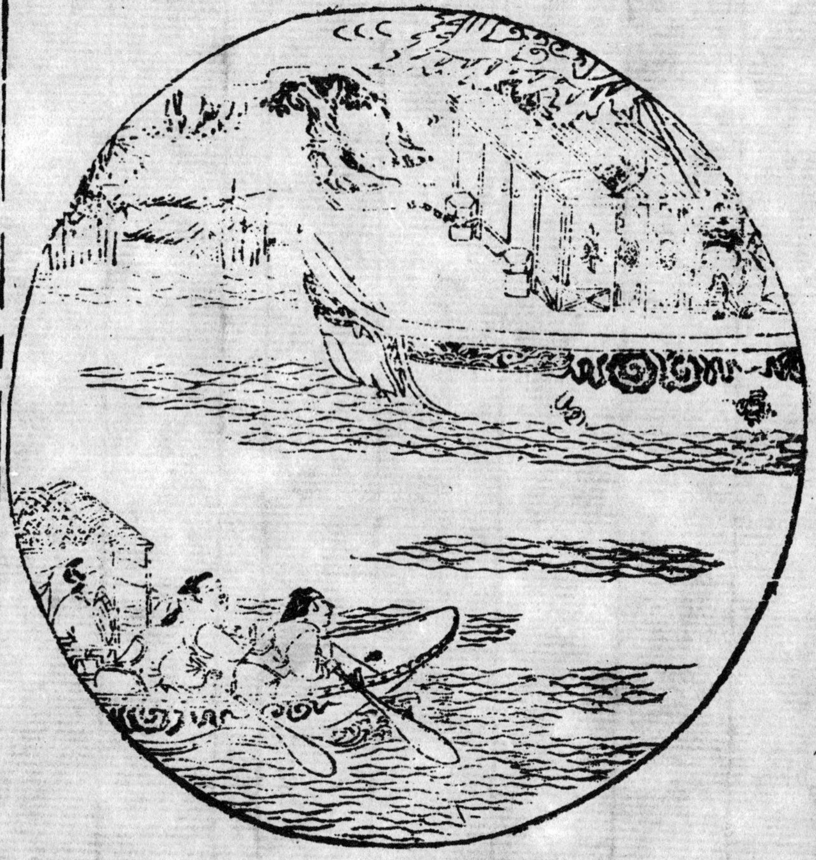

周紹良藏明清小說版畫

明金閶葉敬池刻本

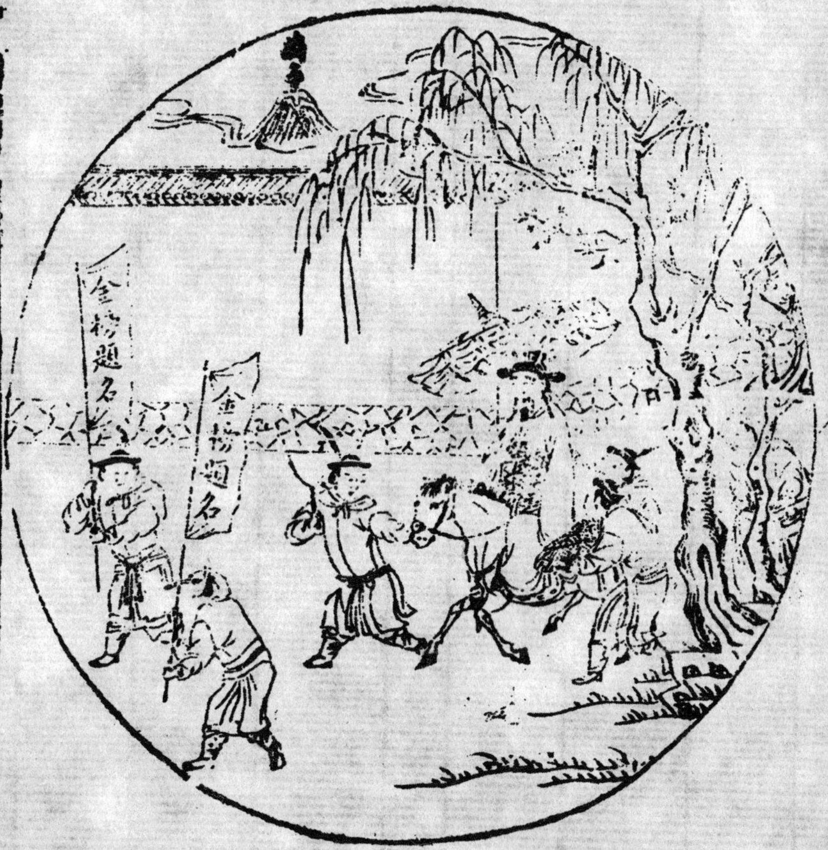

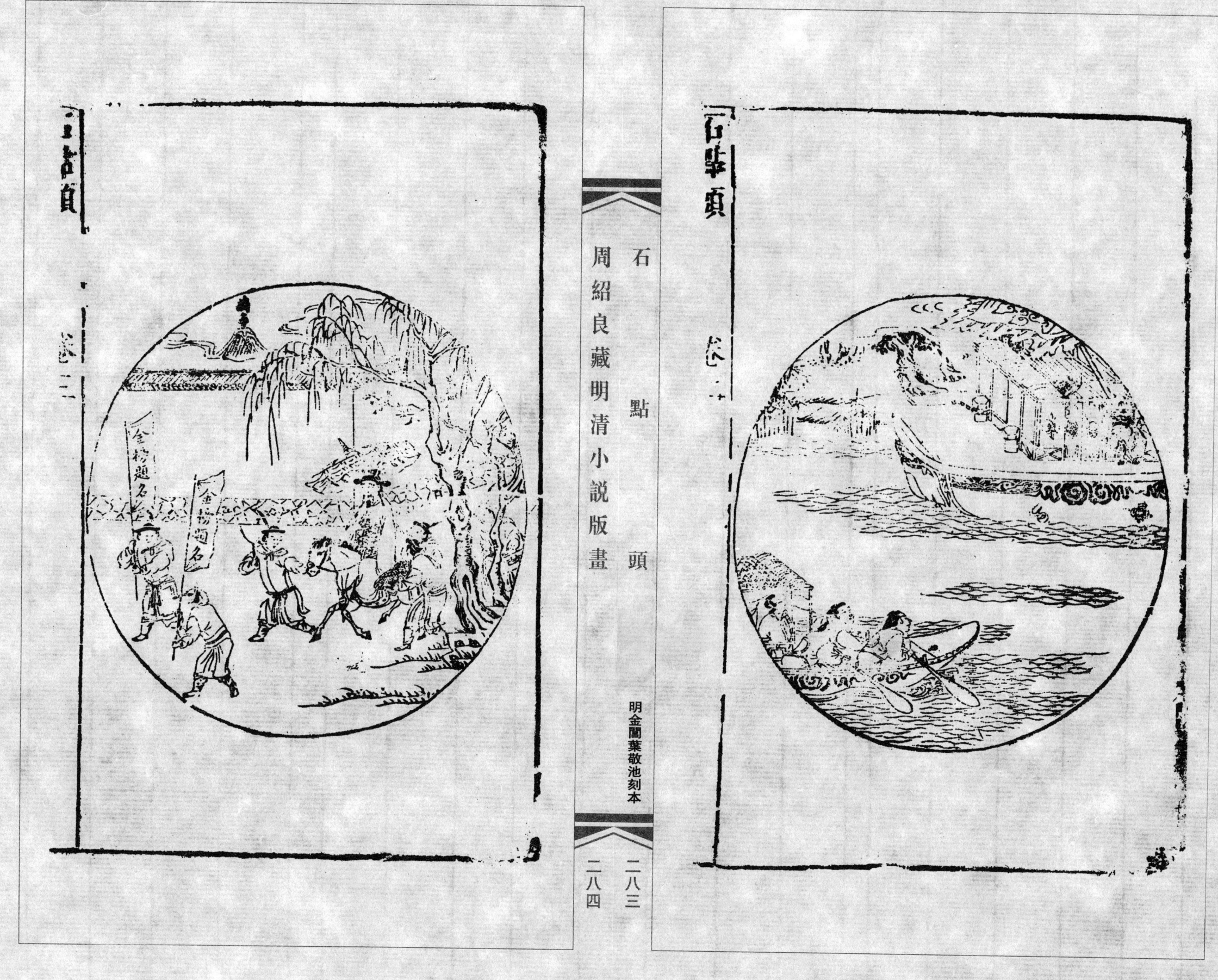

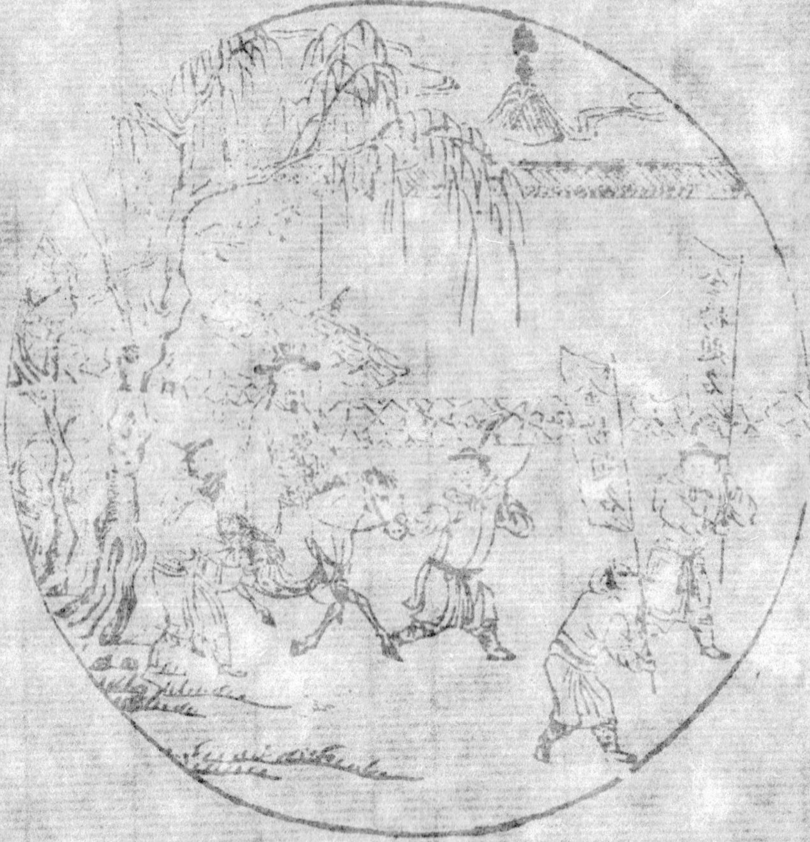

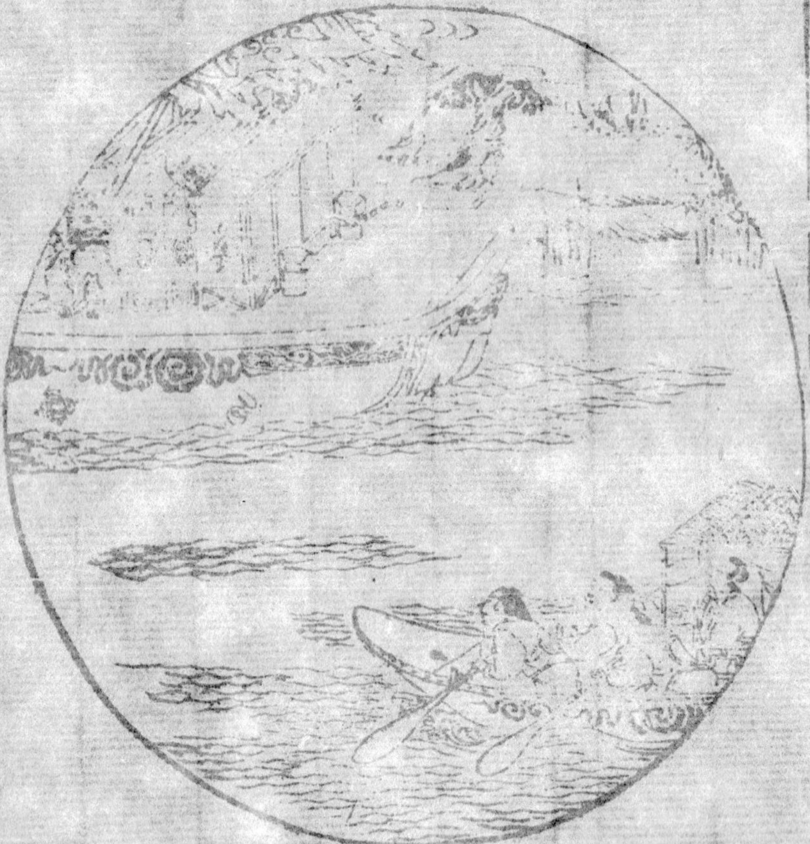

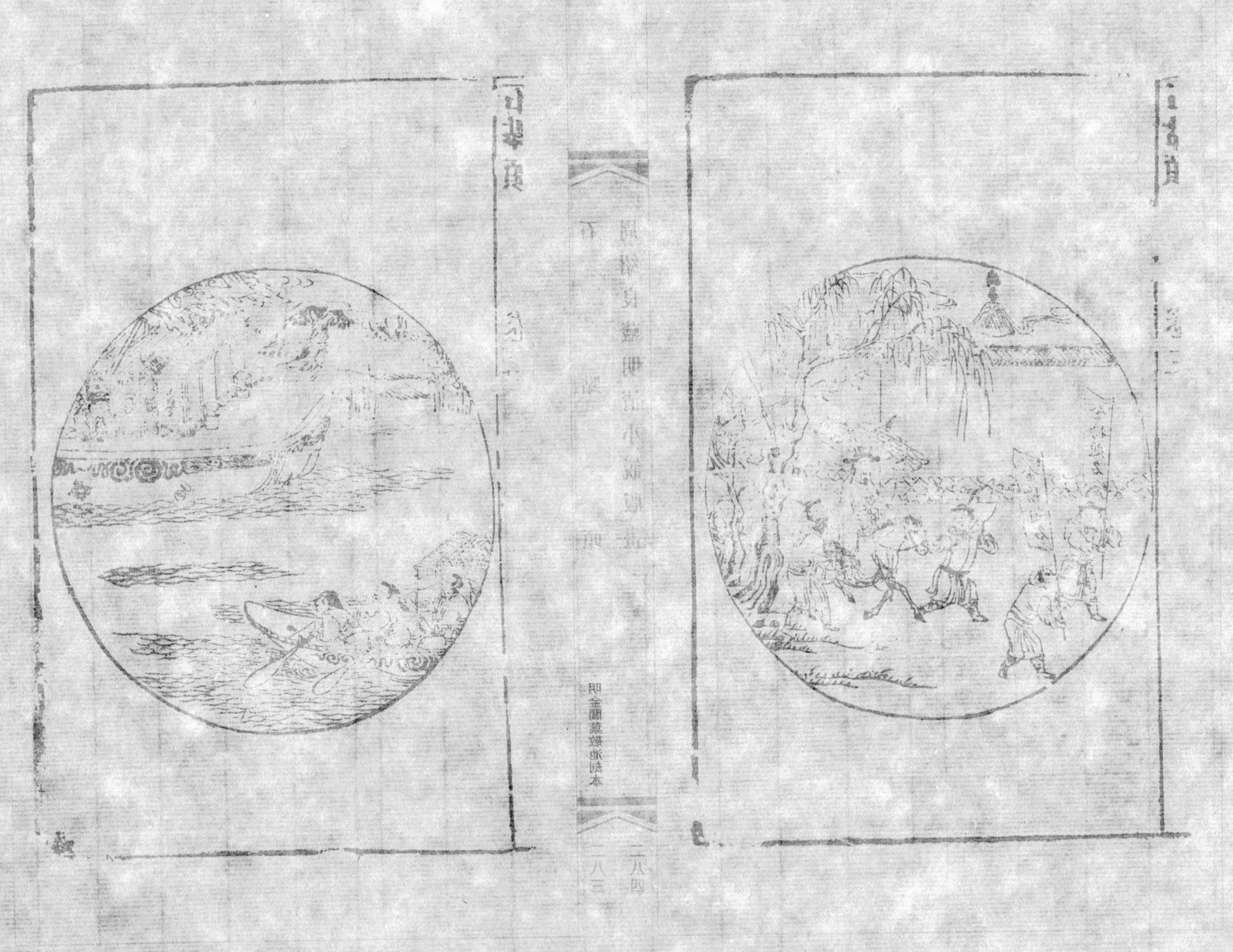

石點頭

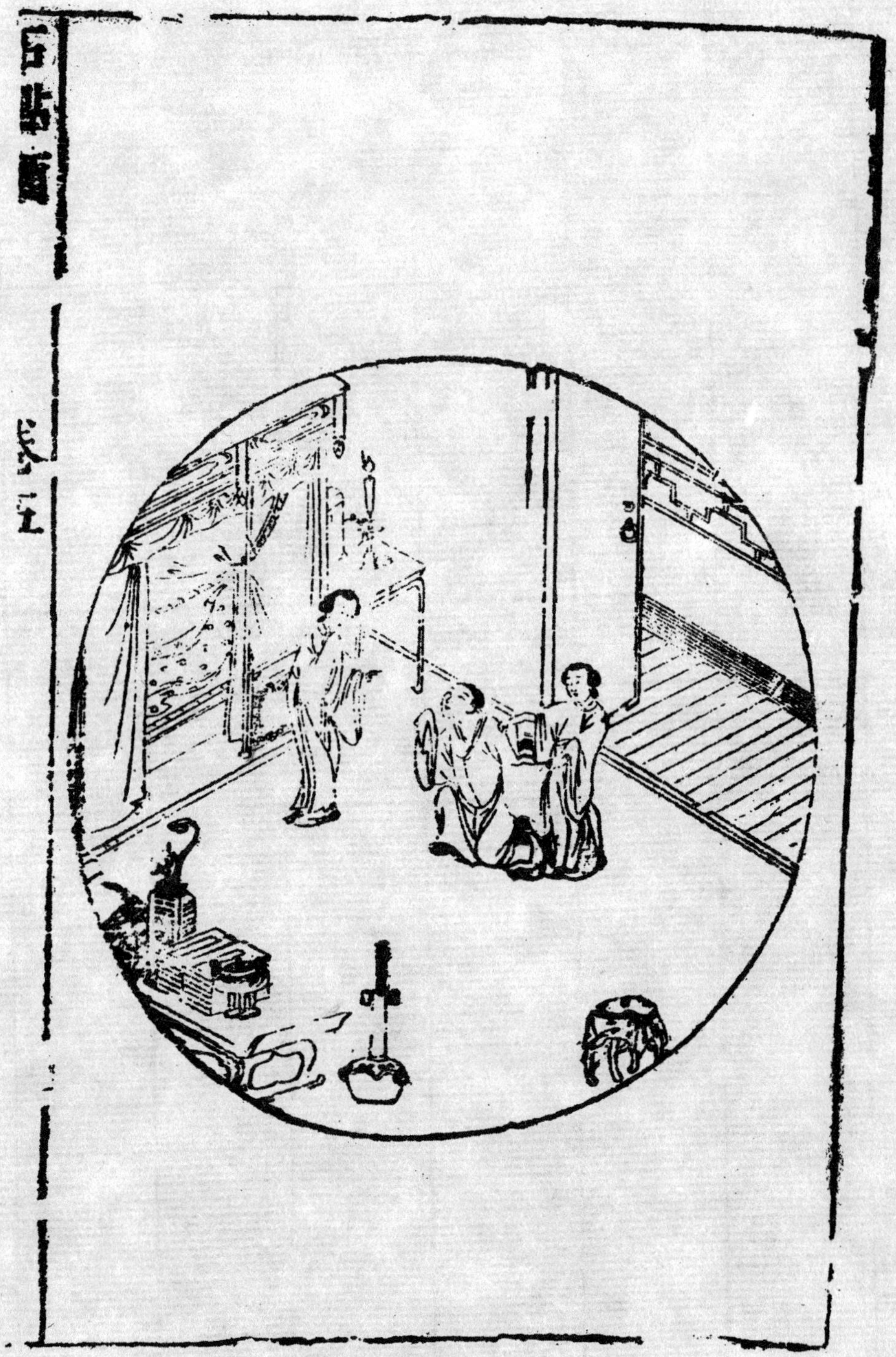

明金閶葉敬池刻本

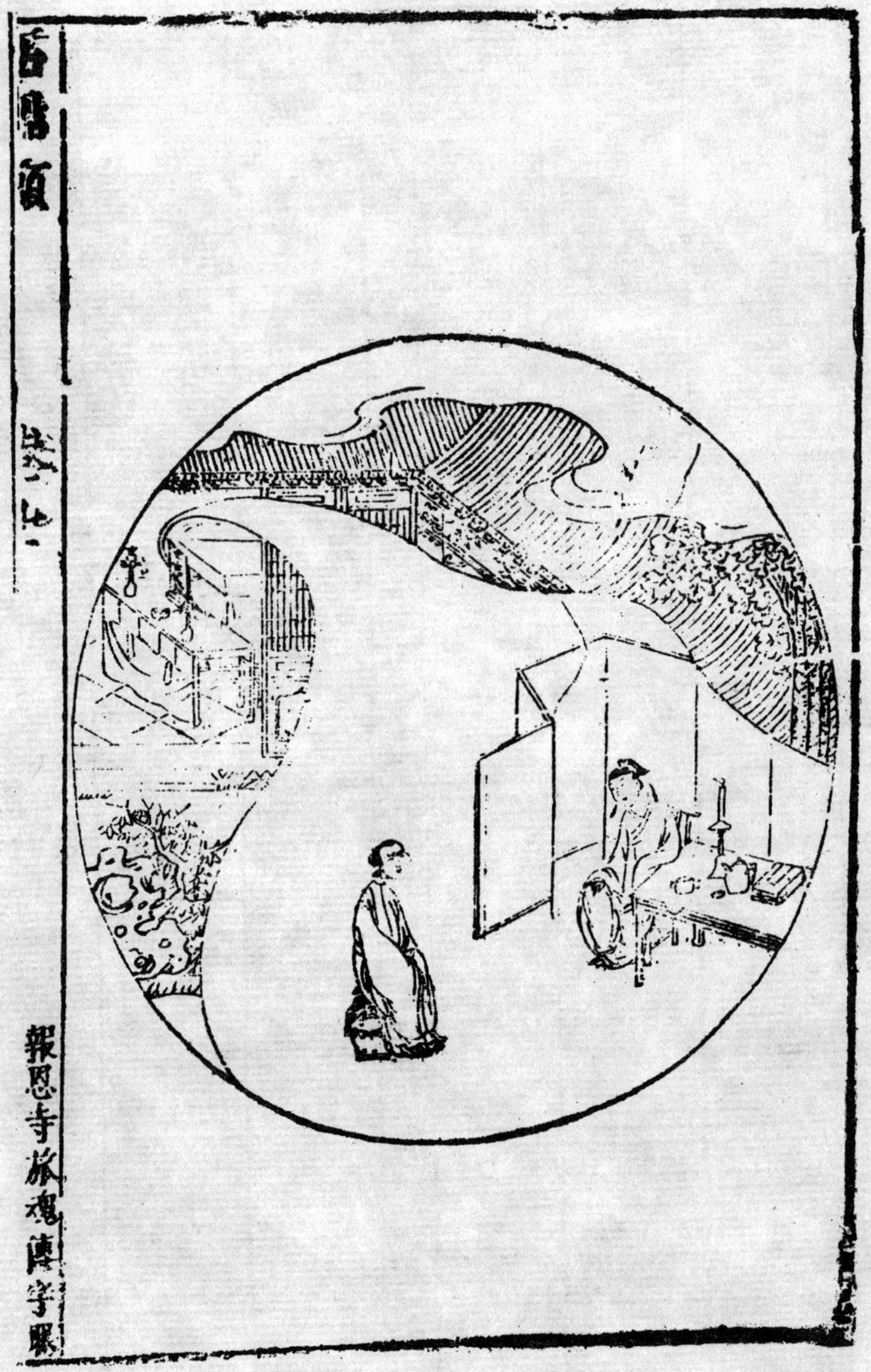

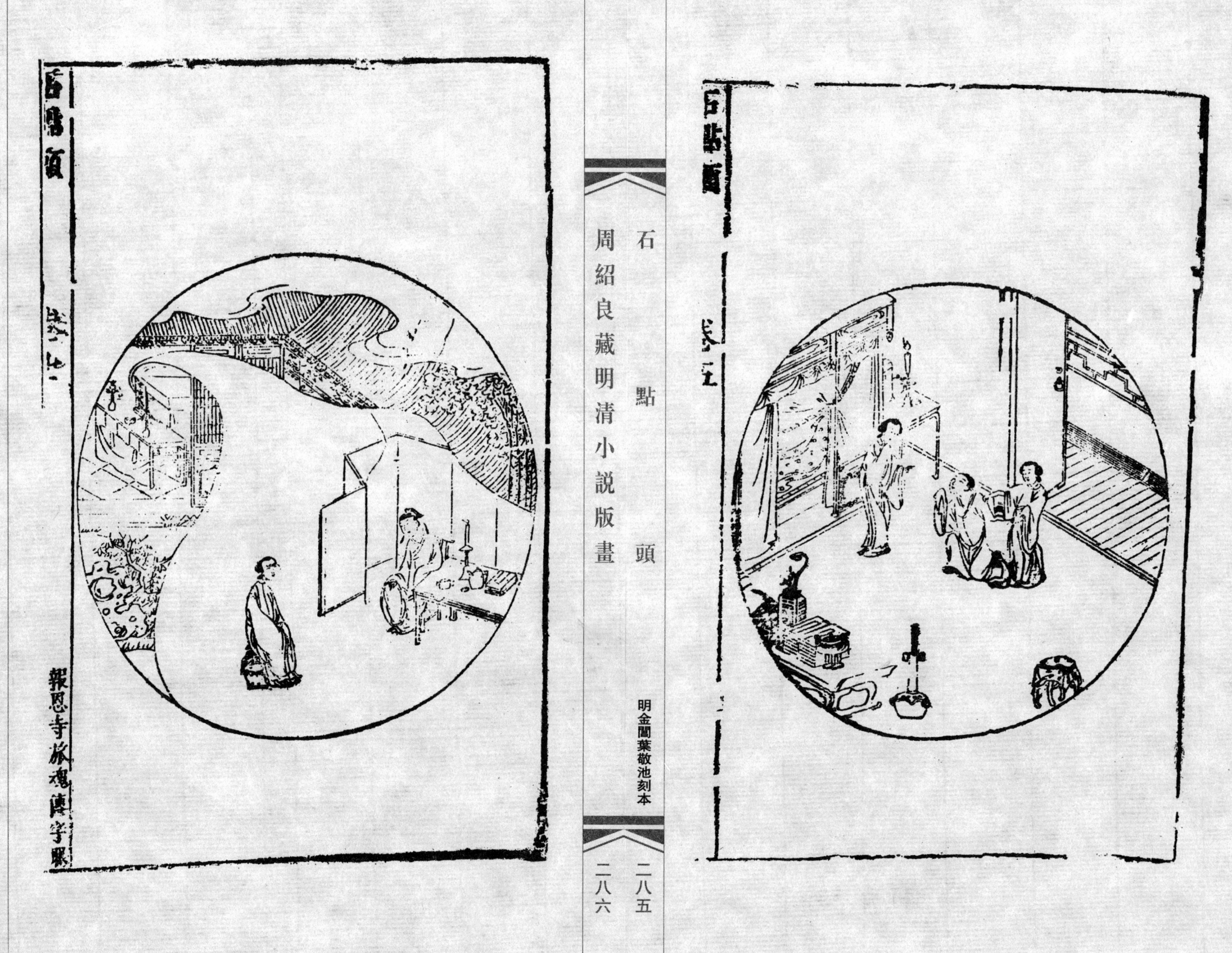

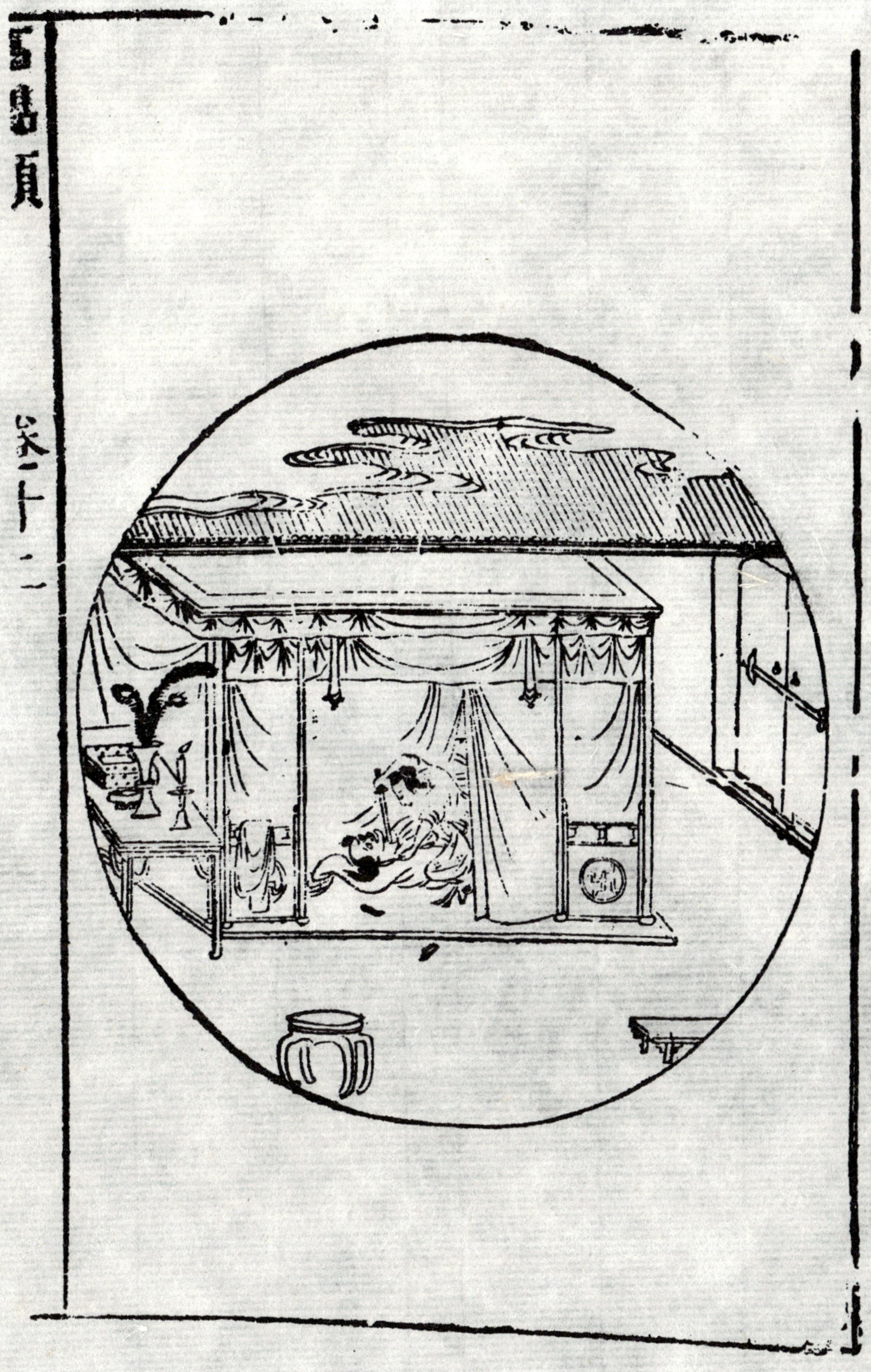

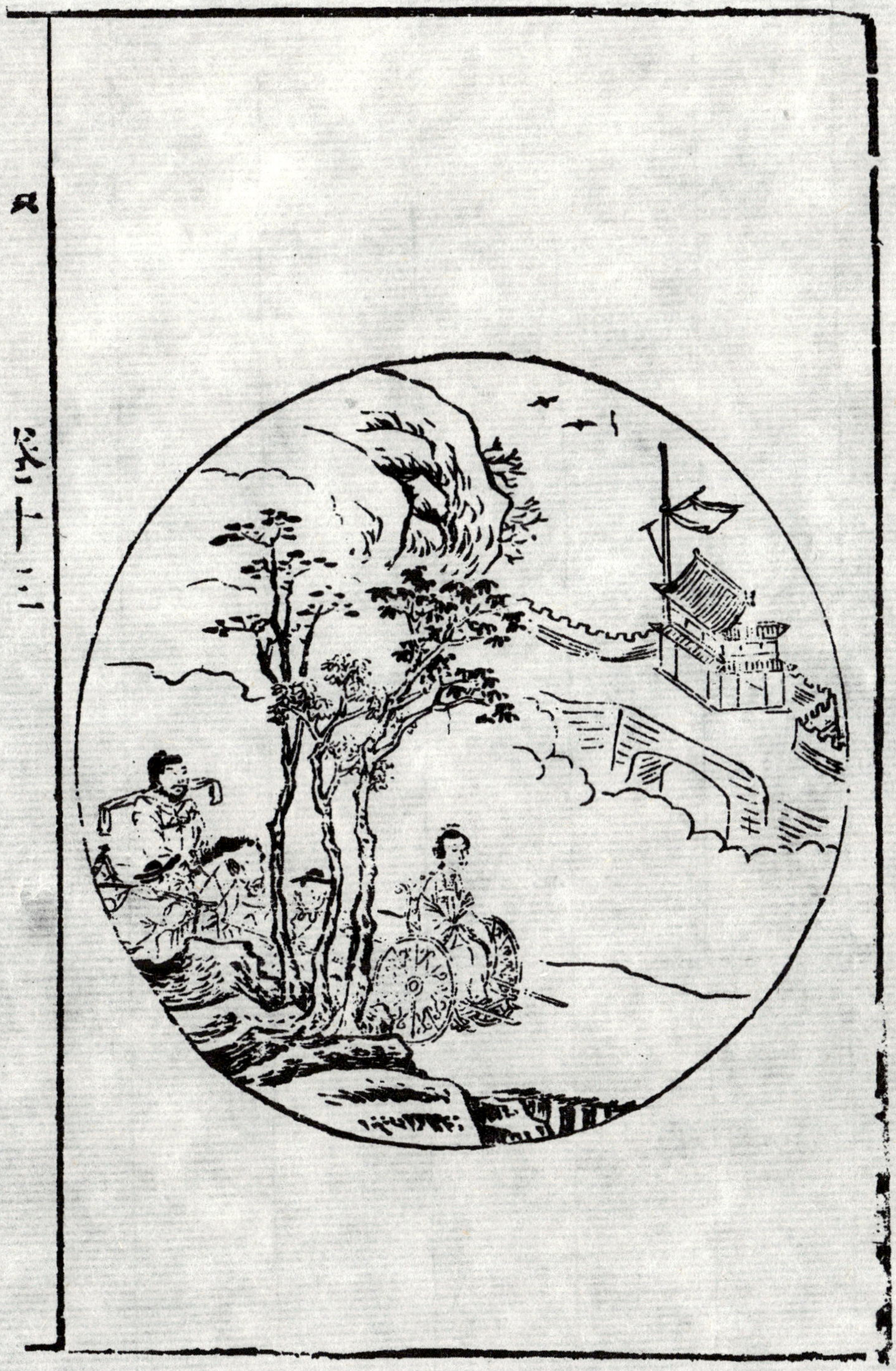

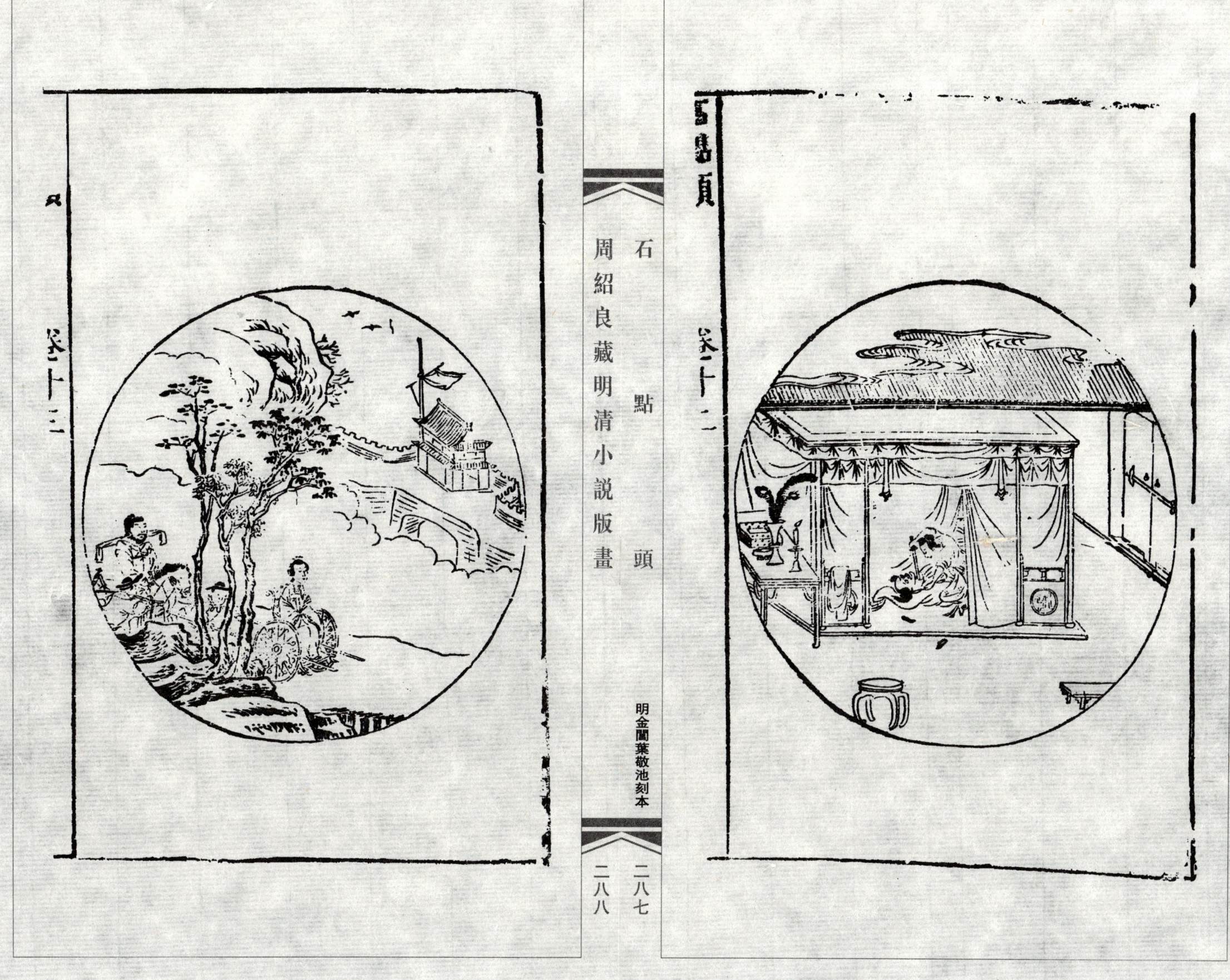

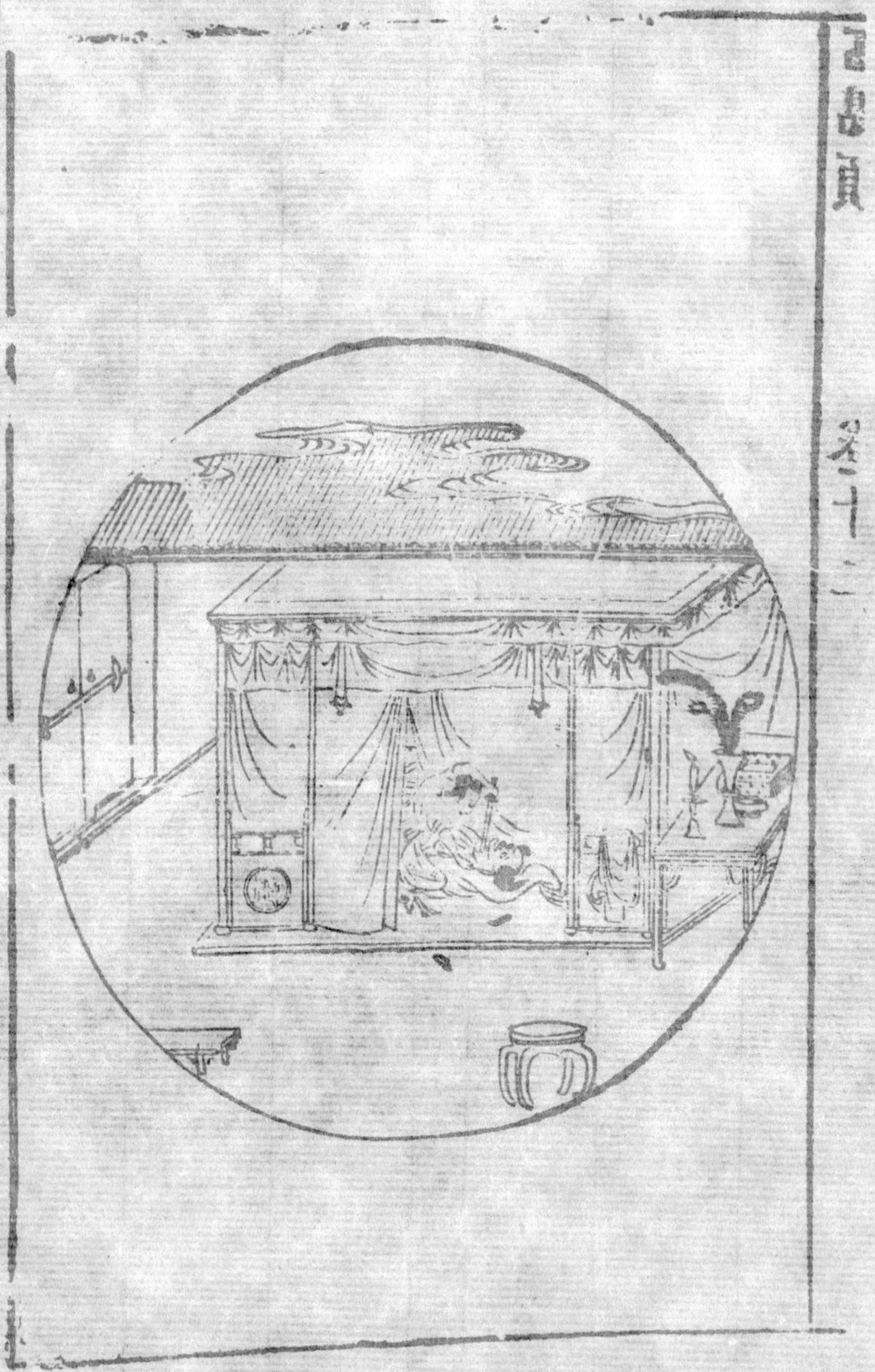

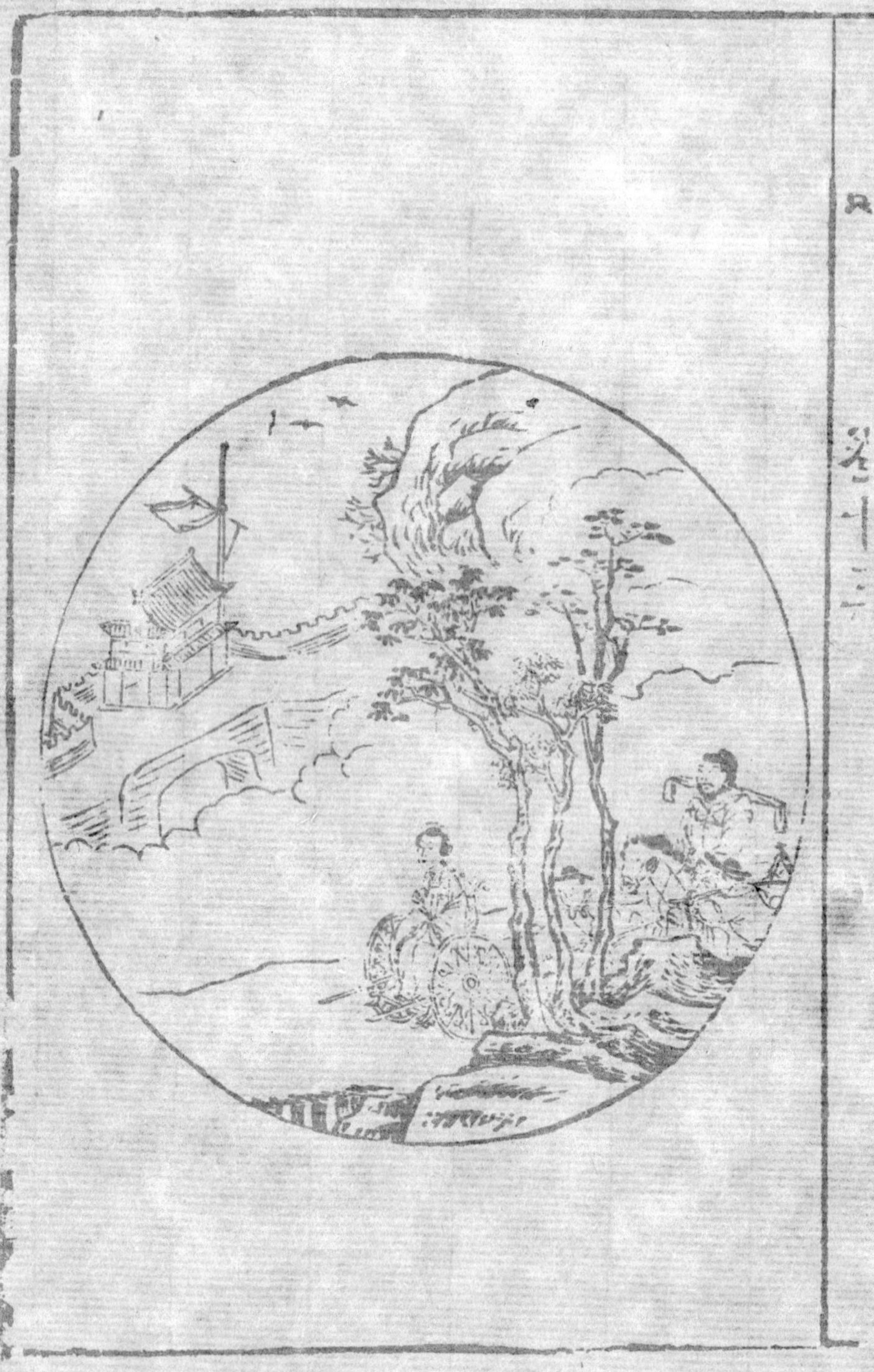

明金閶葉敬池刻本

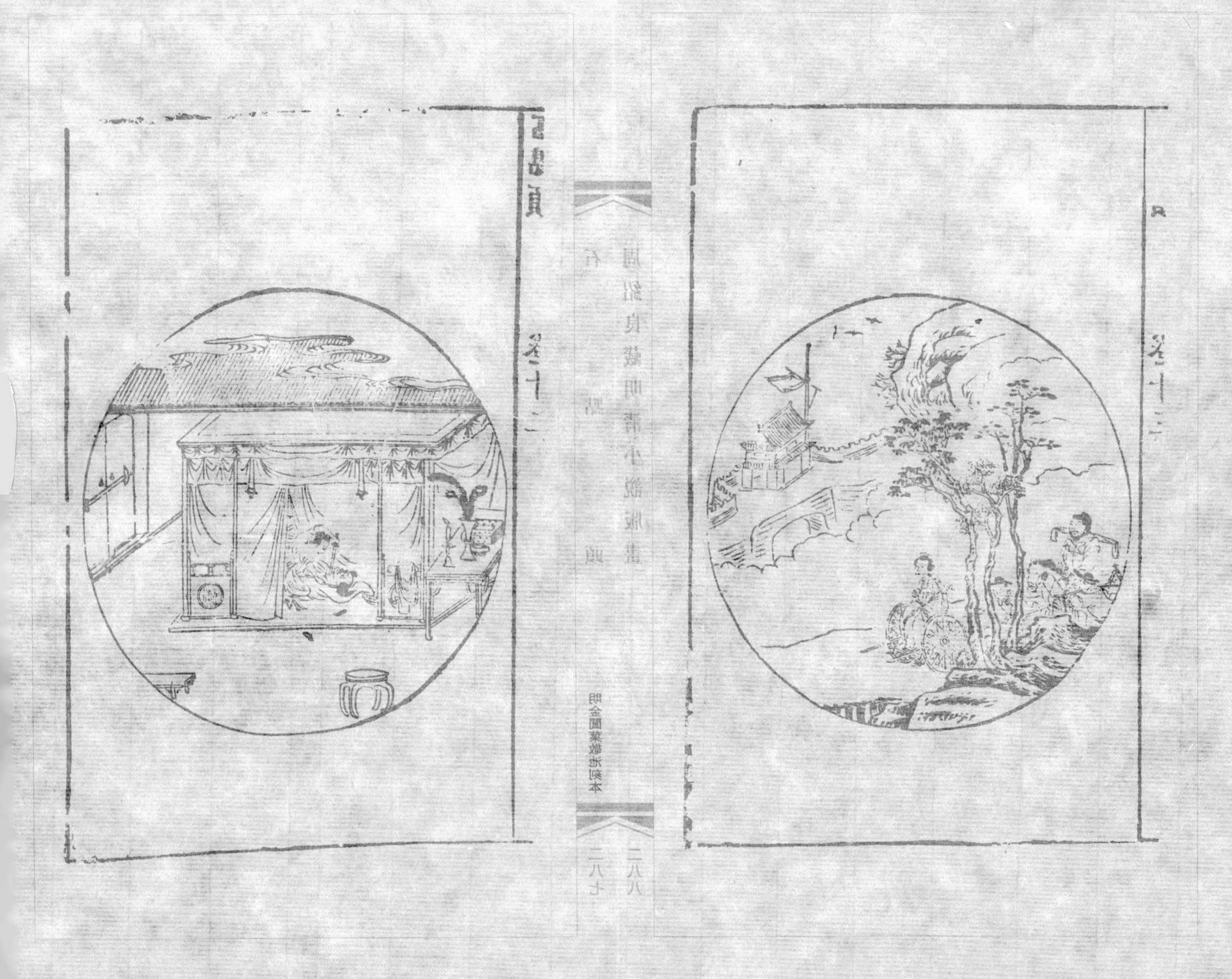

《石點頭》

明金閶葉敬池刻本

明末話本小說集，十四卷，題天然癡叟撰。葉敬池為蘇州著名刻書家，刻書很多。本書有圖十四幅，均為月光圓圖，代表了當時蘇州版畫的特色。茲選圖六幅（分別为卷二、三、五、七、十二、十三）。

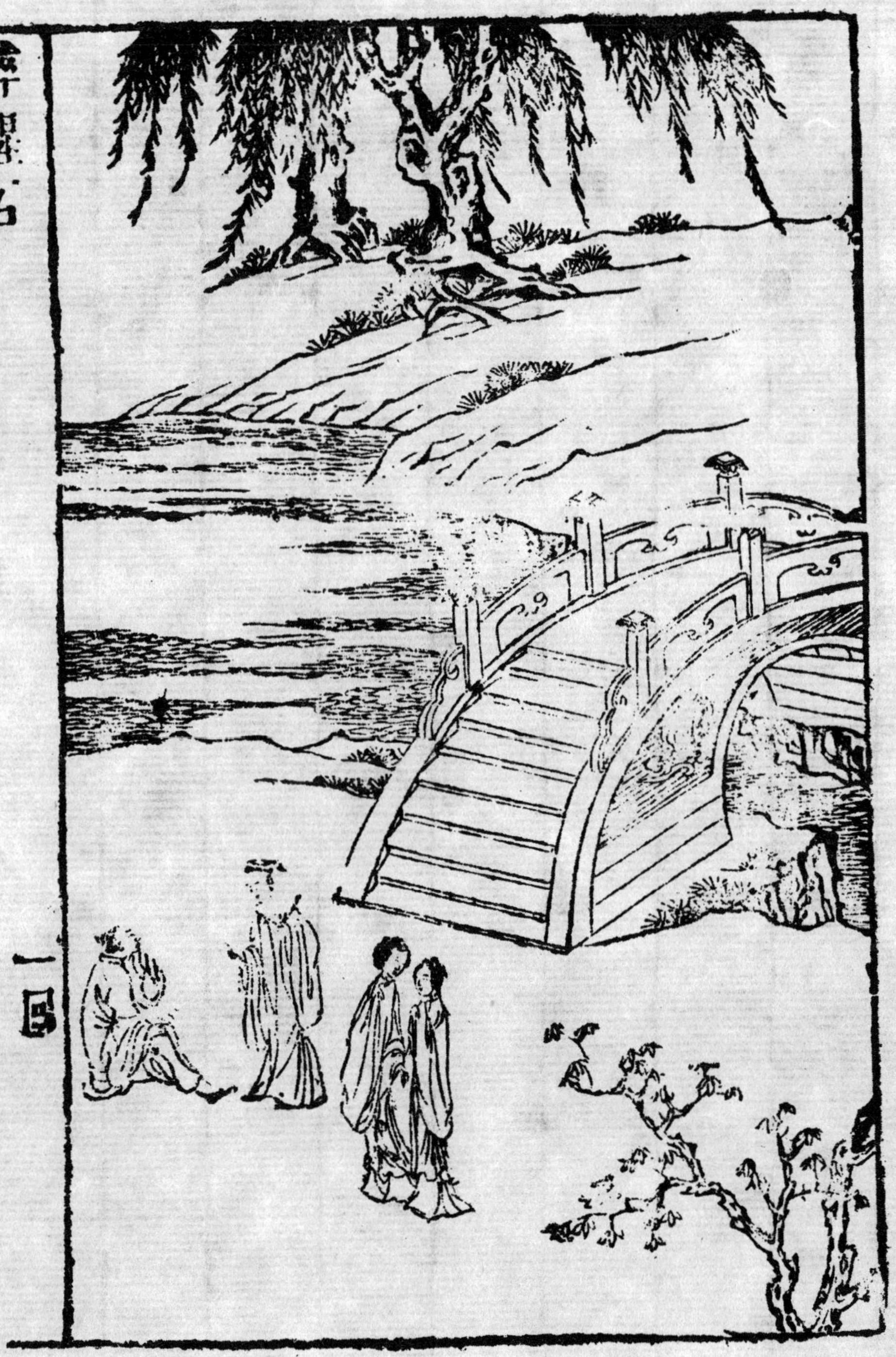

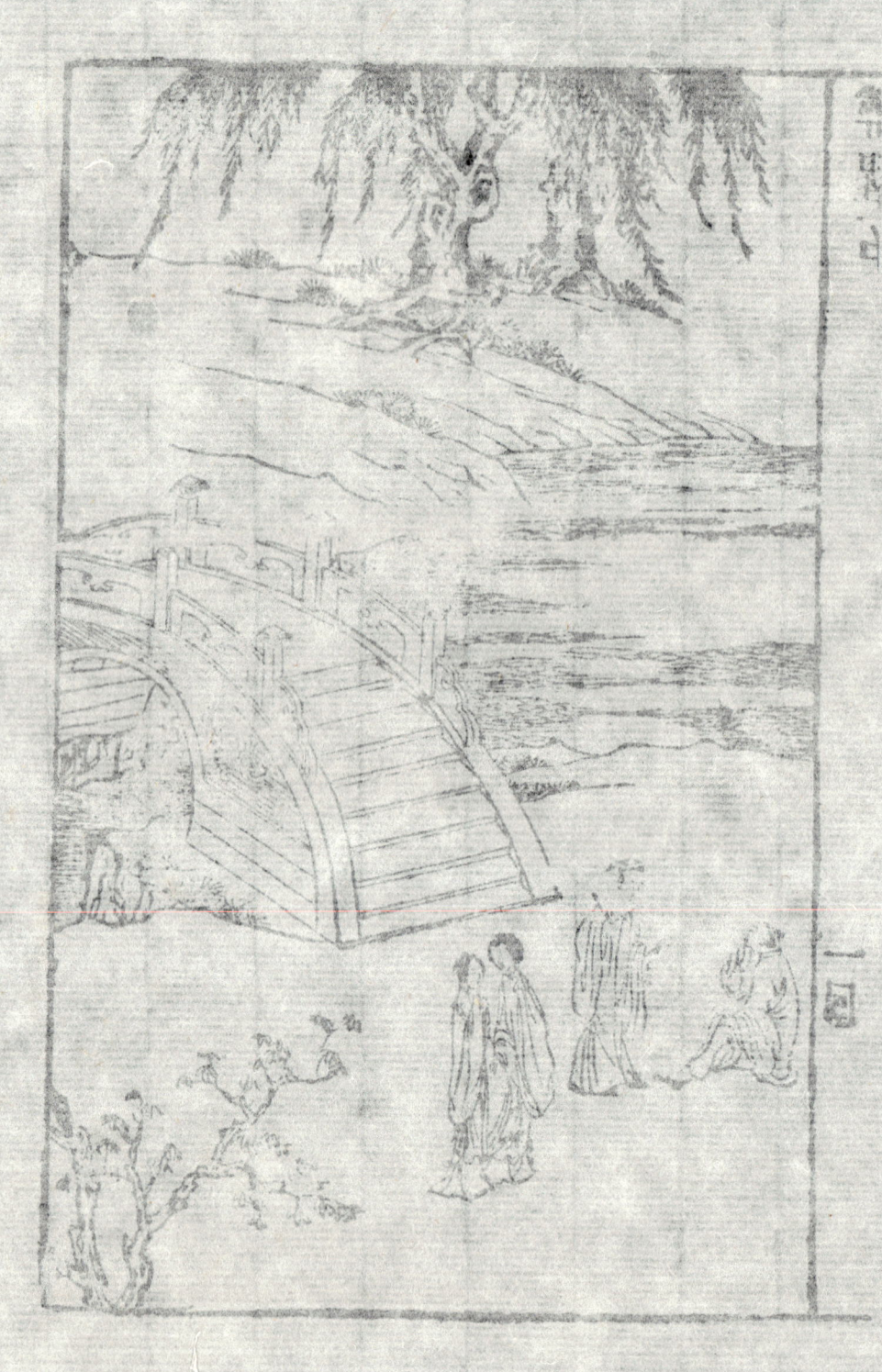

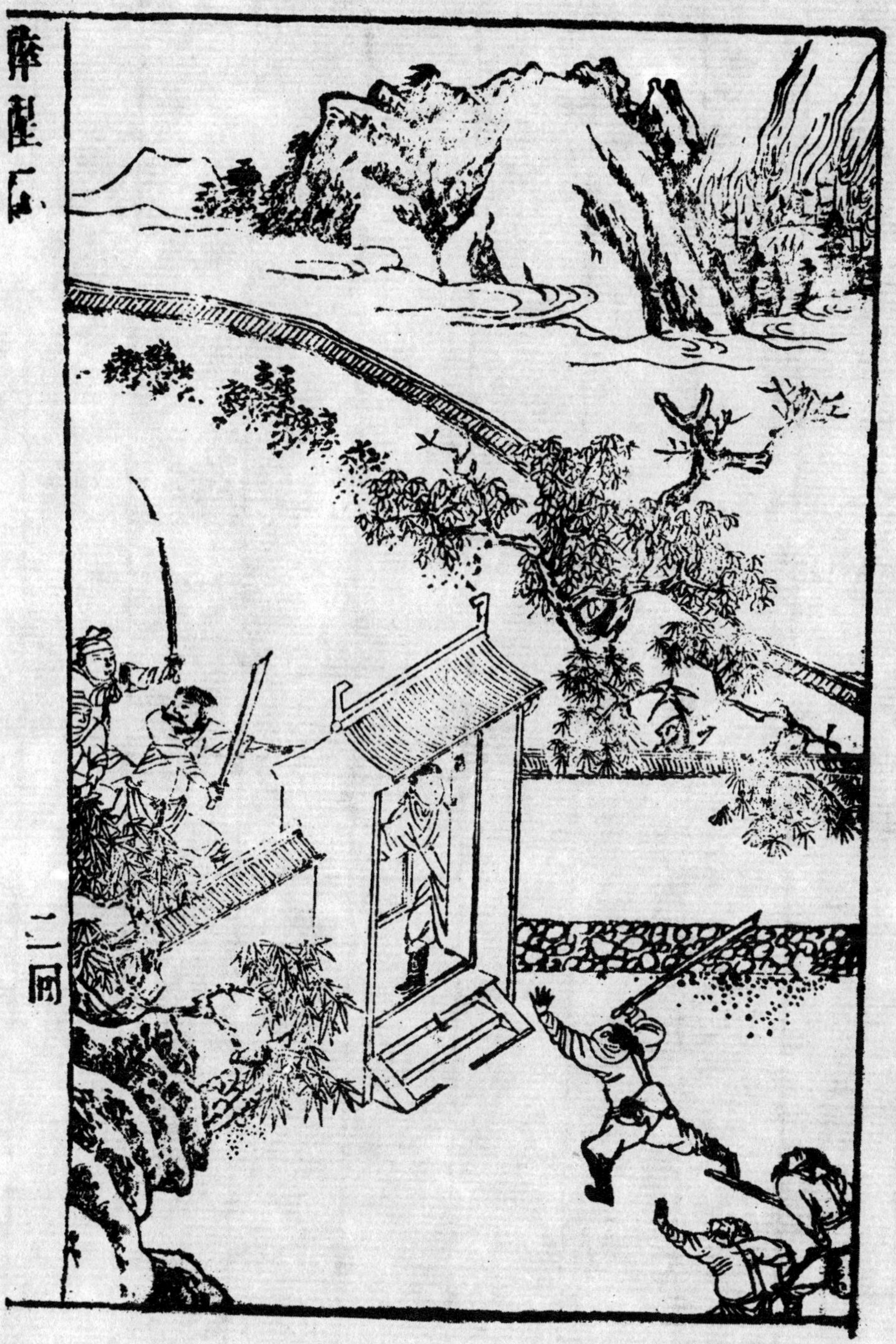

明刻本

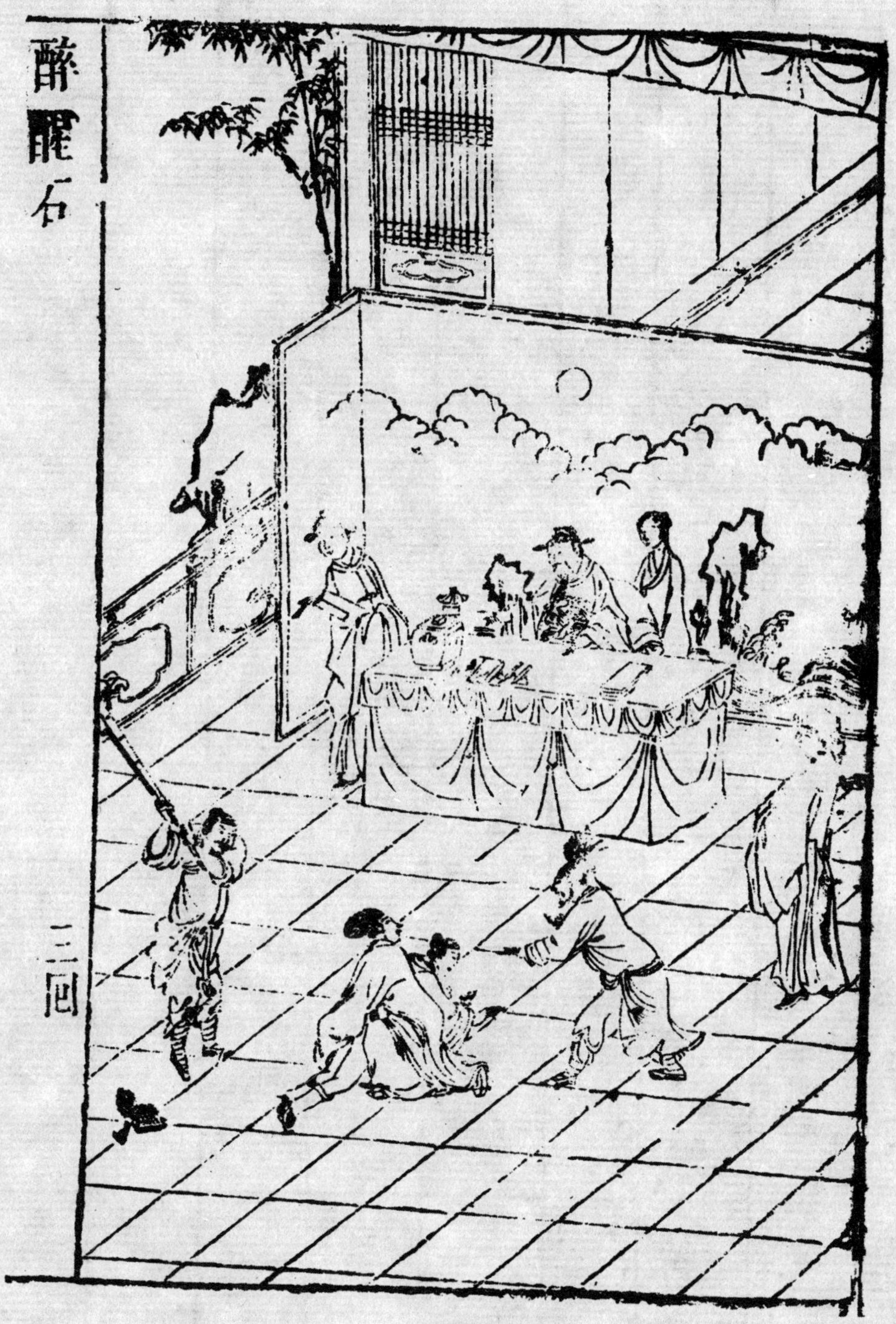

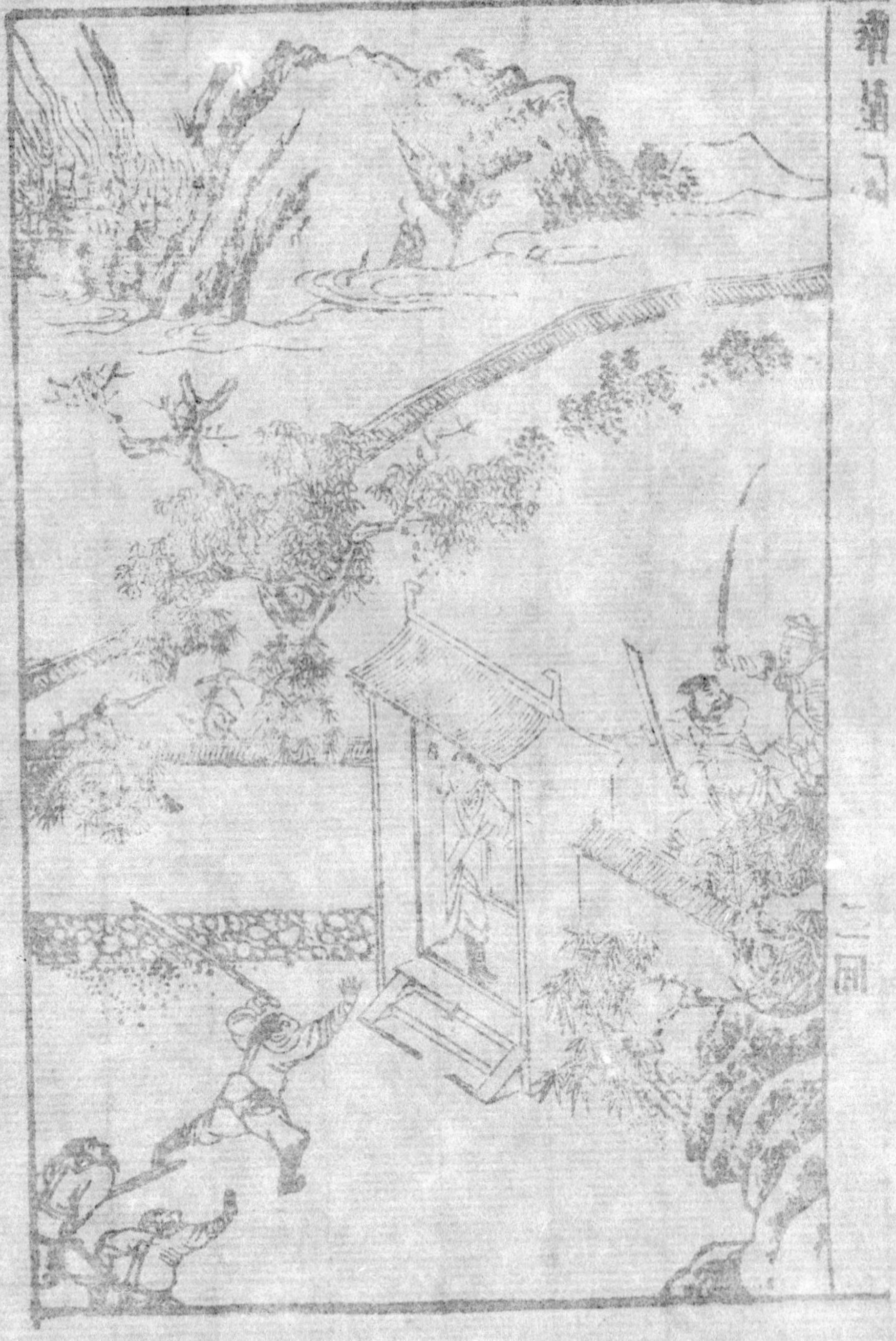
二回

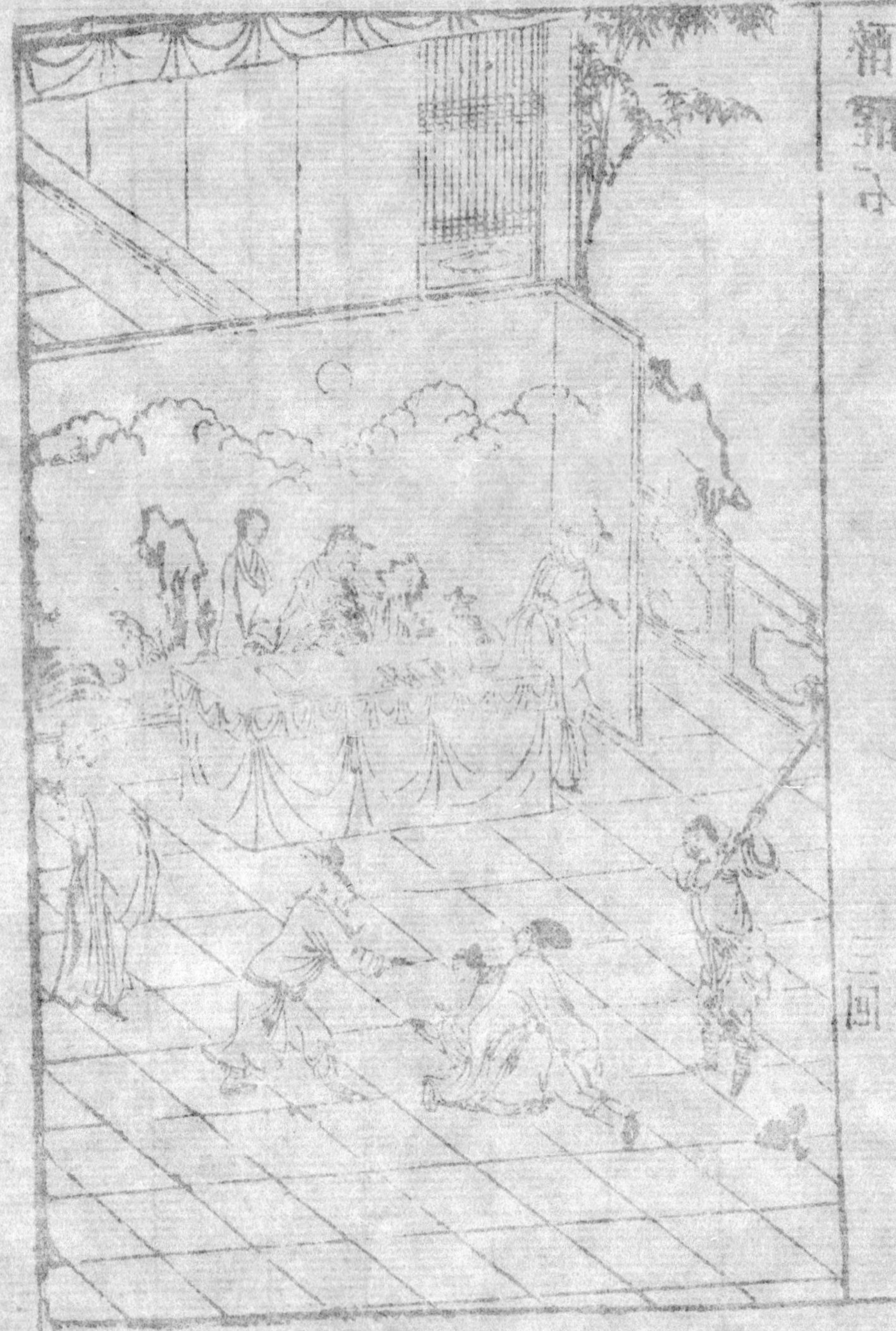
二回

四回

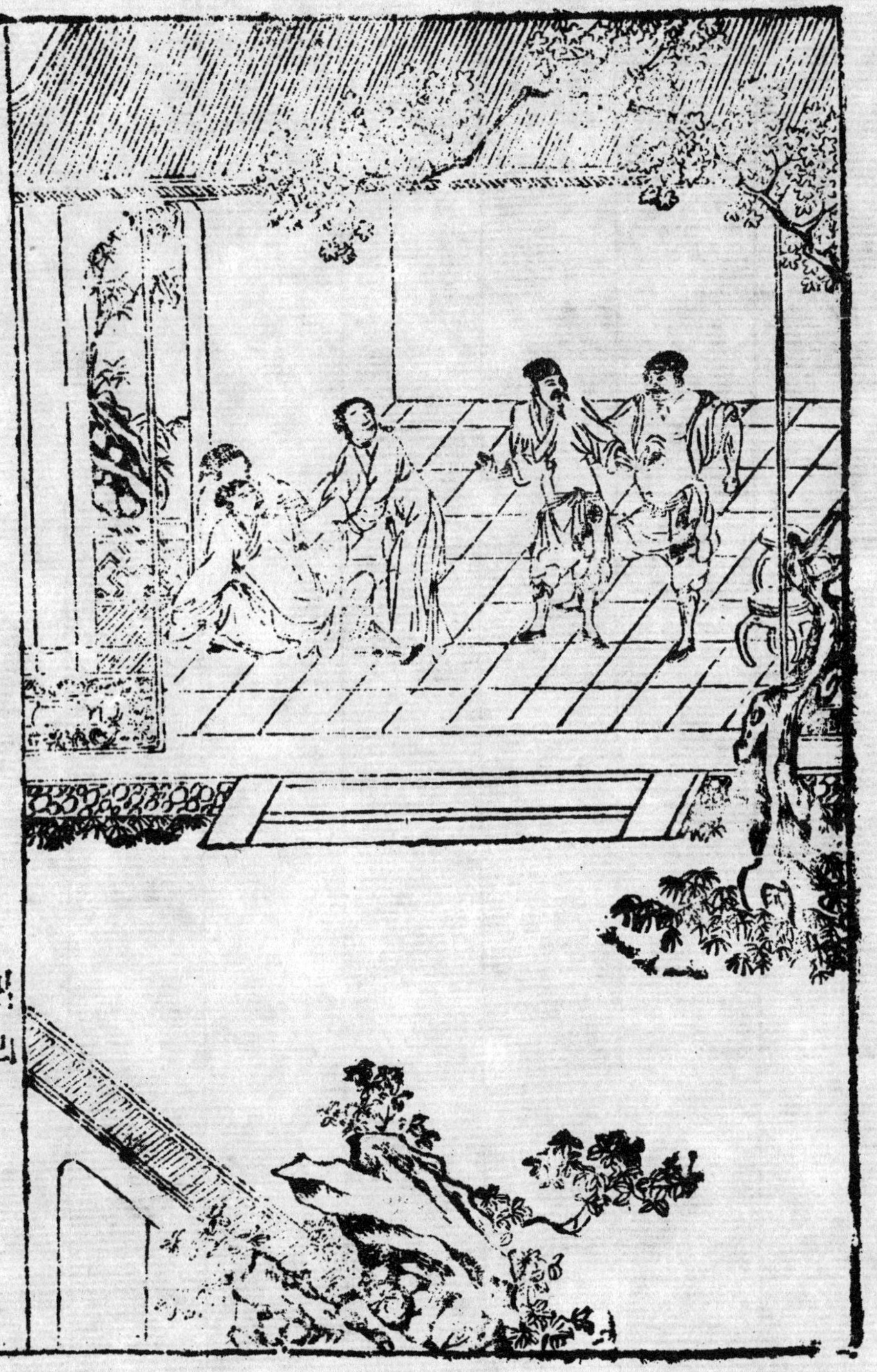

明刻本

九回

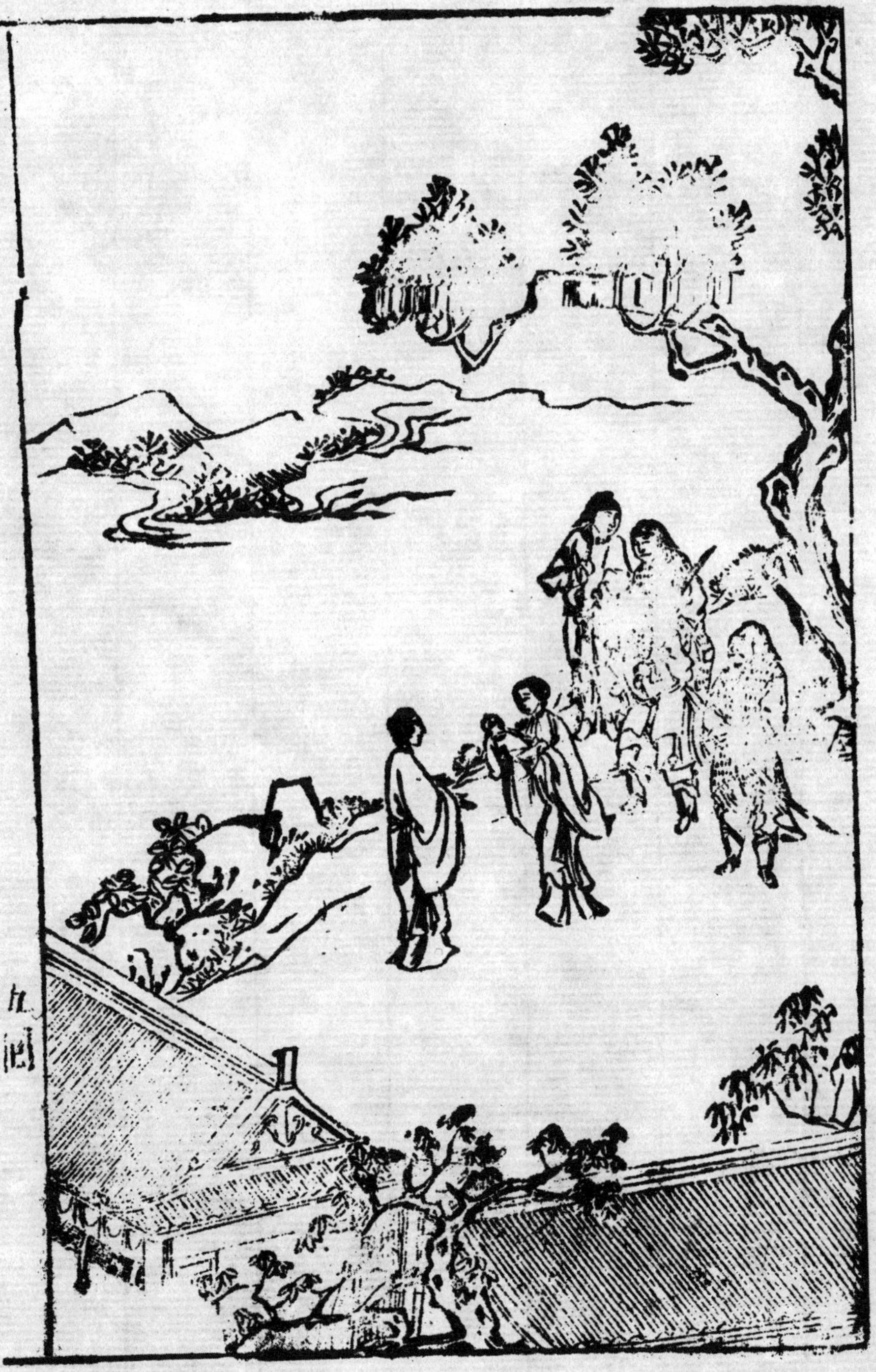

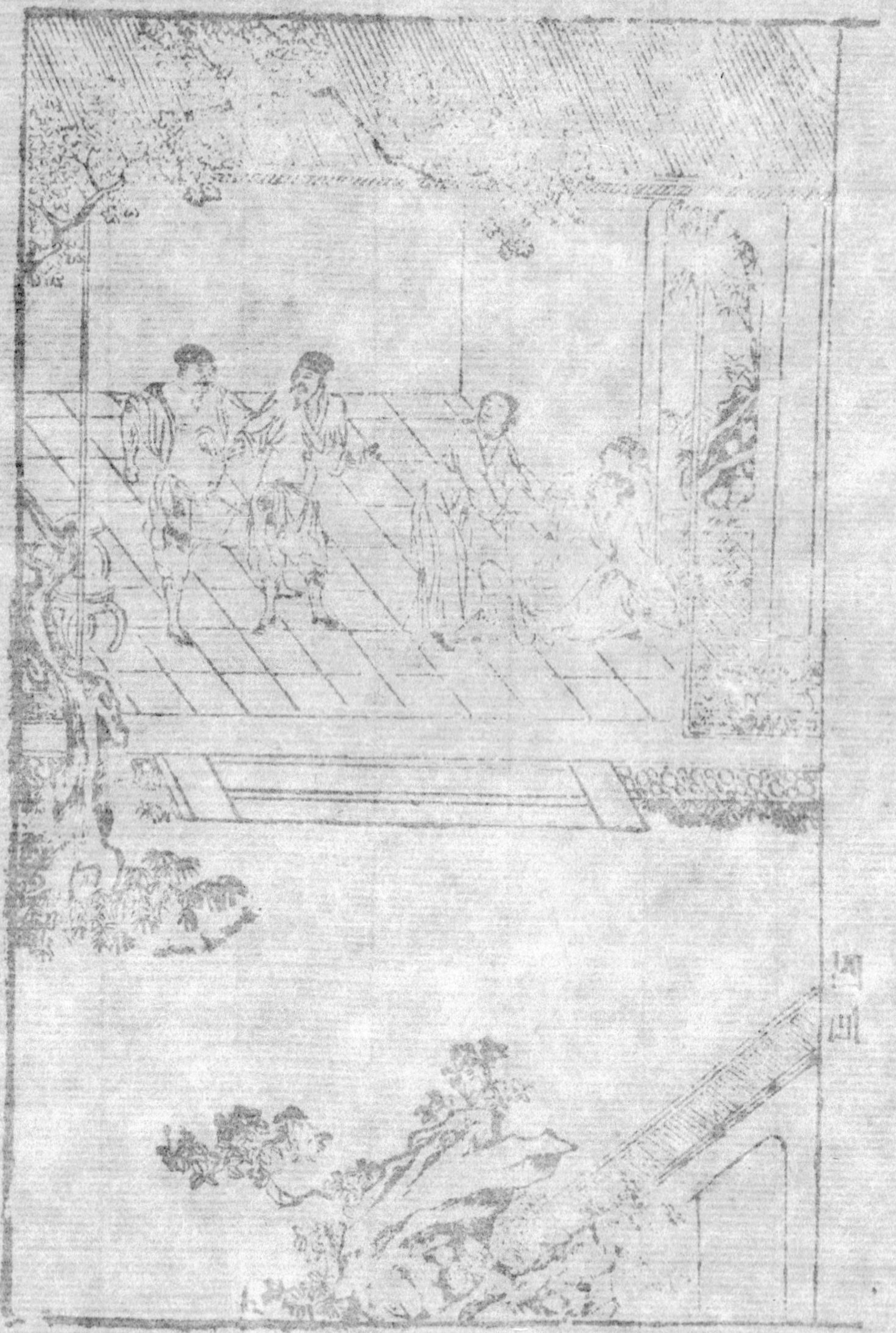

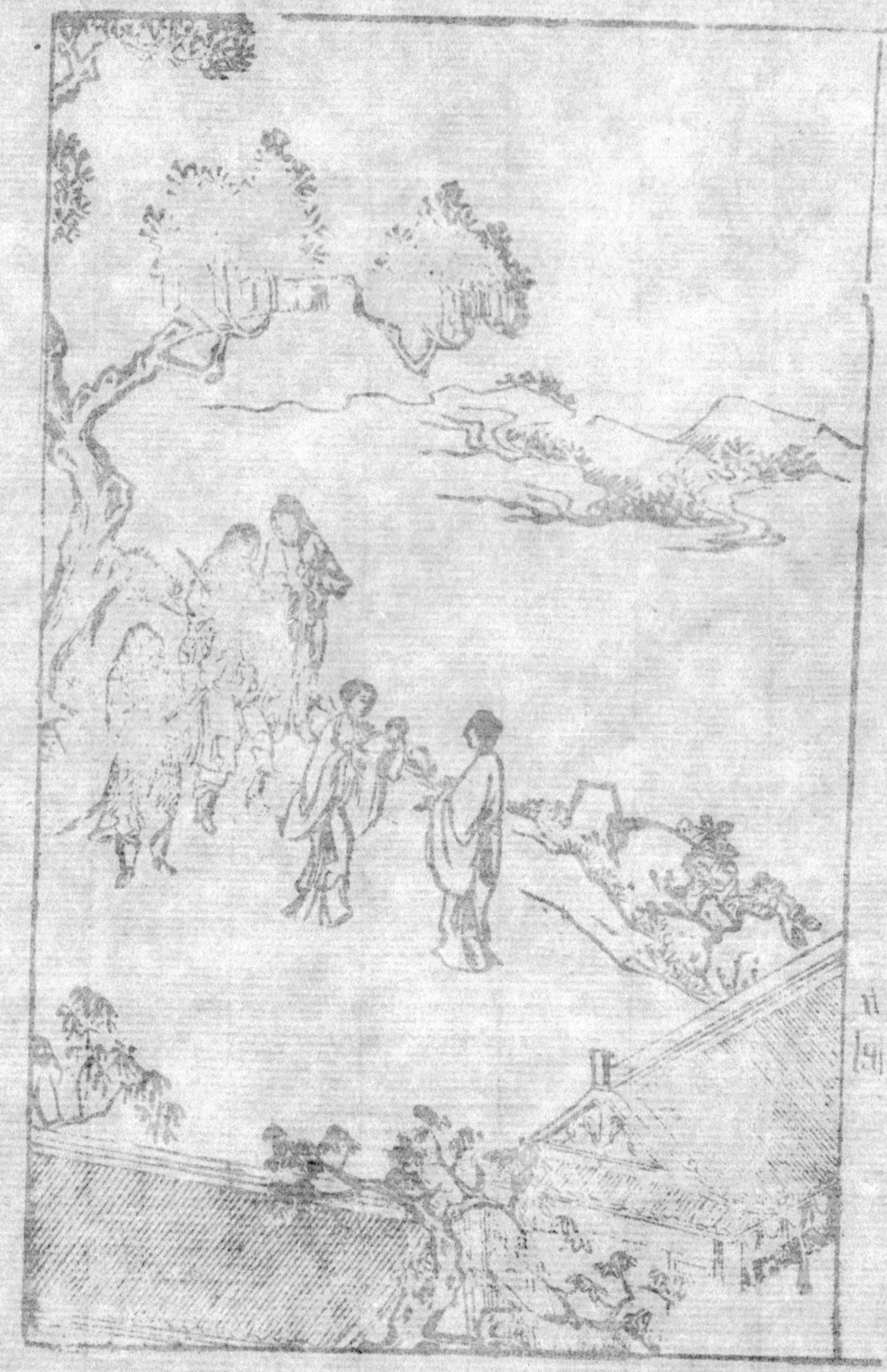

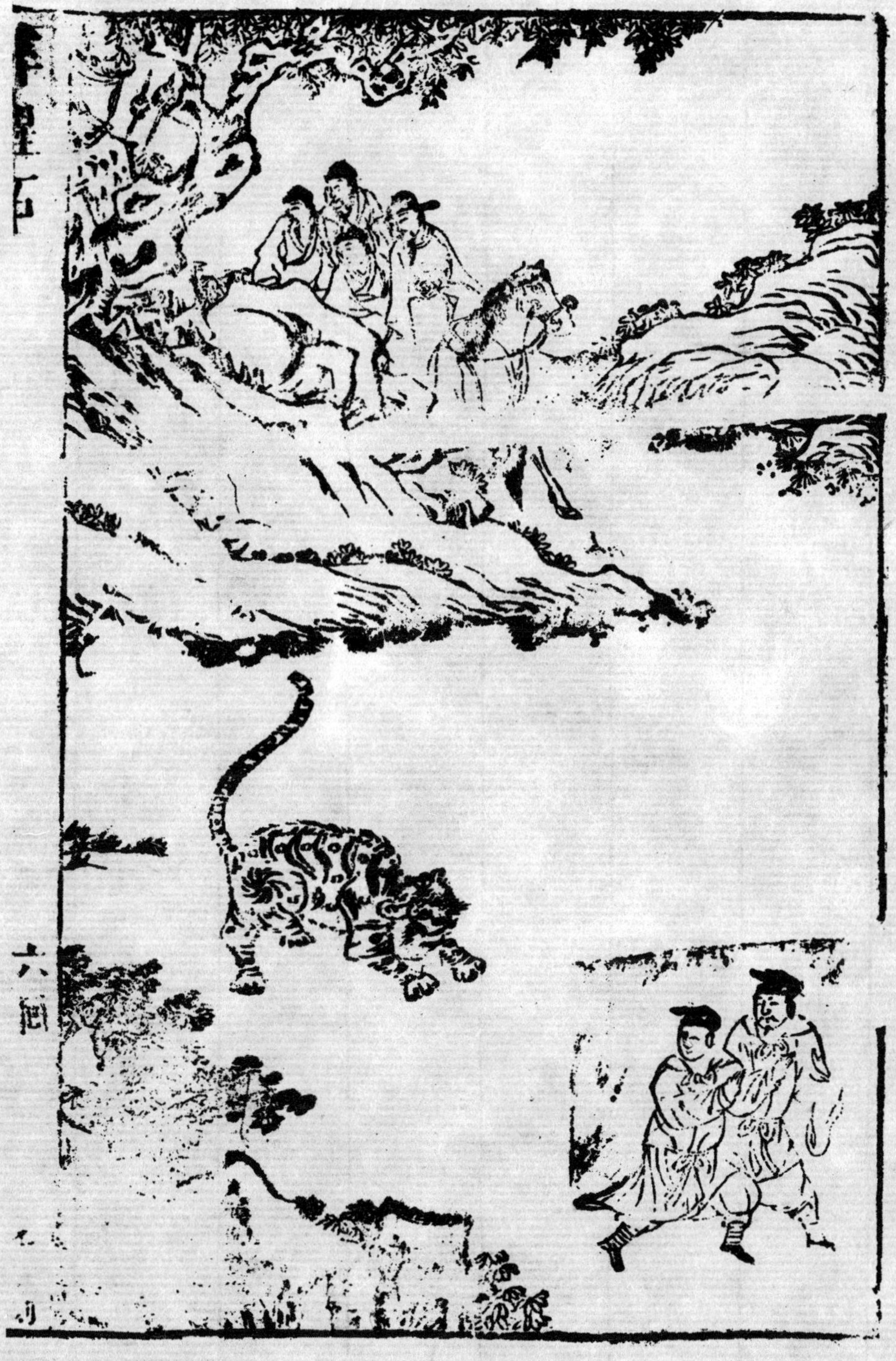

醉醒石

明刻本

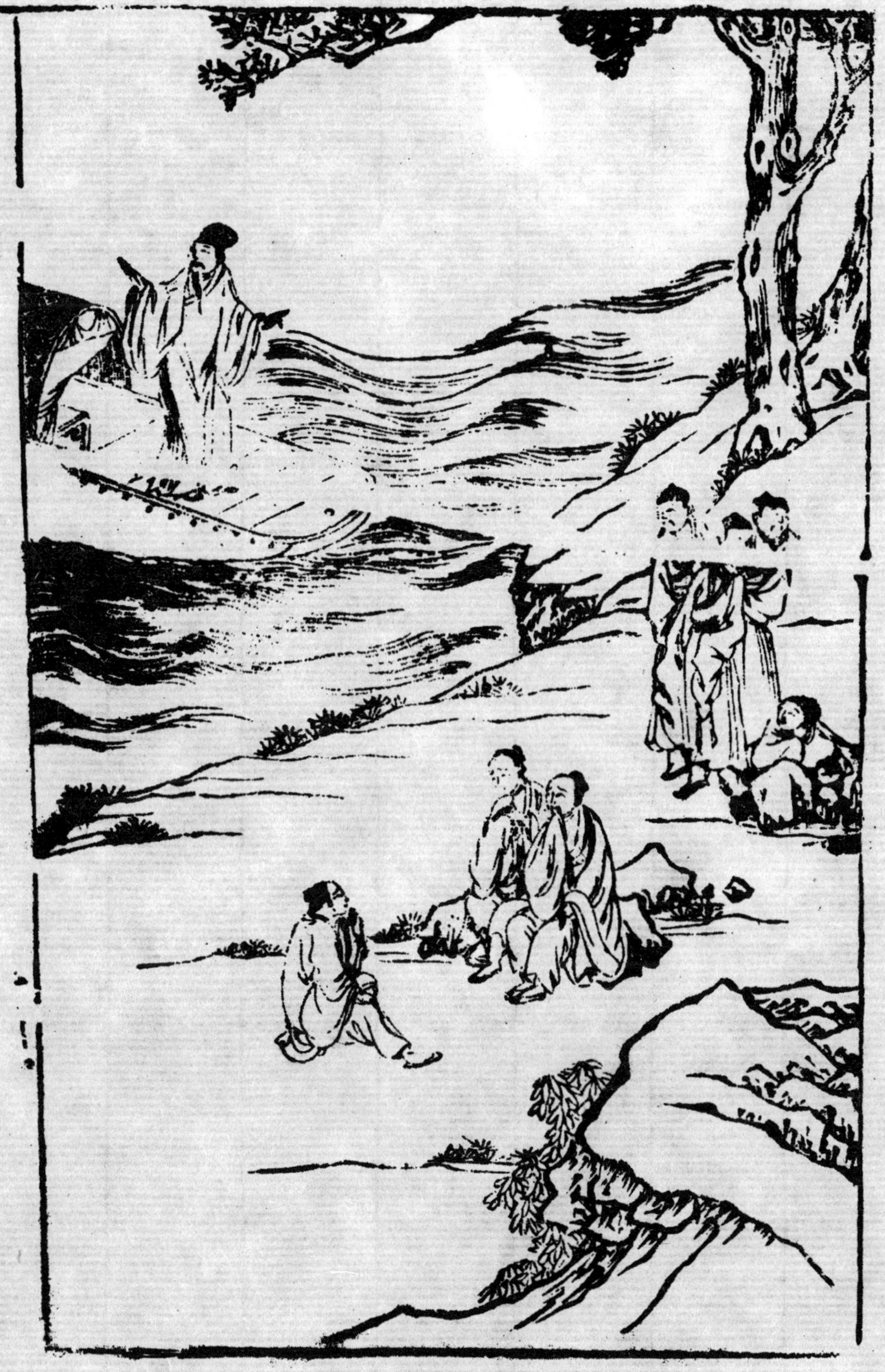

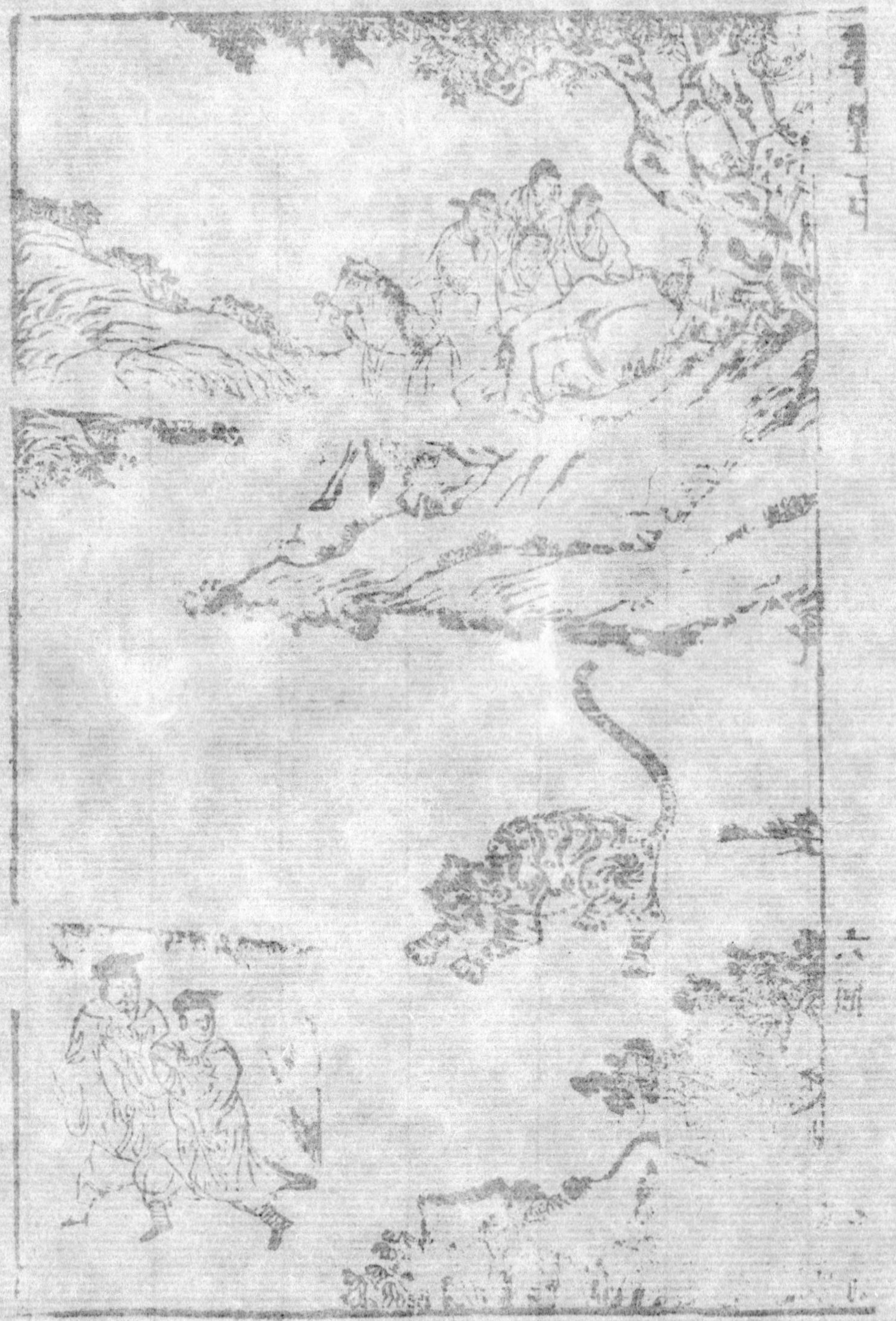

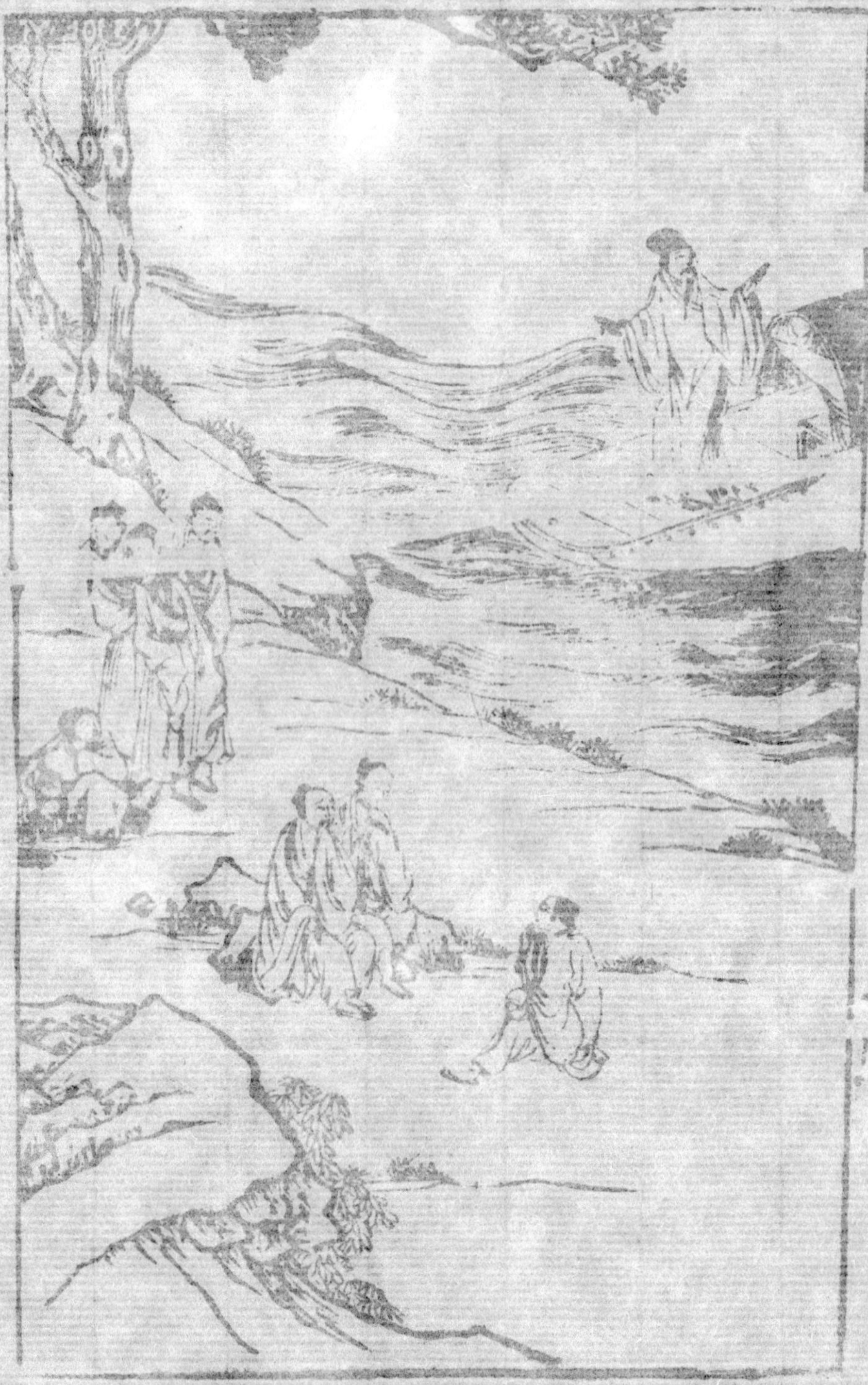

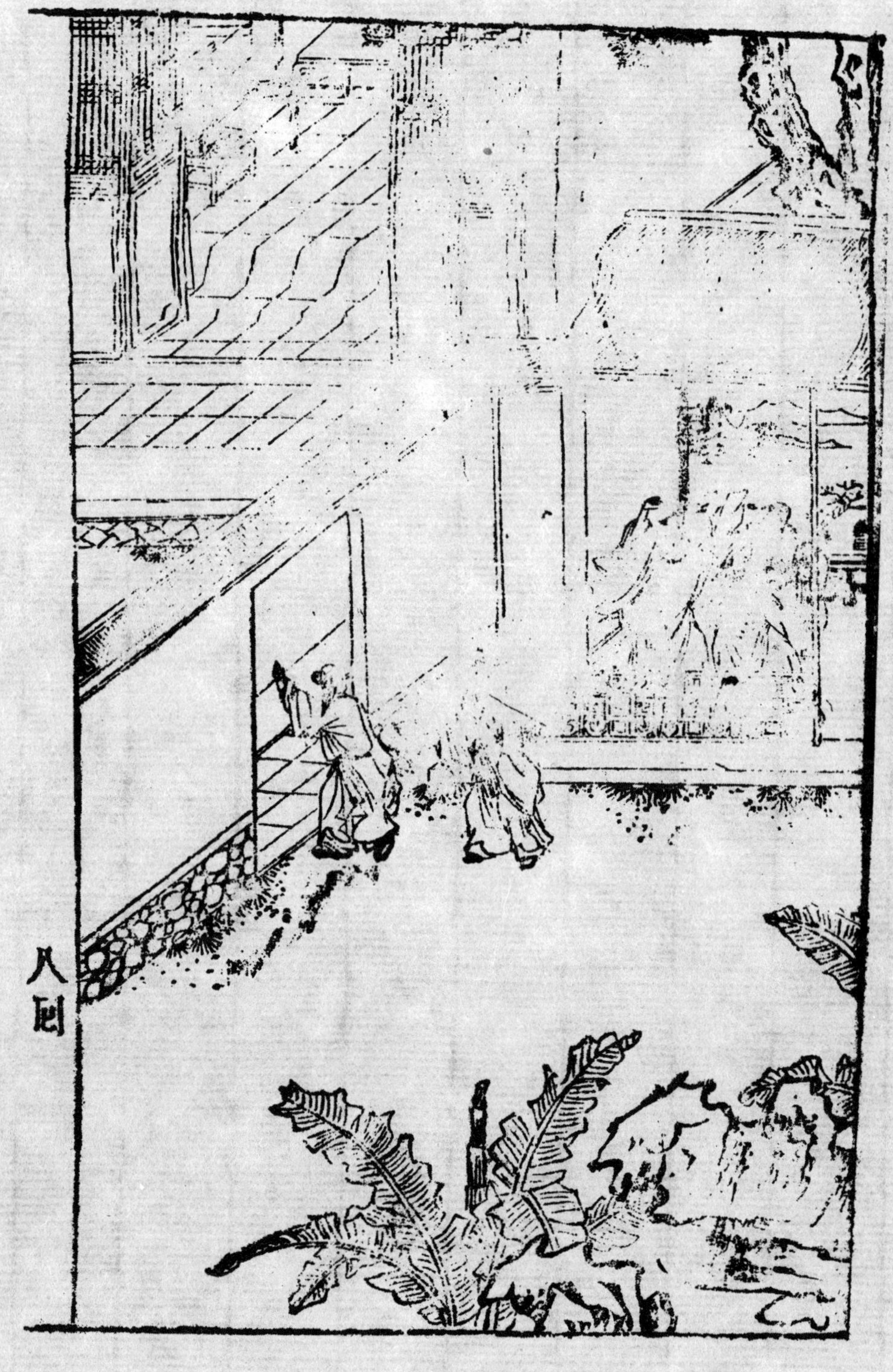

《醉醒石》 明刻本

《醉醒石》是明末清初出現的一部短篇小說集，全書十五回，每回收一篇小說，共十五篇。原題『東魯古狂生編輯』，作者真實姓名無考。從小說的語言及內容分析，作者似是一位在北方生活過多年的南方人。近年來，研究者有認為《醉醒石》作者是賈鳧西，有認為是丁耀亢，雖各有一些道理，但尚難下定論，仍有待進一步研究。

從《醉醒石》所敘內容來看，除第六回《李微化虎》一篇題材取自唐人小說，其他各篇均以明末時期的真實生活為背景，揭露了當時社會的腐朽與敗落。儘管作者對明朝滿懷深情，但面對誰都無力挽回的黑暗現實，他也只能醉而不醒，眼睜睜地看著這個社會徹底地崩潰。

原書前有《醉醒石題辭》，惜已殘缺。現今通行的鉛印本均未將這篇《題辭》收入，鑒於原文不長，現引出以饗讀者：

古今盡醉也，其誰為獨醒者？若也獨醒，世孰容之？雖然，亦不可不醒也。不醒，則長夜不且（旦？），世間大事業安能向醉夢中問之？第人不醉，則不醒；不大醉，則不大醒。從一醉，日富後忽而得醒機焉，醒乃大矣。不醉而自謂能醒者，惟聖賢豪傑則然；非聖賢豪傑而自謂能醒，非好行小慧，是懵無識知之妄人也，亦與於醉之甚者矣。李贊皇之平泉莊，有醉醒石焉。醉甚，而倚其上，其醉態立失。是編也，蓋亦醉態之石也，顧醉醒而取于石者何，臧武仲曰：『芙疢不如惡石。』猶生武疢之芙，其毒滋多。讀是編者（下闕）。

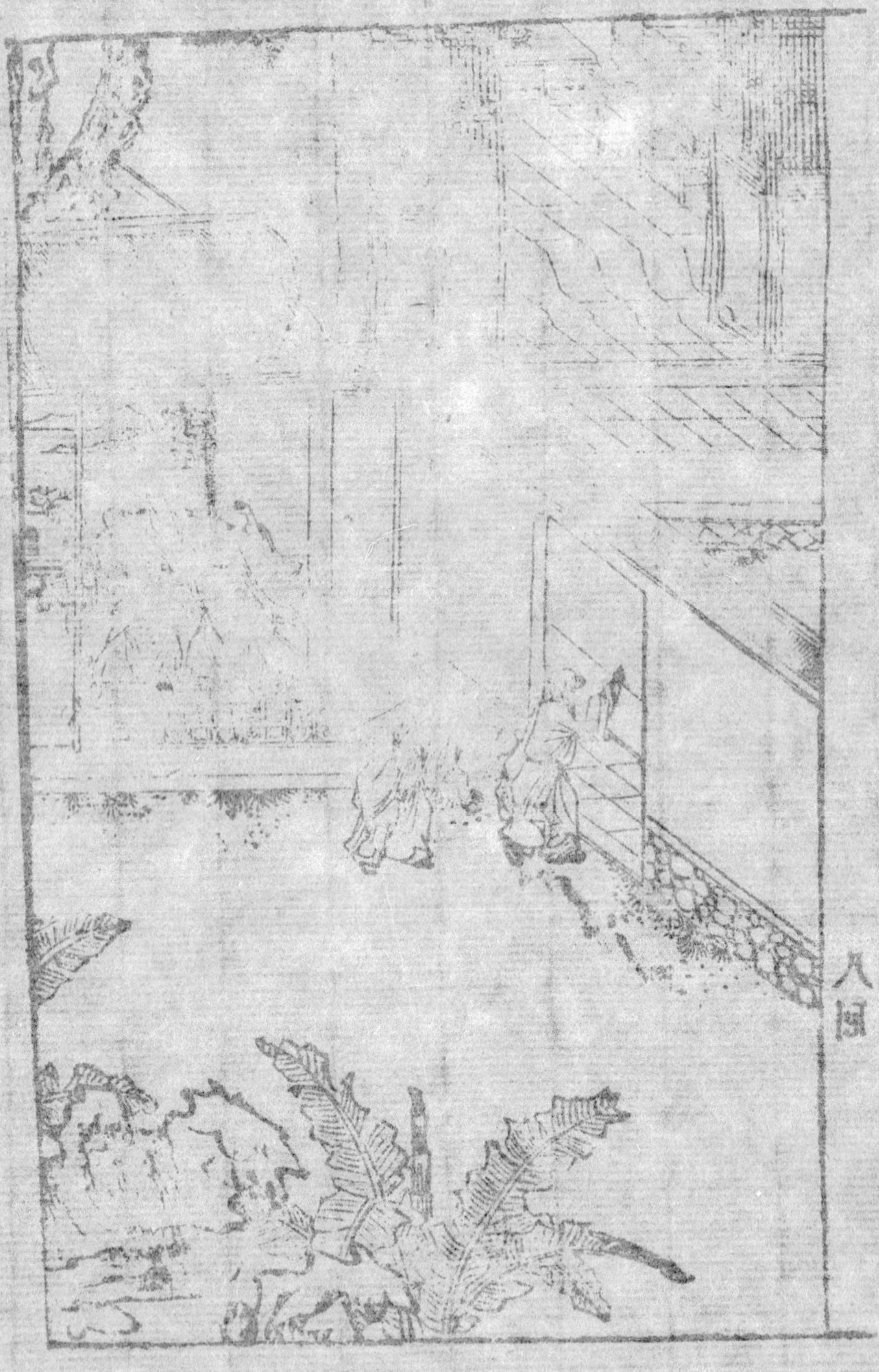

關於《醉醒石》的早期版本，見於著錄的有明刻本和清初刻本兩種，實際二者同是一版，只是著錄不同而已。查原本《醉醒石》文中遇到明代朝廷、帝號等均抬頭另起，『常』、『由』、『校』等字也都避諱，故其最初刊刻之時，當在明末之際。但本書的最終完成應該在入清以後，葉德均《〈醉醒石〉的成書年代》（《戲曲小說叢考》卷中）指出《醉醒石》中有十二處稱『明朝』而不稱『我朝』、『國朝』，認為它的撰著時間已至清初；胡士瑩《話本小說概論》持有同樣的觀點。其實，我們只要稍微注意一下《醉醒石》中某些文字的敘述方式，即可推定這部小說產生的時間是在清初之際。譬如第五回《矢熱血世勛報國　全孤祀烈婦捐軀》開始講了三個明代的小故事之後，有這樣一段話：『這三節，也是明朝的异事了。』全篇故事結尾時又說：『這兩事均是明朝之大奇也。』很顯然，作者是用一個清朝人的口吻，在敘述明末動亂的歷史。而且通過小說內容的敘述，我們也不難看出，作者對當時的情況，十分地熟悉和瞭解，應該是一個由明入清的文人。因此，將《醉醒石》的版本著錄作清初刻本似乎更為準確。

除了清初所刻十五回本《醉醒石》之外，後來又出現過一種經過修訂的十四回本，王重民先生《中國善本書提要》對此本有簡明的記述：

國家圖書館藏乾隆己酉（五十四年，公元一七八九年）瀛經堂印本，托之李笠翁批評，實就殘佚原版刷印，并無評語。圖繪間有移易，蓋有因版片破裂，而削去其人物者。又蓋因第十五回版片均佚，全書遂僅印十四回。又鏟去目次上第十五回回目，而第十五回之圖繪猶存，又不忍割棄，則鏟去『十』字，以圖欺蒙（子部小說類《新鐫綉像醉醒石小說十五回》條）。

王重民先生所說大體準確，但其中稍有失察之處。如小說所缺印的篇目實際并非第十五回，而是原來的第五回。其未印刷的原因，恐怕也不是由於版片丟失，倒更像是因為它的內容觸犯了當時的忌諱而故意被刪去的。我們不妨對第五回的有關內容做一些簡單的分析：

本回講明代有個姚指揮，十分忠於明朝。在抗倭鬥爭中，他不幸陣亡，家屬也被亂兵所擄，他的妾曹瑞貞為保全了姚氏的幼子，獻出了自己的生命。

從小說的故事情節來看，它所歌頌的是一個婦女捨命保護明朝忠臣後代的行為，這樣的思想顯然不會為新興的清政權所欣賞。因此，書坊主印製本書，心中是不能沒有顧忌的。如本篇開頭所敘的第二個小故事，缺字較多，讀來就很容易讓人產生懷疑：

□□□□□時，舉族殉義固多，若浙江按察使王□□□□□子于同僚之妻，然後同夫自焚。蓋臣死國、妻死夫，乃天地間大道理。但祖宗之血食，不可不□□□□□於其□以留忠臣一綫的。

這段話講一個忠臣夫妻同死于國難，由於幾個關鍵文字的模糊不清，所以很難考定這位忠臣的名姓了。但這些文字的缺損，恐怕并非偶然，極有可能是有人故意毀壞的。戴不凡先生推斷這段話前面所缺失的五字，當為『虜騎南下之（時）』類的字眼，（見《小說見聞錄》）應該說是很有道理的。因此，第五回之所以未印，更有可能是書坊主人害怕其中的內容引起麻煩而有意刪去的。

《醉醒石》的十五回原刻本和十四回清乾隆五十四年（公元一七八九年）瀛經堂印本，中國國家圖書館均有收藏，通過二本的比較，我們可以在王重民先生記述的基礎上，對十四回本作幾點補充說明：

一、十四回本用十五回本原版印刷，屬於後印本。印書者因擔心第五回的違礙內容招惹是非，所以把它刪棄。原書刪掉的第五回用第十五回頂替，并把版心所標寫『第十五回』四字中的『十』字挖去，冒充第五回。但由此造成版心中的『五』字離『第』字較遠，離『回』字較近，間隔很不對稱。更明顯圖》的《醉醒石》的早期版本，見於著錄的有明刻本和清初刻本兩種，實際二者同是一版，只是著錄不同而已。查原本《醉醒石》文中遇到明代朝廷、帝號等均抬頭另起，「常」、「由」、「校」等字也都避諱，故其最初刊刻之時，當在明末之際。但本書的最終完成應該在入清以後，東魯古狂生〈醉醒石〉的成書年代》（《戲曲小說叢考》卷中）指出《醉醒石》中有十二處稱「明朝」，而不稱「我朝」、「國朝」，認為它的撰寫時間已至清初；胡士瑩《話本小說概論》持有同樣的觀點。其實，我們只要稍微注意一下《醉醒石》中某些文字的敘述方式，即可推定這部小說產生的時間是在清初之際。譬如第五回《矢熱血世臣報國 全孤祀烈婦捐軀》開始講了三個明代的小故事之後，有這樣一段話：「這三節，也是明朝的異事了。」全篇故事結尾時又說：「這兩事均是明朝之大奇也。」很顯然，作者是用一個清朝人的口吻，在敘述明末動亂的歷史。而且通過小說內容的敘述，我們也不難看出，作者對當時的情況，十分地熟悉和瞭解，應該是一個由明入清的文人。因此，將《醉醒石》的版本著錄作清初刻本似乎更為準確。

除了清初所刻十五回本《醉醒石》之外，後來又出現過一種經過修訂的十四回本。王重民先生《中國善本書提要》對此本有簡明的記述：

國家圖書館藏乾隆己酉（五十四年，公元一七八九年）藏經堂印本，托之李笠翁批評，實就淺侯原版刷印，并無評語。圖繪間有殘毀，蓋有因版片毀裂，而削去其人物者。又蓋因第十五回版片均佚，全書遂僅印十四回。又鏟去目次上第十五回回目，而第十五回之圖繪猶存，又不忍割棄，則鏟去「十」字，以圖欺蒙。（子部小說類《新鐫繡像醉醒石小說十五回》條）

王重民先生所說大體準確，但其中稍有失察之處。如小說所缺印的篇目實際并非第十五回，而是原

來的第五回。其未印的原因，恐怕也不是由於版片丟失，倒更像是因為它的內容觸犯了當時的忌諱而故意被刪去的。我們不妨對第五回的有關內容做一些簡單的分析：

本回講明代有個姚指揮，十分忠於明朝。在抗倭鬥爭中，他不幸陣亡，家屬也被亂兵所擄，他的妾曹瑞貞為保全了姚氏的幼子，獻出了自己的生命。

從小說的故事情節來看，它所歌頌的是一個婦女捨命保護明朝忠臣後代的行為，這樣的思想顯然不會為新興的清政權所欣賞。因此，書坊主印製本書，心中是不能沒有顧忌的。如本篇開頭所敘的第二個小故事，缺字較多，讀來就很容易讓人產生懷疑：

曰□□□□時，舉族殉義固多，若浙江按察使王□□□□□□于同僚之妻，然後同夫自焚。蓋臣死國，妻死夫，乃天地間大道理。但祖宗之血食，不可不□□□□□於其□以留忠臣一綫的

這段話講一個忠臣夫妻同死于國難，由於幾個關鍵文字的模糊不清，所以很難考定這位忠臣的名姓了。但這些文字的缺損，恐怕并非偶然，極有可能是有人故意毀壞的。藏不凡先生推斷這段話前面所缺失的五字，當為「處鷂南下之（時）」，「鷂」的字眼，（見《小說見聞錄》）應該說是很有道理的。因此，第五回之所以未印，更有可能是書坊主人害怕其中的內容引起麻煩而有意刪去的。

《醉醒石》的十五回原刻本和十四回清乾隆五十四年（公元一七八九年）藏經堂印本，中國國家圖書館均有收藏，通過二本的比較，我們可以在王重民先生記述的基礎上，對十四回本作幾點補充說明：

一、十四回本用十五回本原版印刷，屬於後印本。印書者因擔心第五回的違礙內容惹是非，所以把它刪棄。原書刪掉的第五回用第十五回頂替，并把版心所標寫「第十五回」四字中的「十」字挖去，冒充第五回。但由此造成版心中的「五」字雖與「第」字較近，間隔很不對稱。更明顯

的是，本篇正文的回題未予挖改，仍清楚地寫著：『第十五回　王錦衣釁起園亭　謝夫人智屈權貴』可見挖改工作做得很不細緻。

二、十五回原本有圖十四幅，其中第七回圖未刻，這在第六回圖的版心下方已標明『七回未刻』四字。十四回後印本亦有圖十四幅，其中除將第十五回圖版心的『十』字鏟去充當第五回圖之外，還為第七回補刻了一幅圖，然而補刻圖的風格與原插圖的風格有异，很容易區分出來。而十四回本的第一、第六兩圖與十五回本的圖像相比，都缺少了兩個人。

三、十四回本目録沒有采用十五回本的底版，而是重刻新版印製而成，因而目次并不存在挖鏟問題。至於正文內容，十四回本臆補了一些殘缺文字，如第十回第四葉，就是整版補刻。

兹选图八幅。

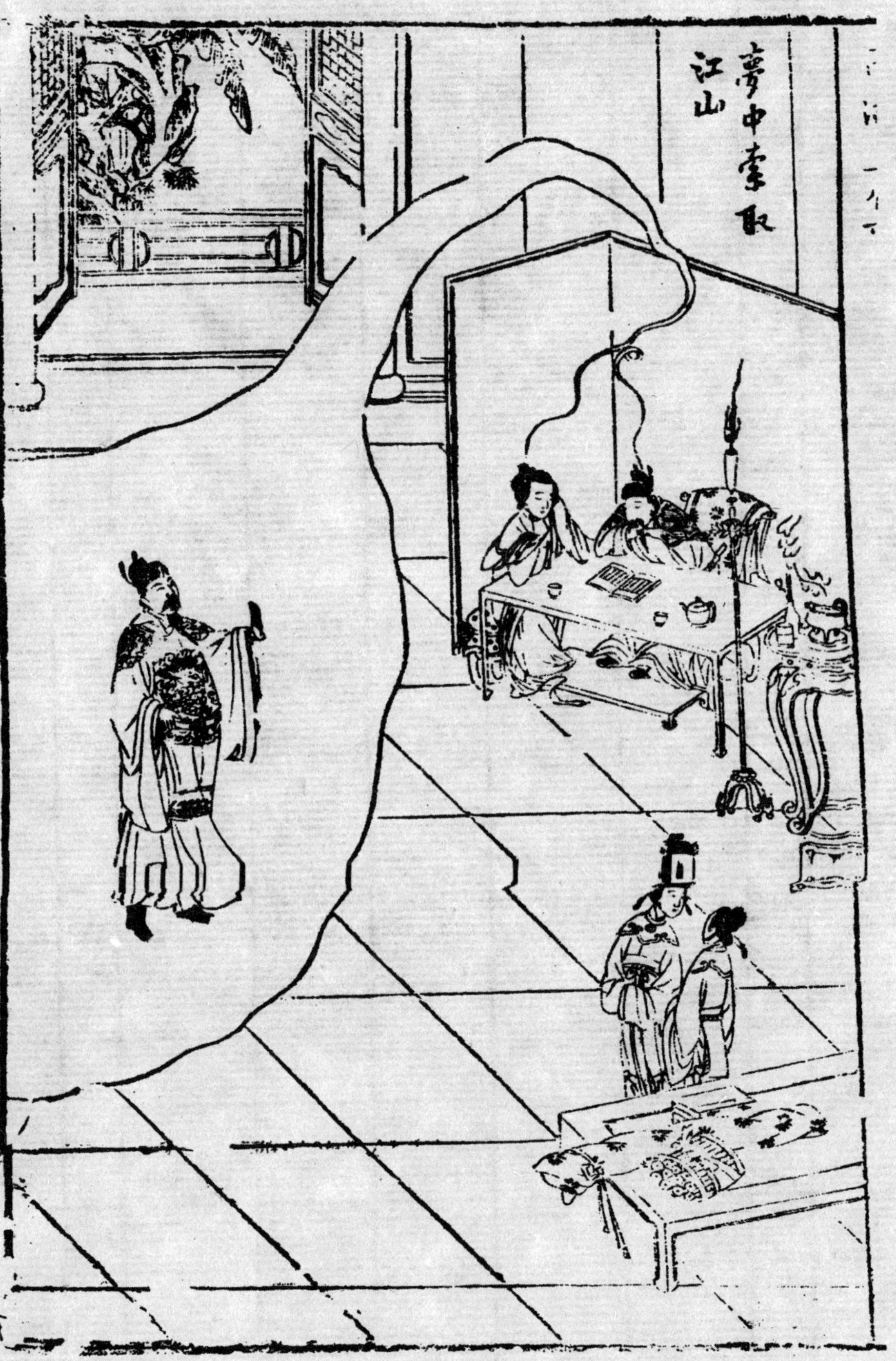

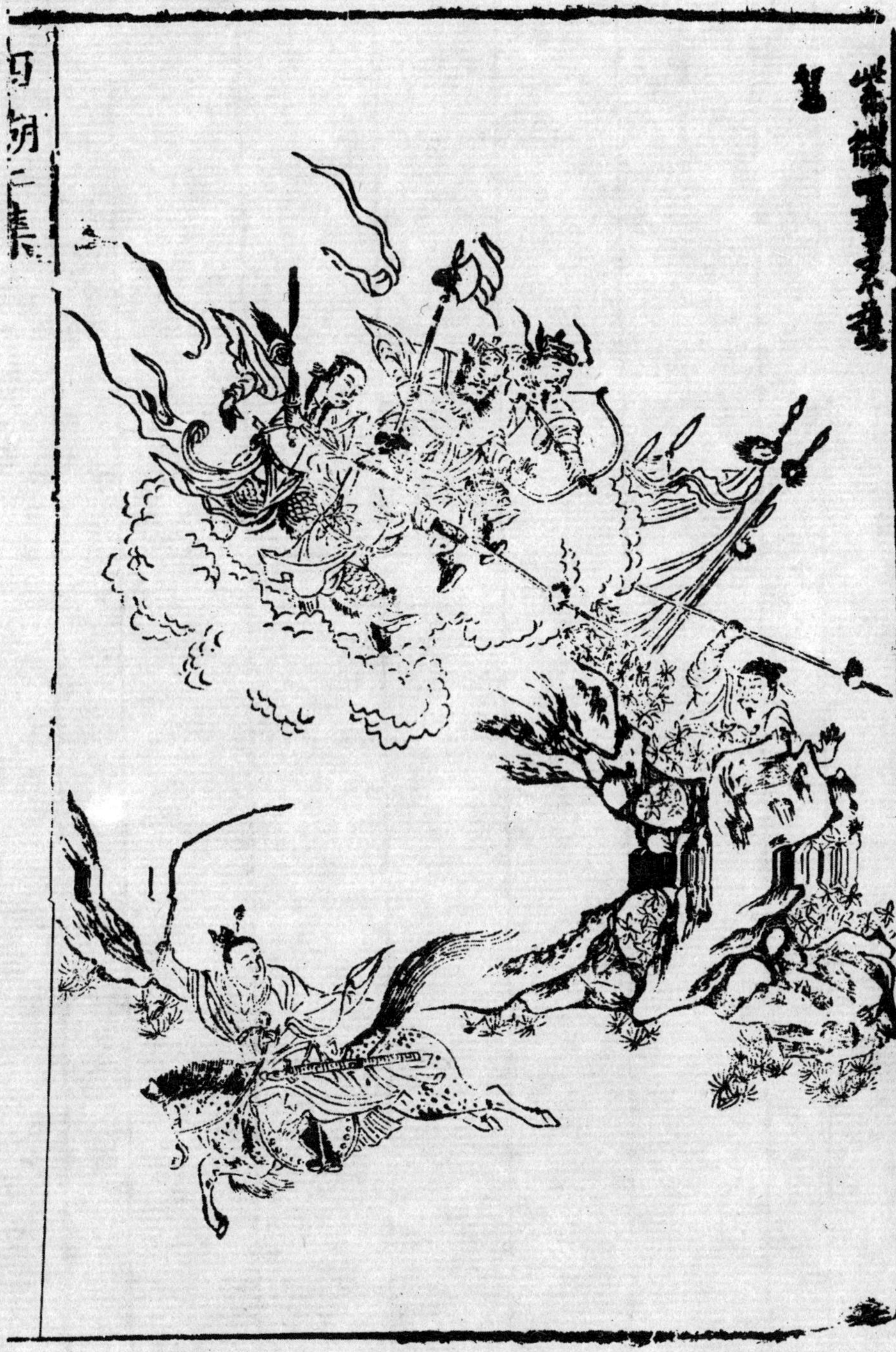

明刻本

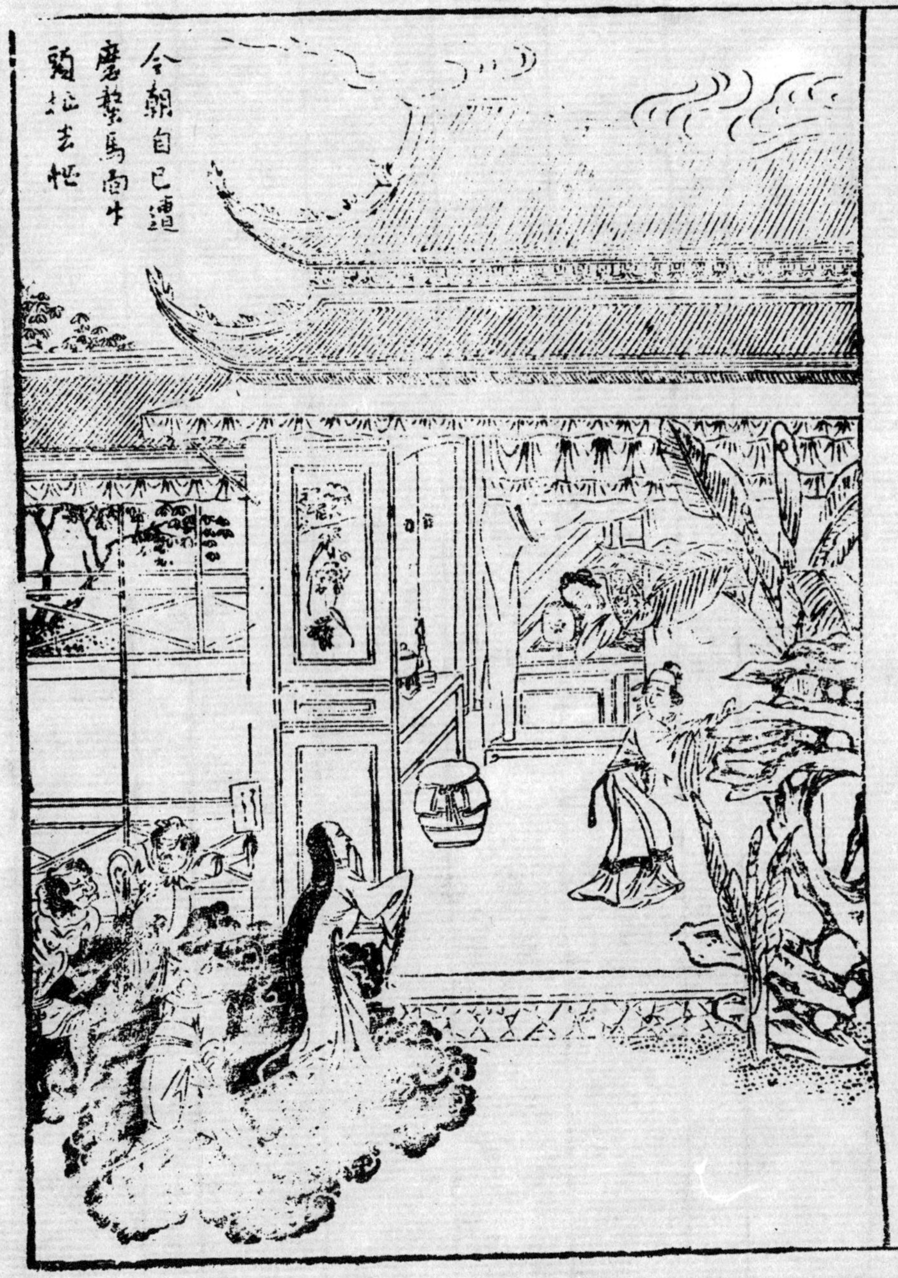

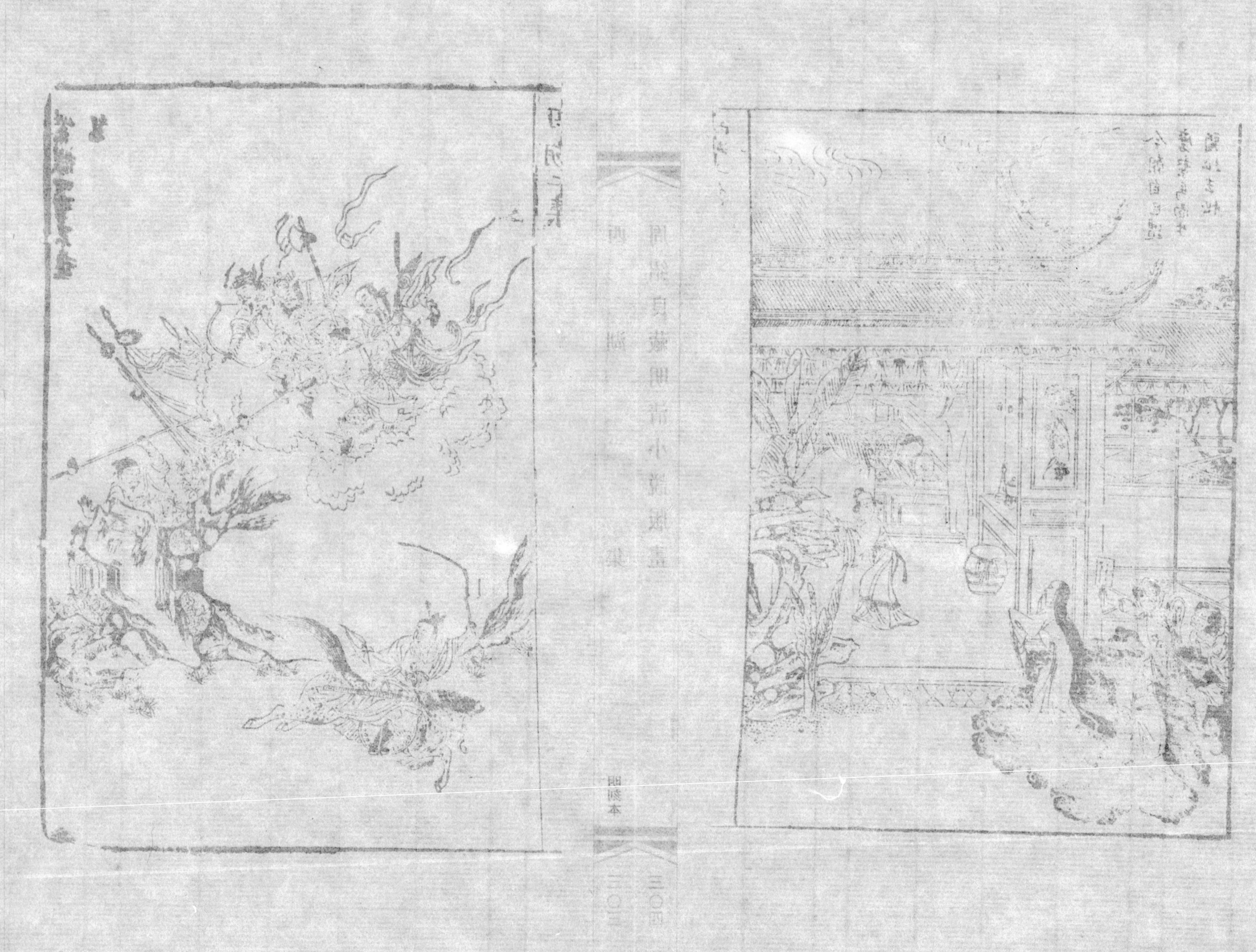

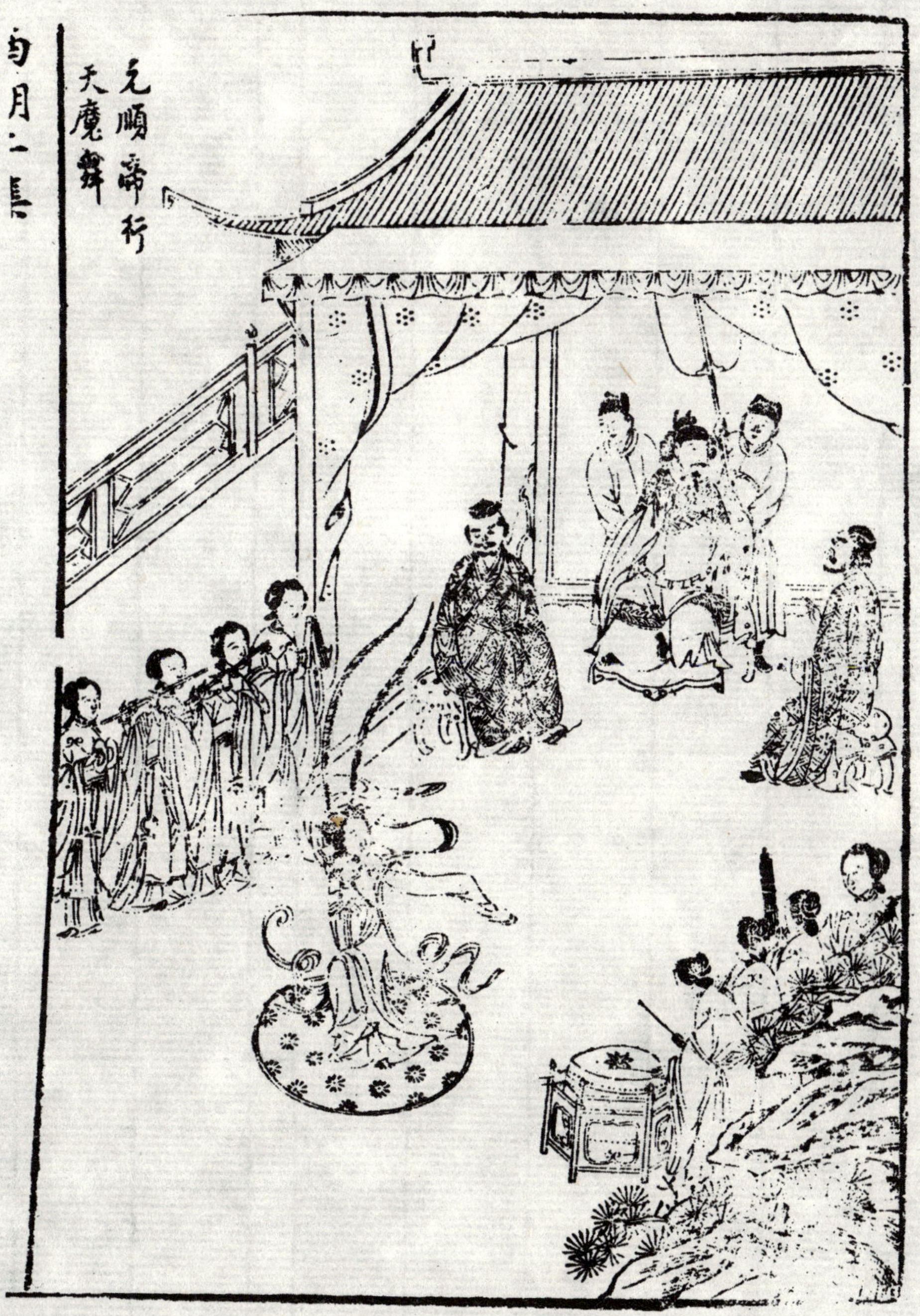

周紹良藏明清小說版畫

明刻本

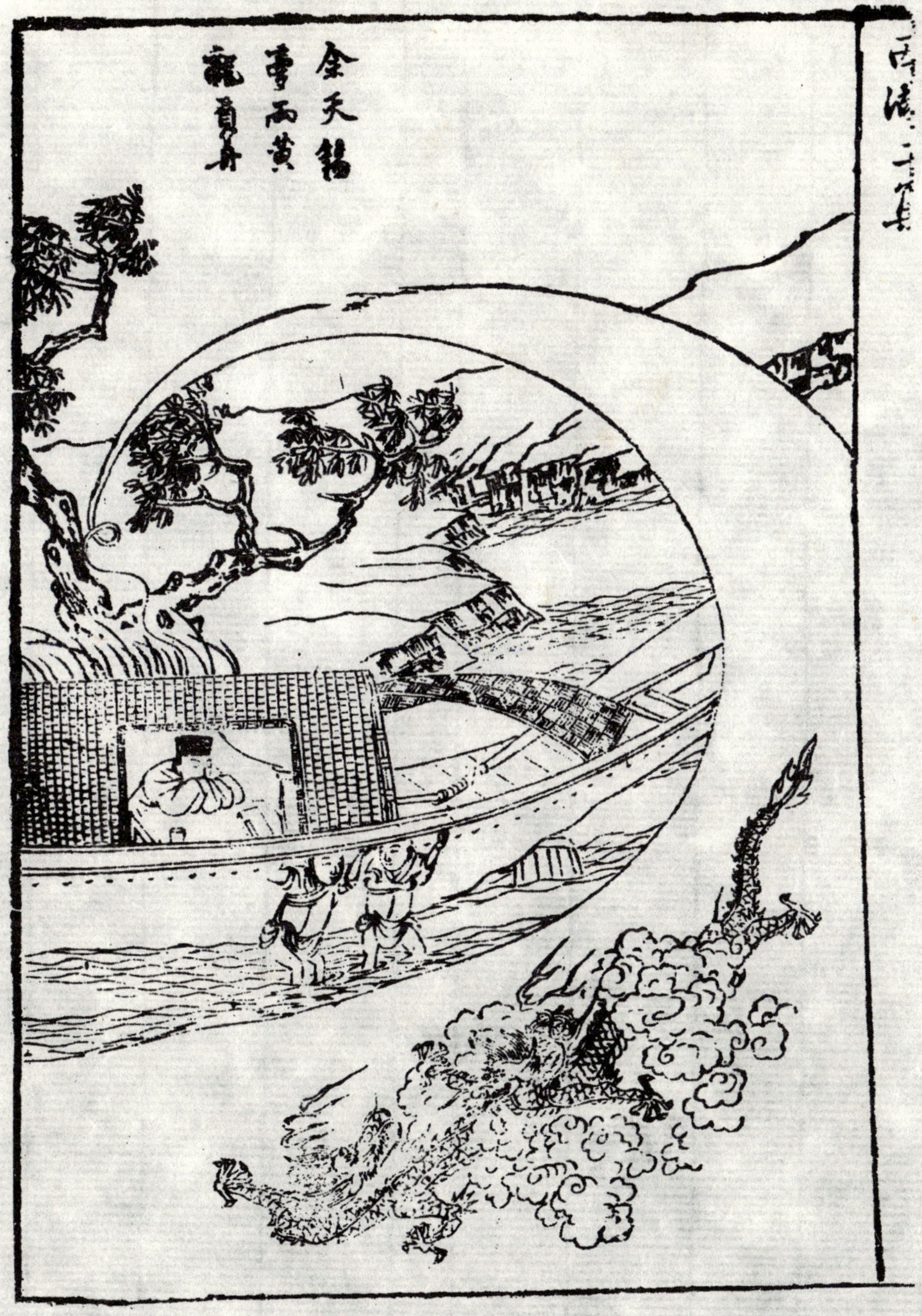

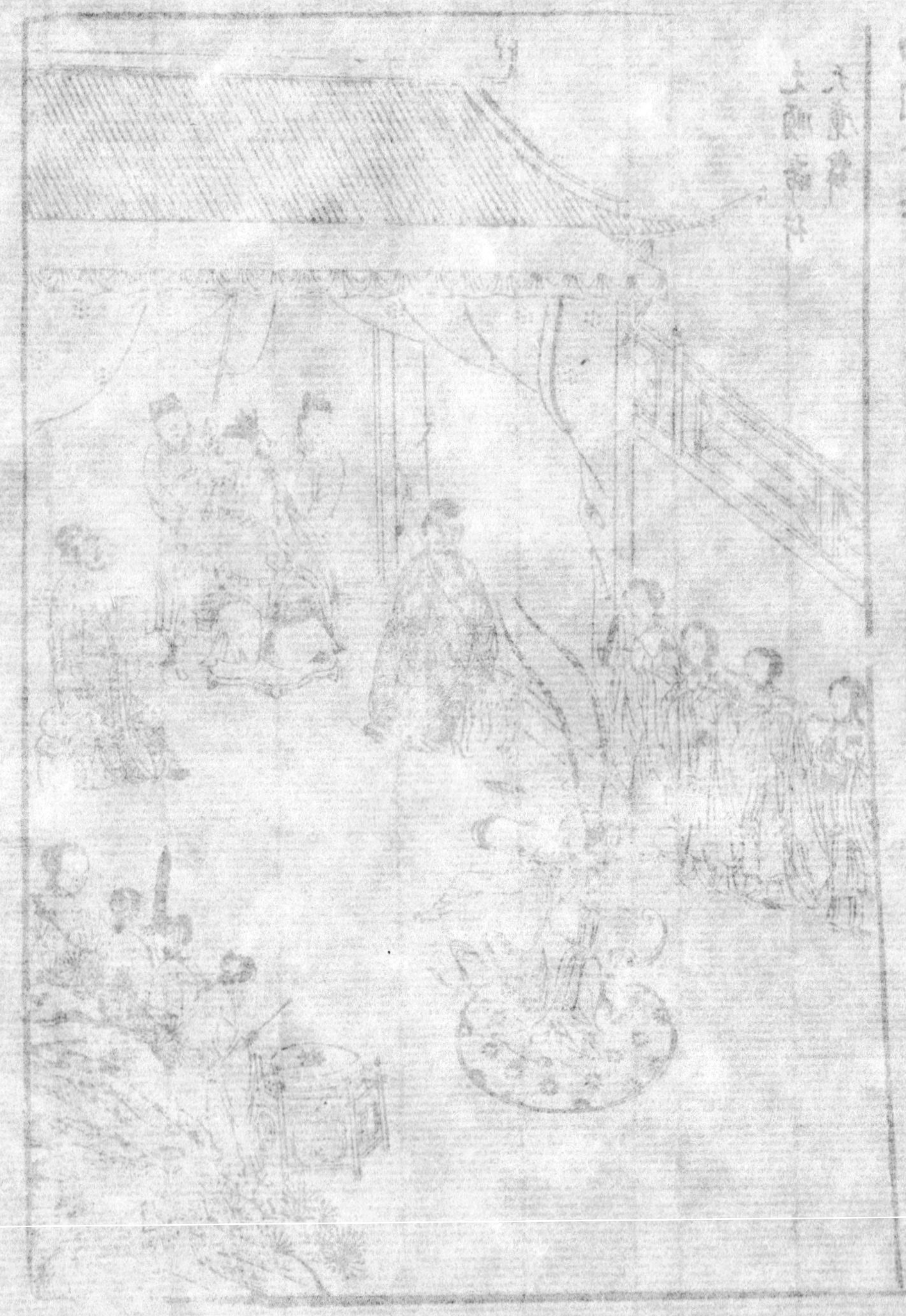

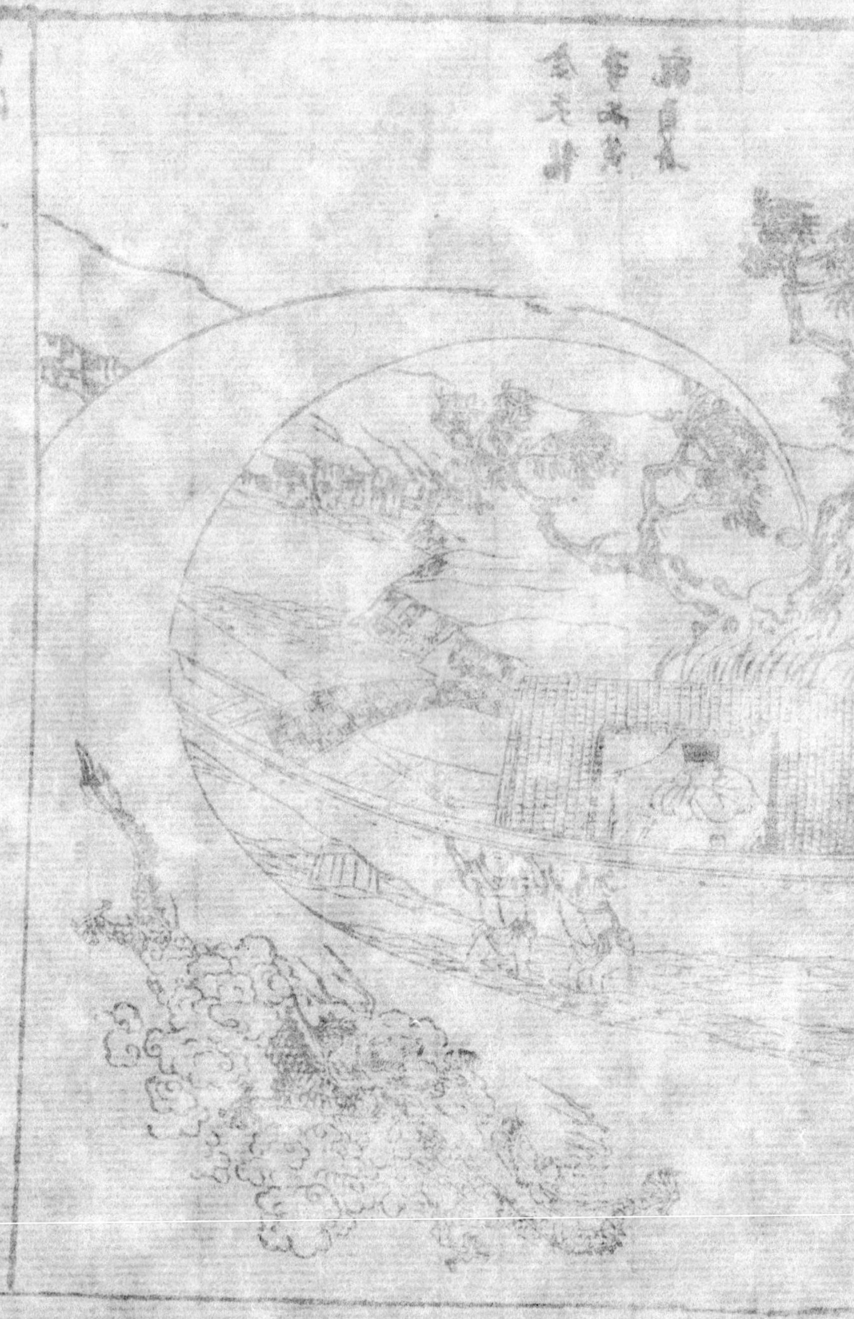

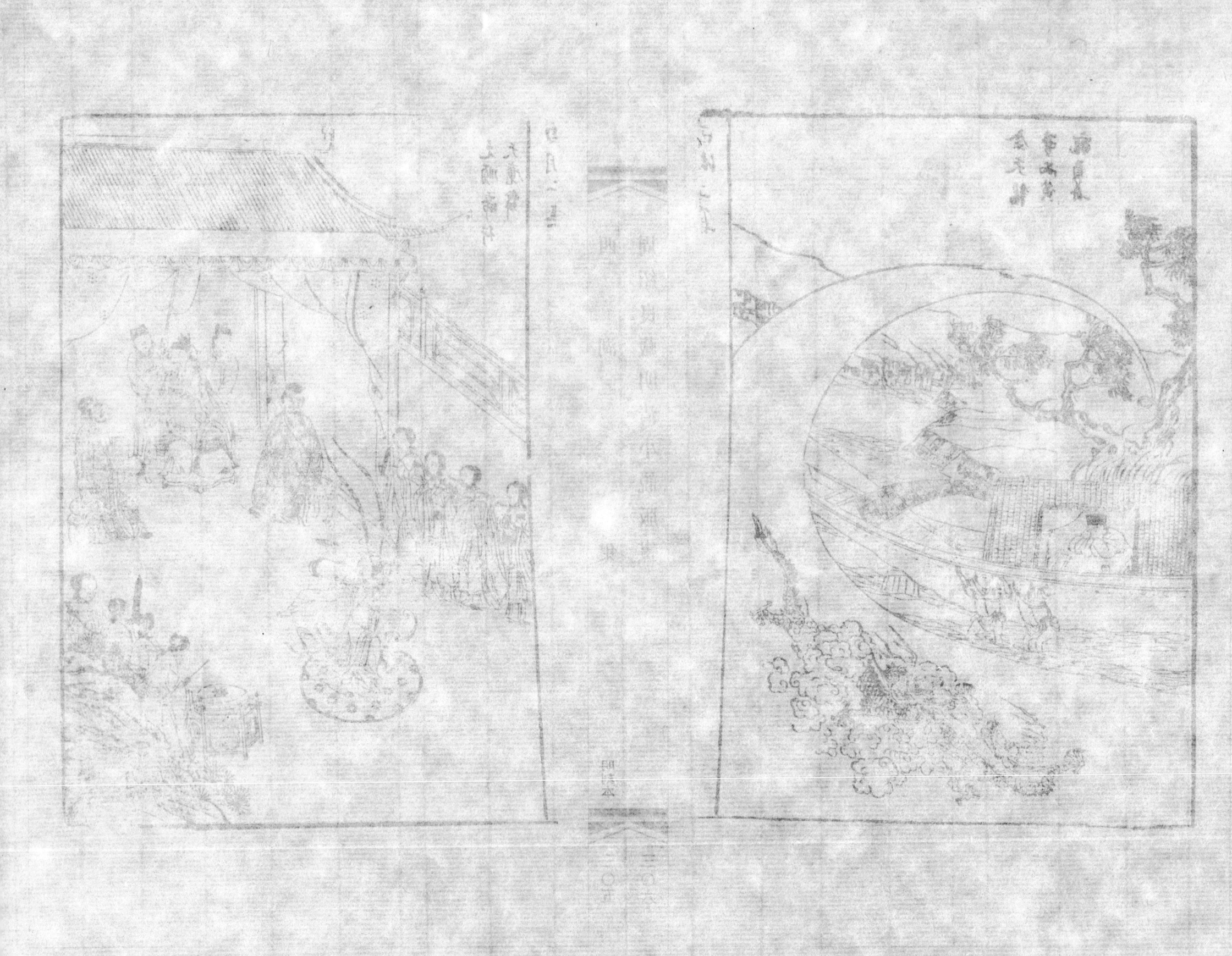

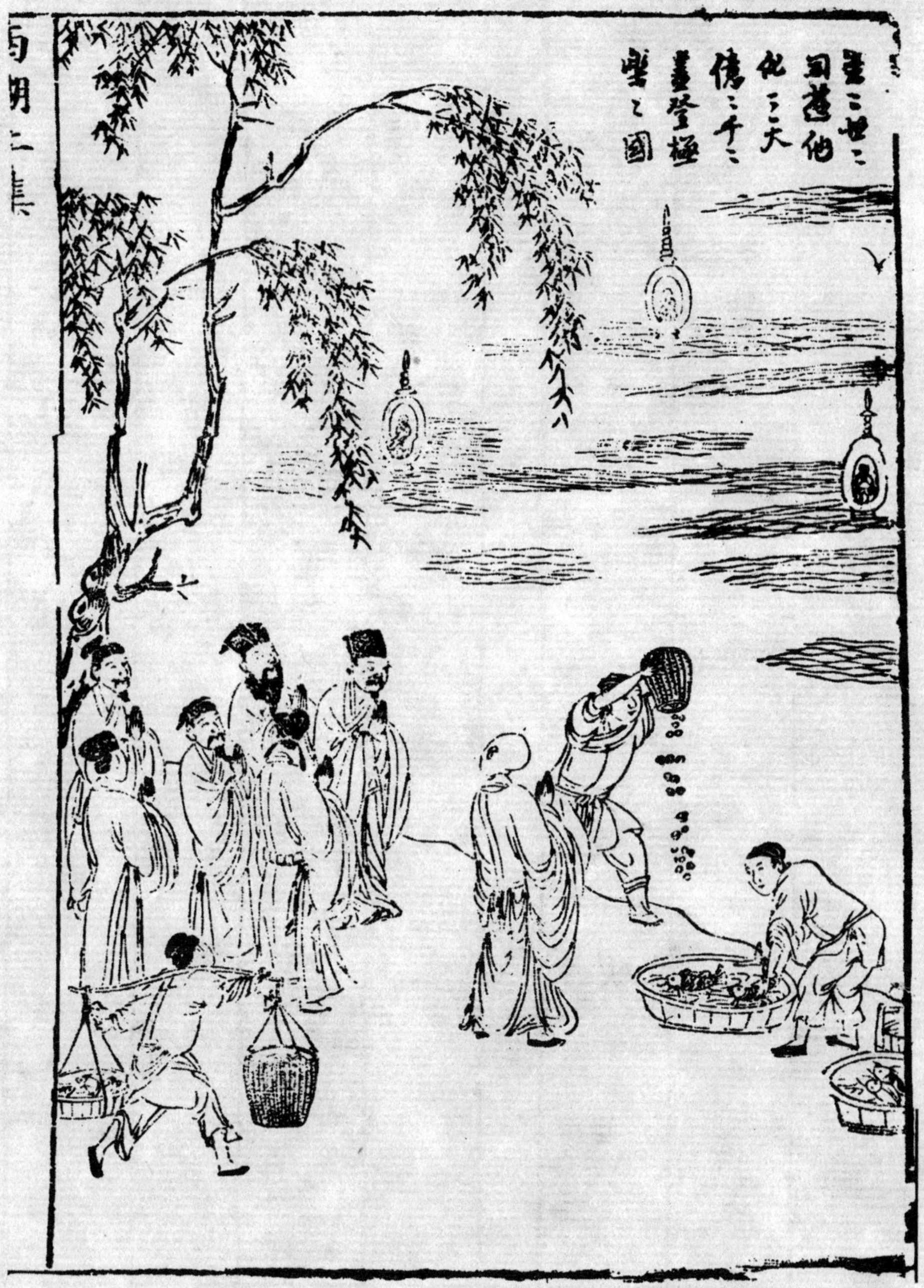

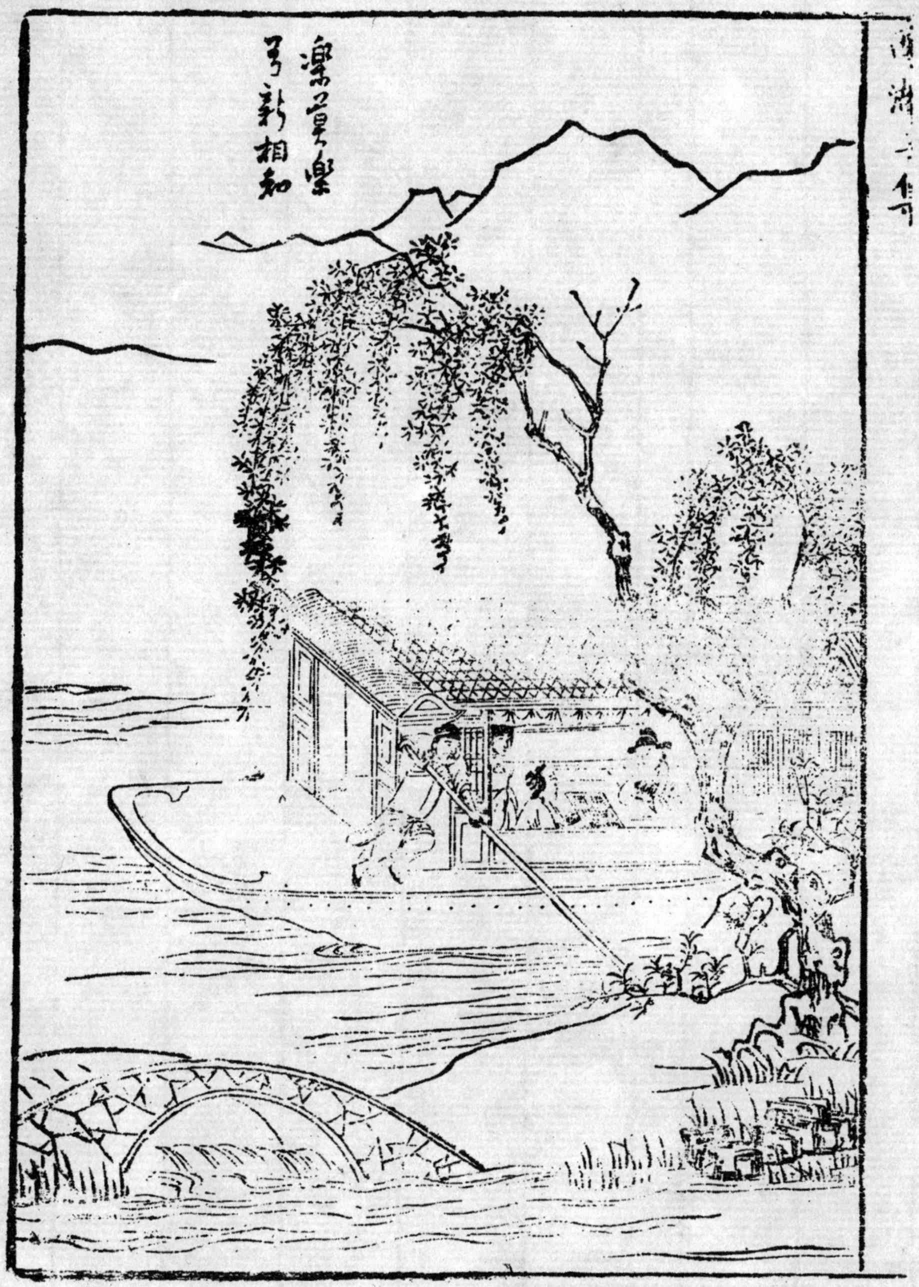

西湖二集

明刻本

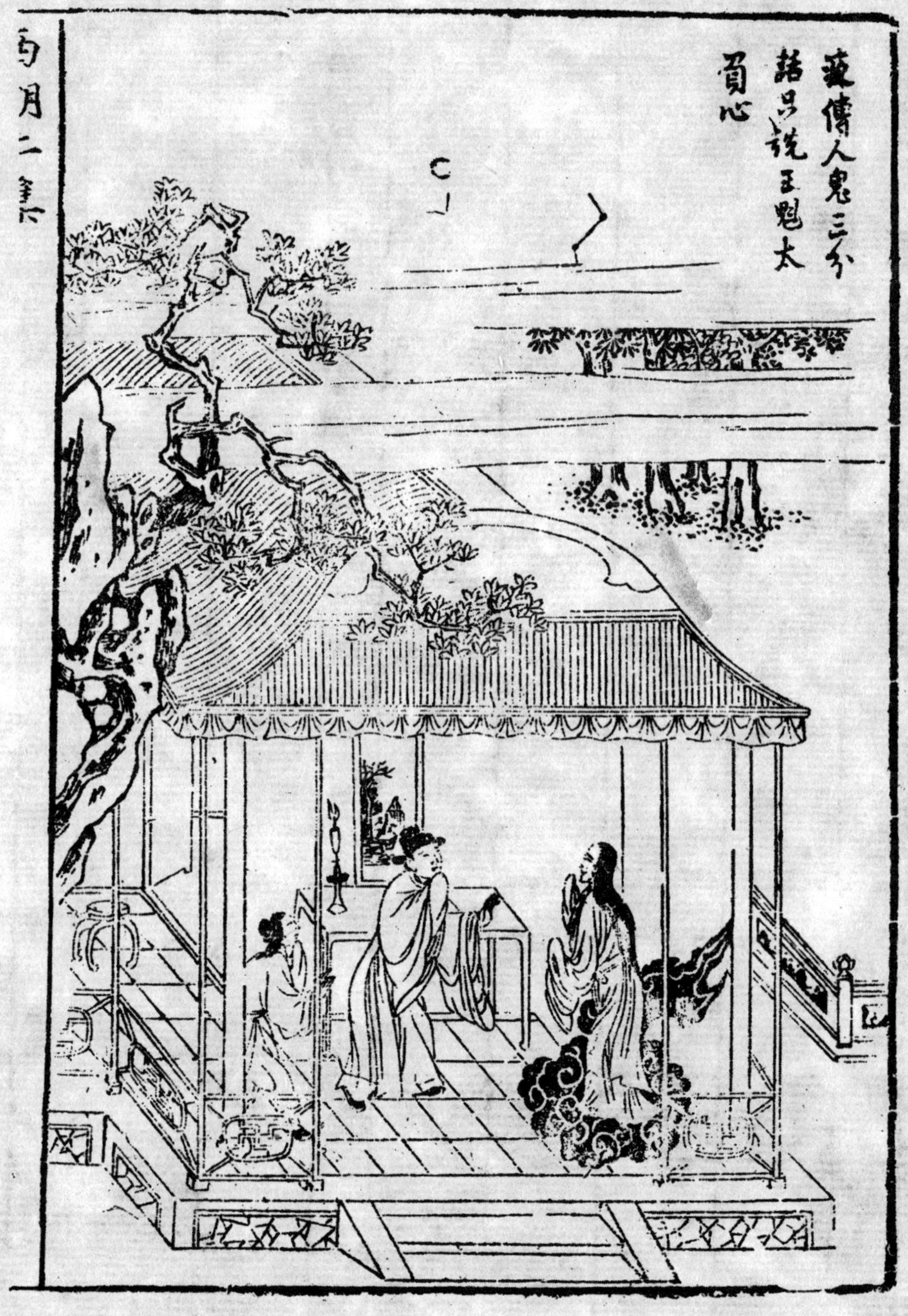

《西湖二集》　明刻本

《西湖二集》為明代擬話本小說集，書分三十四卷，收小說三十四篇，原書卷端題『武林濟川子清源甫纂』。濟川子名周楫，字清源，明末清初人。曾撰有《西湖一集》，已佚。書中行文，凡遇明代皇帝，皆空格或抬頭另起，其原版刊刻於明朝，應無可疑。然今所見題為明刻本之書，均版印模糊，加之書前所收湖海士《西湖二集序》末未見時代題署，據此推斷，原書當係入清以後刷印。《中國通俗小說總目提要》云有雲林聚錦堂覆明本，不確。聚錦堂本係利用明版再印，其與今存所謂明刻本版印相异處甚多。如：《西湖二集序》第四葉『高僧哉』、『入道場則利名』及第六葉『胸懷慷慨』句，聚錦堂本『高』、『利』、『懷』字均未印全，無法辨識；又正文卷一第二葉：『天上麒麟元有種』，聚錦堂本『元』字係補印；第十五葉：『食邑五千戶』、『則知褒德策勛』句，聚錦堂本『食』及『褒德』空缺無字；又明本版框上方印有眉批，聚錦堂本未見；又第一回插圖A幅，左下方旗幟尾梢未印全；第二回B幅，船下水波稍印殘。以上情形，說明聚錦堂本印製時間較今存明刻本為晚，且并非覆刻本。

《西湖二集》每回有兩幅插圖，全書共收圖六十八幅。茲選圖六幅，以供欣賞。鑒於前人對圖版注意較少，現將圖版文字抄出，以供研究參考。

一、A：劉伯溫詩：指揮五丁發神弩，鬼物辟易腥風開。

B：夢中索取江山。

二、A：紫微四聖來護駕。

B：前度君王游行，賣魚收得金錢。

三、A：巧笑倩兮，美目盼兮；彼美人兮，西之人兮。

B：運退黃金失色，時來頑鐵生光。

四、A：非關黠鬼揄揶，陰德二字真切。

B：敬恤素紙之報。

五、A：殺人少不得償命，何苦縱這般淫欲。

B：今朝自己遭磨蟄，馬面牛頭扯去忙。

六、A：元順帝行天魔舞。

B：吾本桐江土地神，感君行孝哭江濱。

七、A：二十五年摸索，今朝一念差錯。

B：金天錫夢兩黃龍負舟。

八、A：生生世世，同游他化之天；億億千千，盡登極樂之國。

B：持呪虔誠現佛靈。

九、A：此是忠臣非盜賊，休將水滸論行藏。

B：從今後斷魂千里，夜夜岳陽樓。

十、A：韓滉輸忠□自負，京師方得免恇勷。

B：樂莫樂兮新相知。

十一、A：夜傳人鬼三分話，只說王魁太負心。

B：梅比雪花多一出，雪如梅蕊少些香，花公非是不思量。

十二、A：身無彩鳳雙飛翼，心有靈犀一點通。

B：最恨無情芳草路，匿蘭念蕊各西東。

十三、A：淡白梨花面，輕盈楊柳腰。

B：行持五雷法，魔鬼一時消。

十四、A：娉婷少女踏春陽，無處春陽不斷腸。

B：西湖明月留千古，何處相逢不可憐。

十五、A：人間私語，天聞若雷；暗室虧心，神日如雷。

B：錢王聘故人為官。

十六、A：氤氳大便，總□前緣。

B：管弦催上錦裀時，體態輕盈只欲影飛。

十七、A：劉伯溫觀測海圖。

B：朱亮祖計斬倭奴。

十八、A：陰德昭昭報不差，三兄兒子實堪誇。

B：項忠苦戰成功。

十九、A：頸灑萇弘血，心同伯氏箴。

B：只見孝子刲股，那曾義女割肉。

二十、A：十載寒窗未辛苦，九衢賭博作生涯。

B：開元通寶真能事，變亂陰陽反故常。

二十一、A：添得暮愁牽，祇為秋波溜。

B：雪隱鷺鷥飛始見，柳藏鸚鵡語方知。

二十二、A：金屋銀屏疇昔景，唱徹離人眠未醒。

B：華屋美人竟誰在，始知山鬼弄叉丫。

二十三、A：聞道西湖載酒還，飛瓊弱柳擁歸鞍。

B：龍宮之宴不尋常，水晶宮殿玳瑁梁。

二十四、A：天道地道人道鬼道，胎生卵生濕生化生。

B：為人須放心田好，留取他年宰相身。

二十五、A：三百尺冰發蒼石。

B：道法實鑽入瓶出來。

二十六、A：冬青花不可折，南風吹涼積香雪。

B：唐義士埋陵得報。

二十七、A：三星照洞房，驀然間得效鸞鳳。

B：灑雪堂中人再世。

二十八、A：净潔靈隱三天竺，不及閻妃好面皮。

B：一個是閨閣佳人，一個是天台漆匠。

二十九、A：看取檜前色，羞觀鏡裏身。

B：海盗操矛口垂涎，揚沙撐面懾以還。

三十、A：三頭六臂騁威靈，一見登時喪命。

B：試看當年馬自然，修行功滿上升天。

三十一、A：三將軍平定雲南。

B：忠臣孝子千秋事，試看遺編淚滿懷。

三十二、A：忠臣奮不顧身，只是流芳千載。

B：許敬宗與諸姬走馬連樓。

三十三、A：周新德政，馴服猛虎，今之周新，昔之崔符。

B：于謙死作北都神，周新死作浙江神。

三十四、A：王肯哨聚群倭。

B：量涵滄海兼諸島，身作長城障一方。

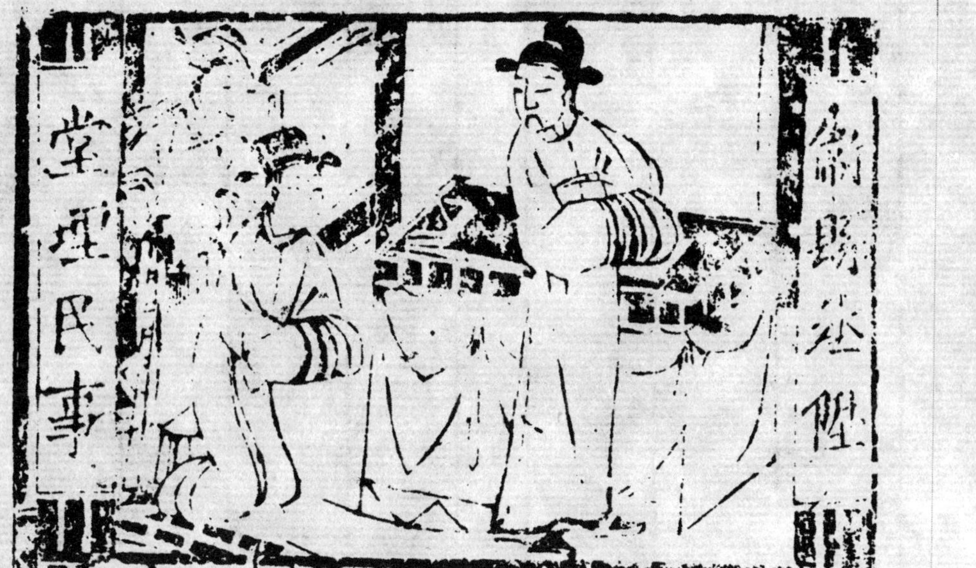

新刊皇明諸司廉明奇判公案卷之二

二台山人　仰止　余象斗　集
建邑書林　余氏　雙峰堂　梓

爭占類

衛縣丞打㭘辨爭

衛推號干峯，江西吉州人。以歲貢出身。為福建延平府龍溪縣縣丞，明察雄斷，人不敢欺。一日坐堂，有民蔣祐五、沈啓良者相爭一㭘打入衛來。衛縣丞問你二人的㭘各有甚記號。二人俱稱並無記號。衛縣丞問有何人證

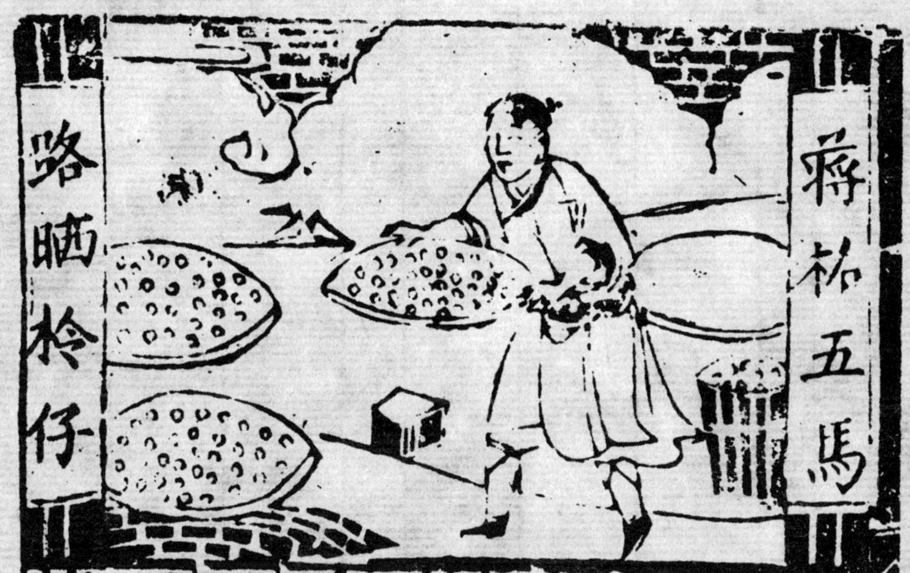

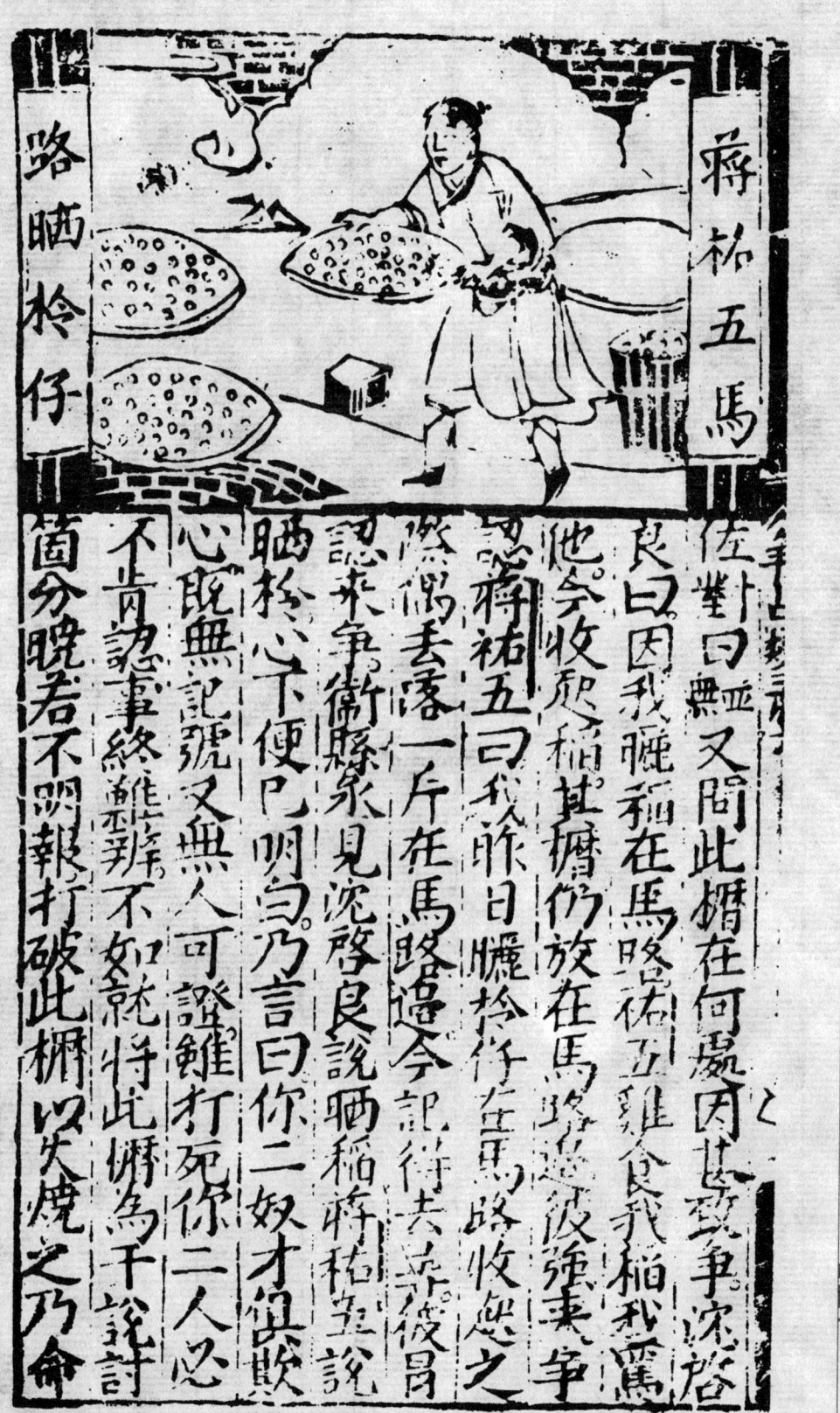

佐對曰並無。又問此㭘在何處，因甚致爭。沈啓良曰因我曬稻在馬路，祐五雖合良我稻我曬他。今收起稻，其㭘仍放在馬路邊，彼強來爭認。蔣祐五曰我亦日曬枌仔在馬路，收起之際，偶丟落一斤在馬路邊。今記得夫亭彼呂認來爭。衛縣丞見沈啓良說晒稻，蔣祐五說晒枌，心下便已明白。乃言曰你二奴才俱欺心。既無記號，又無人可證，雖打死你二人，必不肯認。事終難辨，不如就將此㭘為千說討箇分曉。若不明，報打破此棚，以失虎之，乃命

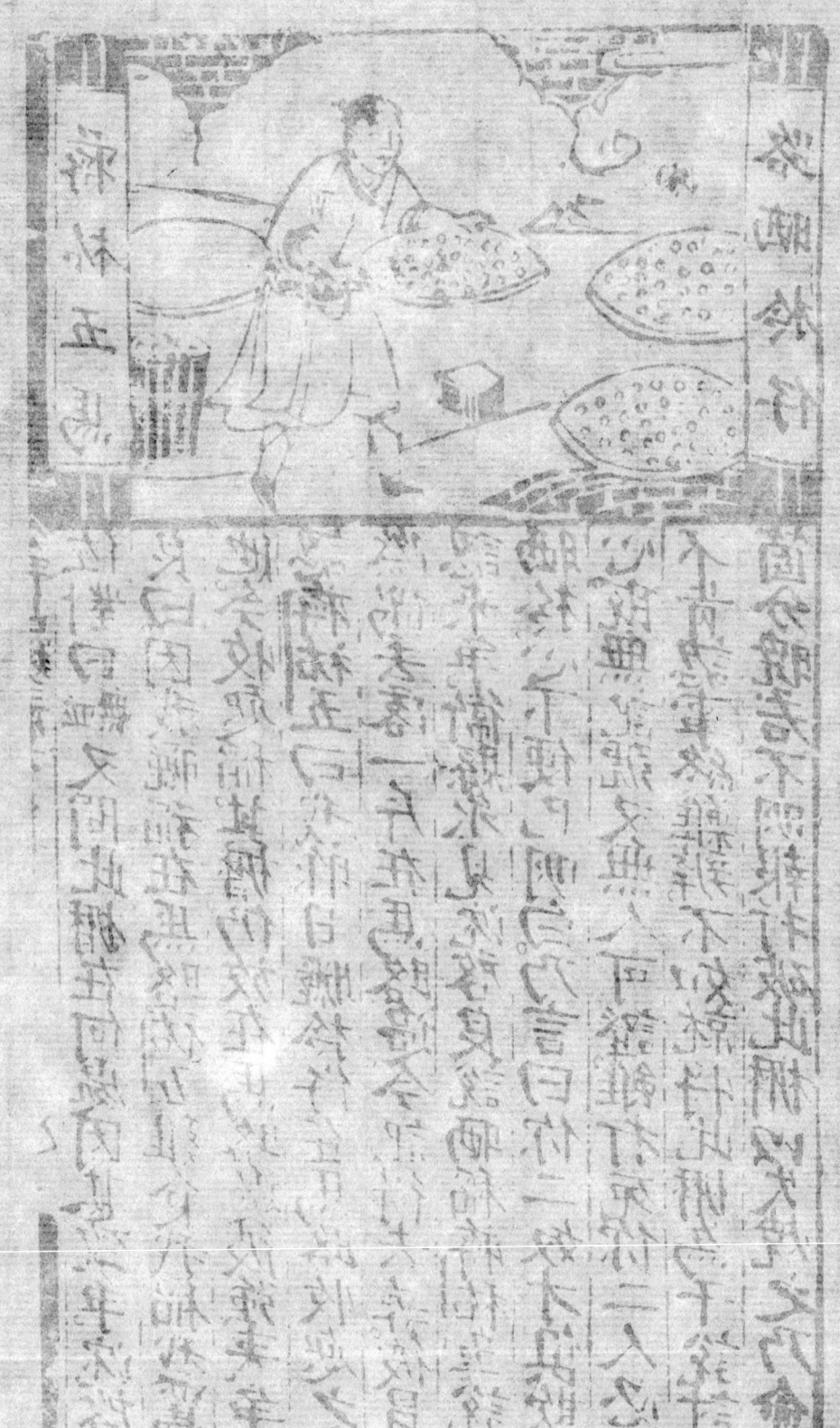

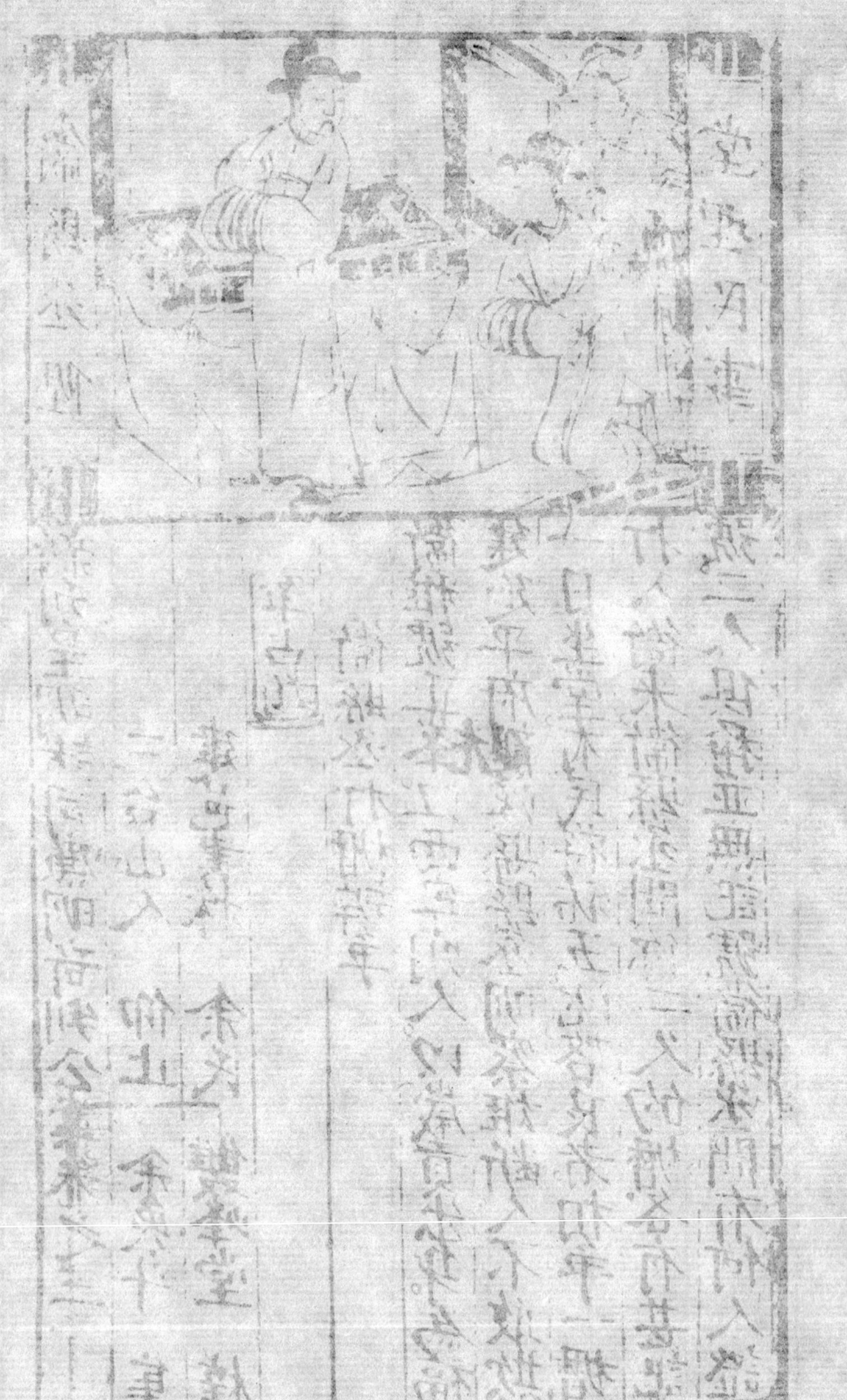

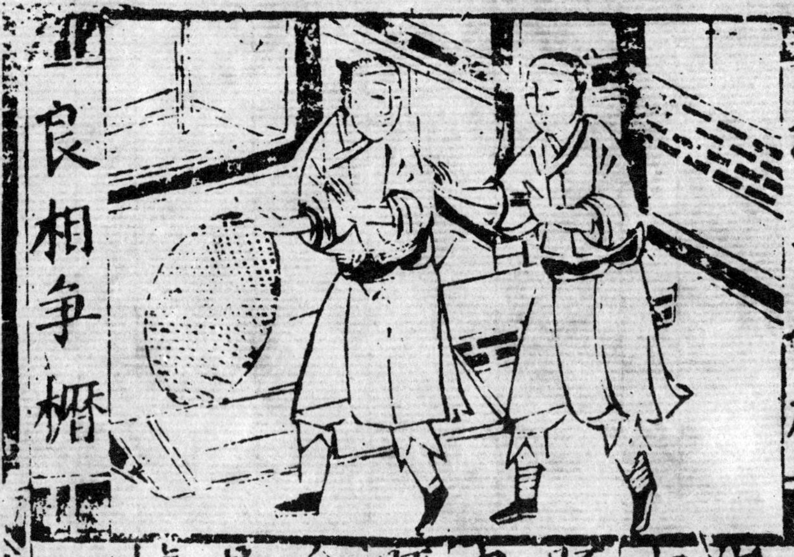

皂隸選青荊條将櫃覆打五十又翻打五十定要辨是誰的左右方暗中會矣浣蔣二仝亦不知何以判之皂隸承命方覆打五十衛縣丞即喝住手曰此櫃明是蔣佑五的浣啓良何故冒認啟良方大言强辨不肯認非衛縣丞以此櫃啓良道曬稱的佑五道脚抬的今打櫃只見枱屑紛紛不見稱芒此于豈不是佑五的櫃而啓良冒認乎於是啓良乃輸情服罪而人皆羨衛公之明矣時有好事者

為之歌曰

赫赫衛公　斷獄如神

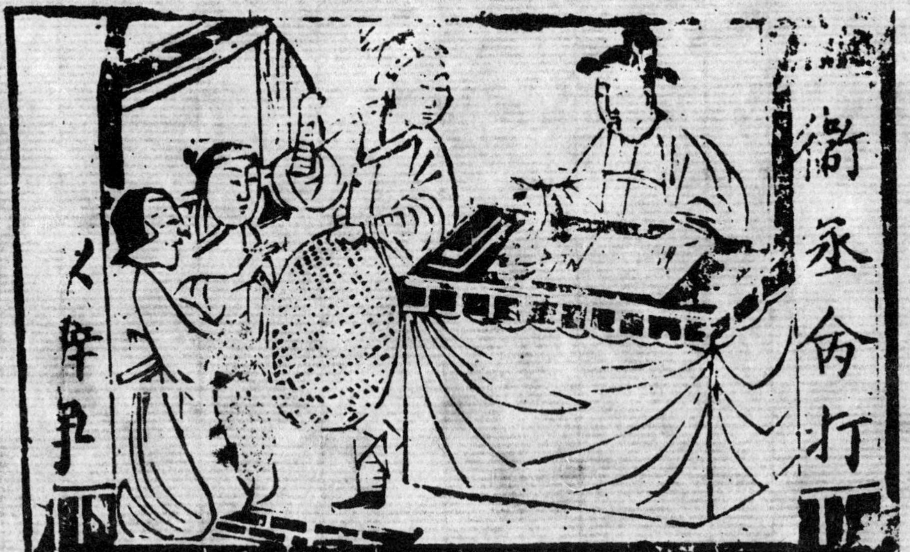

吏不敢舞　民莫能欺　浣蔣爭櫃
東訟縣庭　既無記號　又無干證
乃窮物主　究其原因　浣稱曬稻
蔣稱曬枱　貯盛既異　了然於心
命覆打櫃　枱屑飄零　啓罪旋流
罪當情真　伏無頭腦　隨事究形
非公英哲　孰辨此情　黎民畏服
萬口同稱

秦巡按明辨僕雉

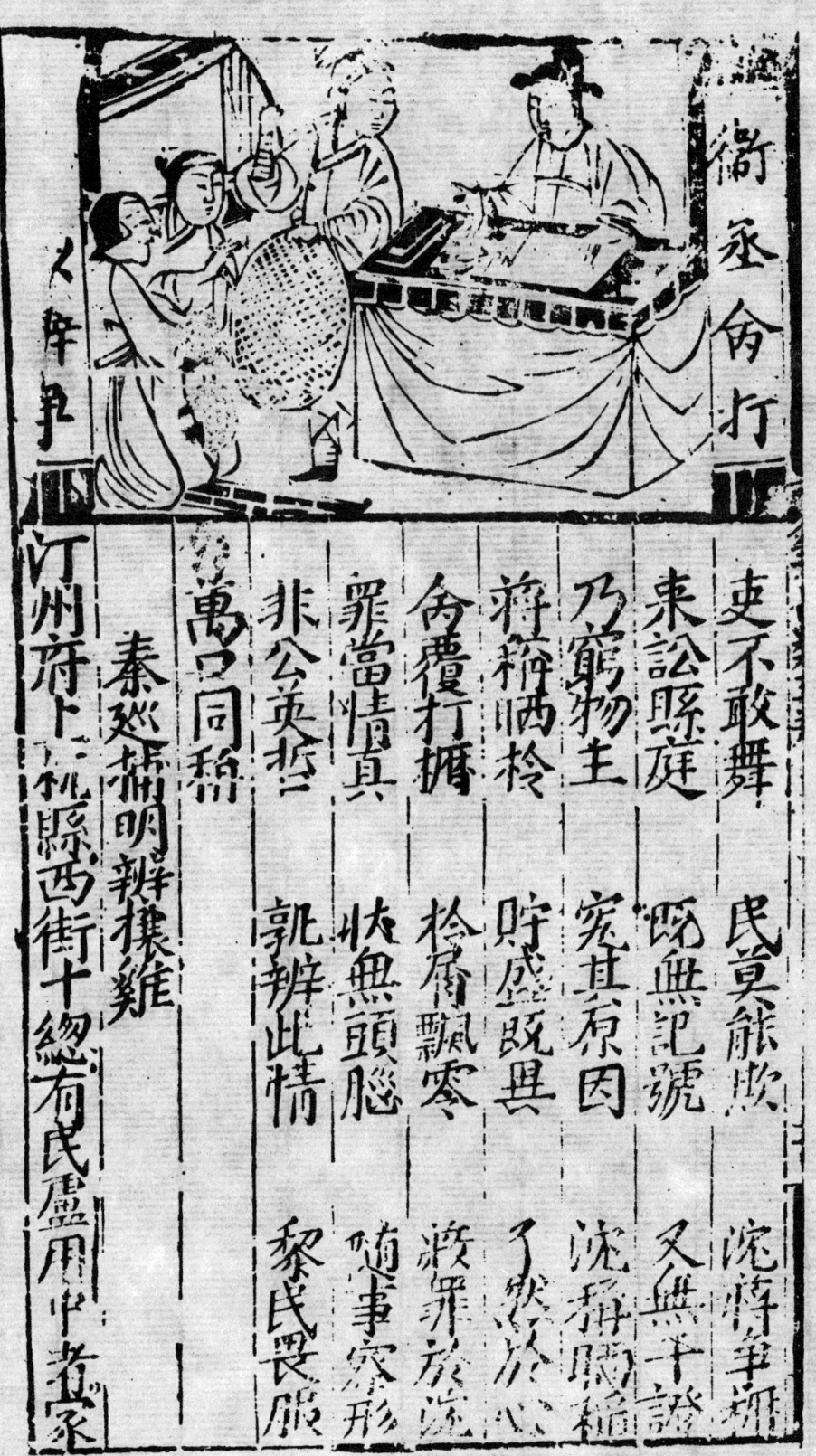

汀州府上杭縣西街十總有民盧用中者家

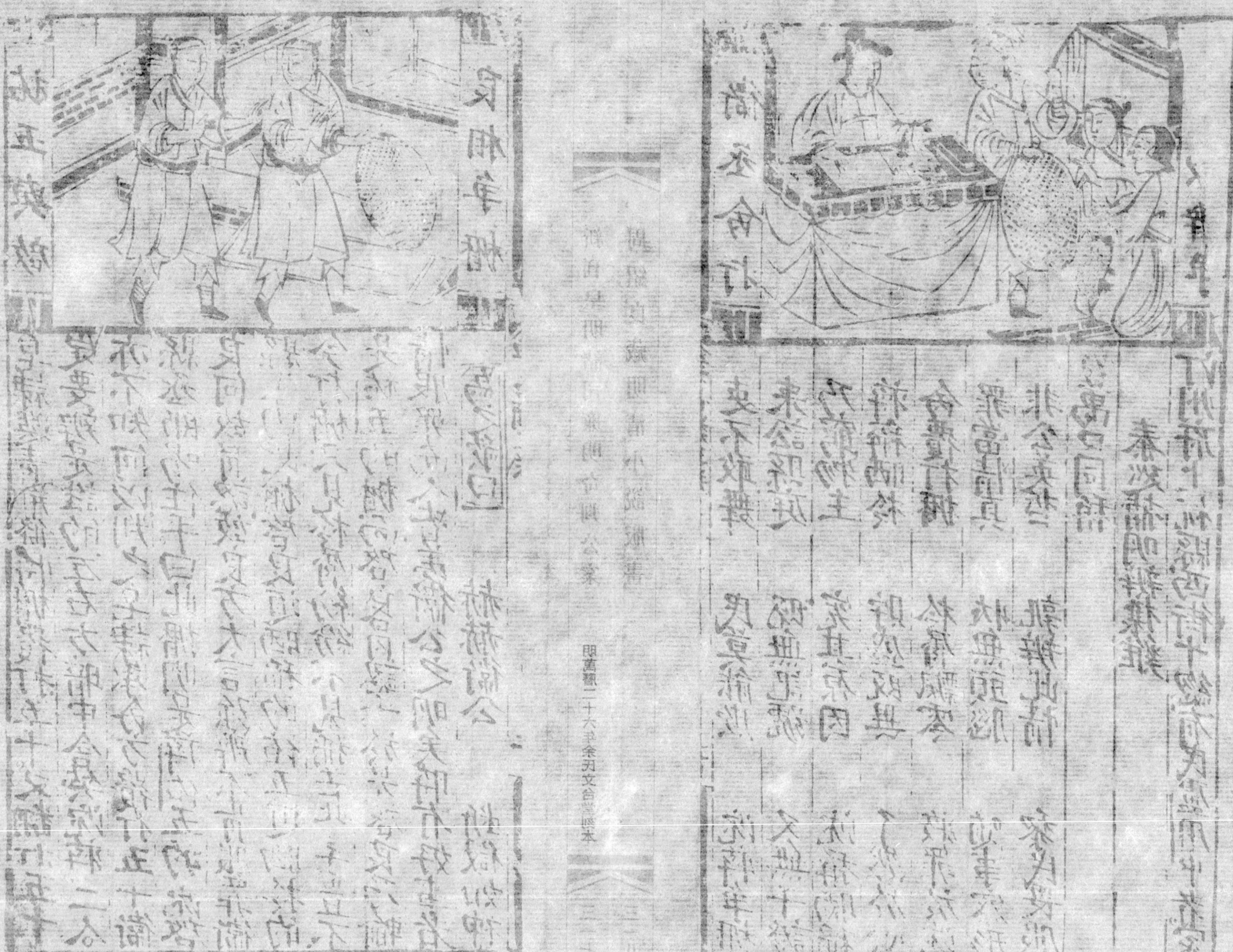

明萬曆二十六年余氏文台堂刻本

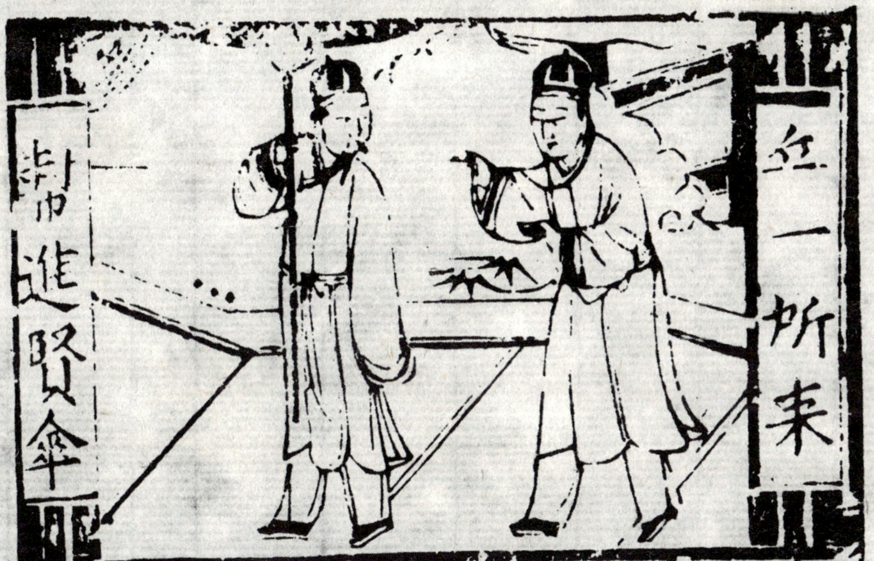

廣東泗城州有民羅進賢者二月十二日時天下大雨獨擎一傘將去探友至後巷亭有一後生求幇傘進賢斥之曰如此大雨你不自備雨具我一傘焉能遮得兩人其後生乃城內光棍丘一所花言巧計最會騙人因被羅生所奪乃詭詞曰我亦有傘適間友人借去今我在此少待只我欲歸得急故求相庇兄何少容人之量羅生見說亦與他相幇而行到南街分路丘一所奪傘在手曰你可從那去羅進賢曰傘把還我丘一所笑曰明日還

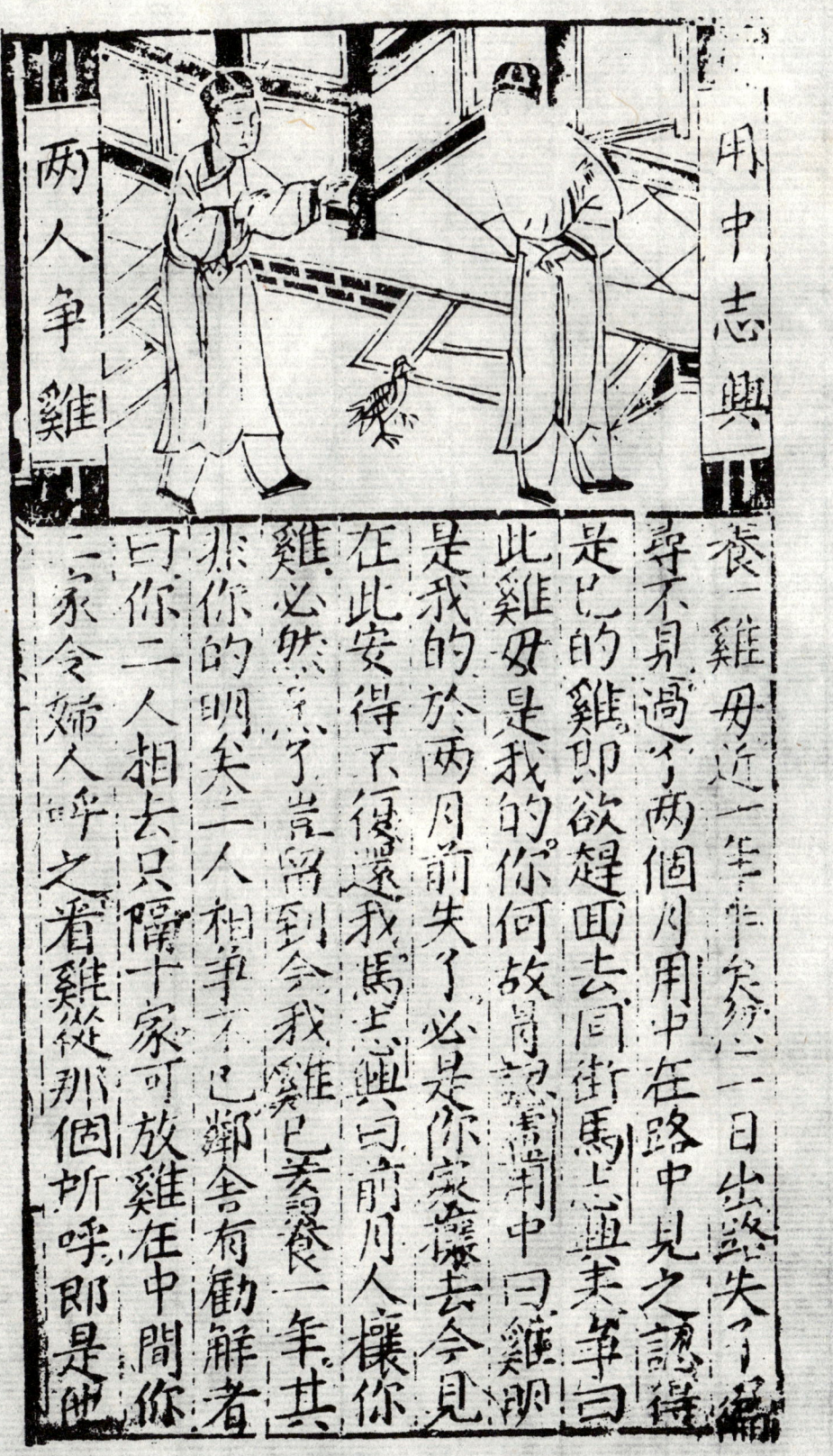

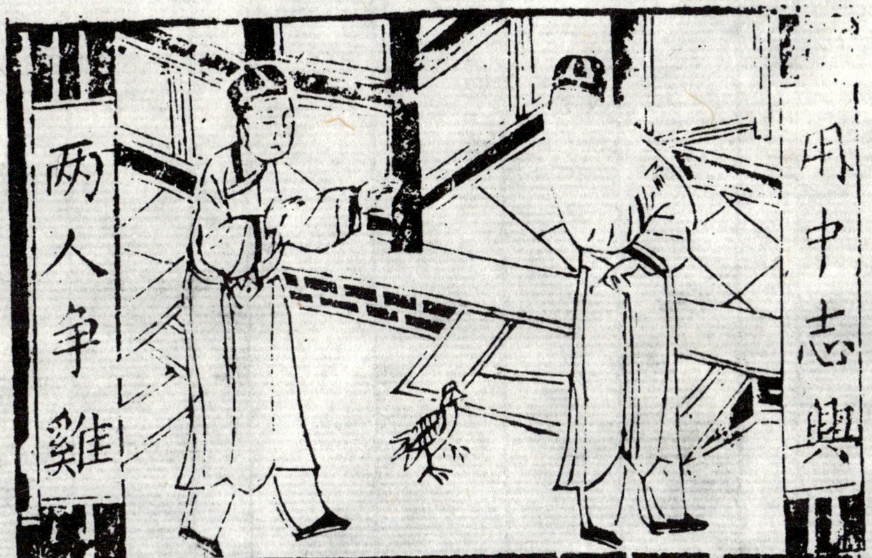

養一雞母近一年生卵矣紛紛一日出路失了雞尋不見過了兩個月用中在路中見之認得是己的雞即欲趕回去同街馬志興夫爭曰此雞母是我的你何故冒認黃用中曰雞頭是我的於兩月前失了必是你家擄去今見在此安得不復還我馬志興曰前月人擄你雞必然宰了豈留到今我雞已養食一年其非你的明矣二人相爭不已鄰舍有勸解者曰你二人相去只隔十家可放雞在中間你二家令婦人呼之看雞從那個所呼即是他

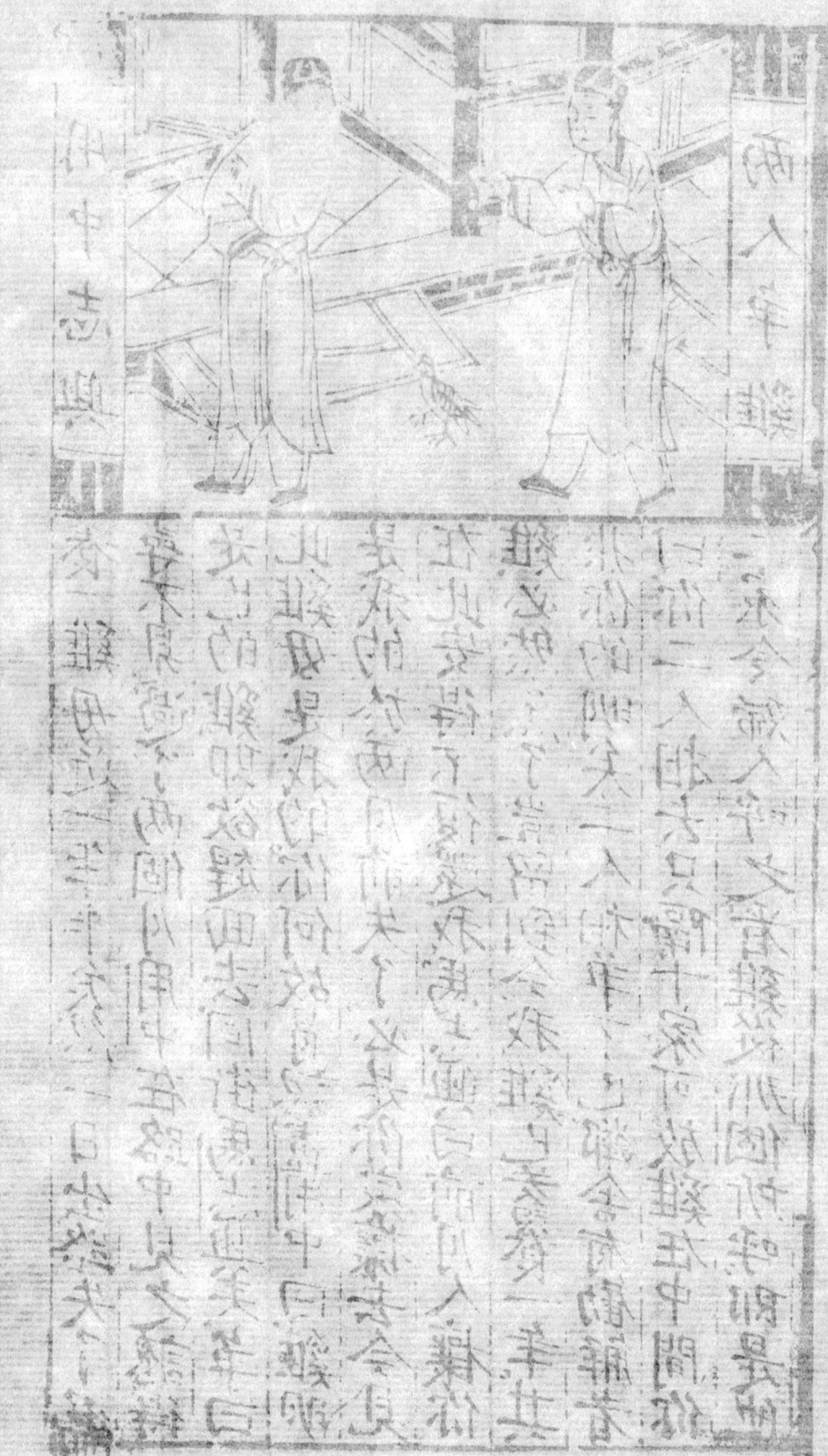

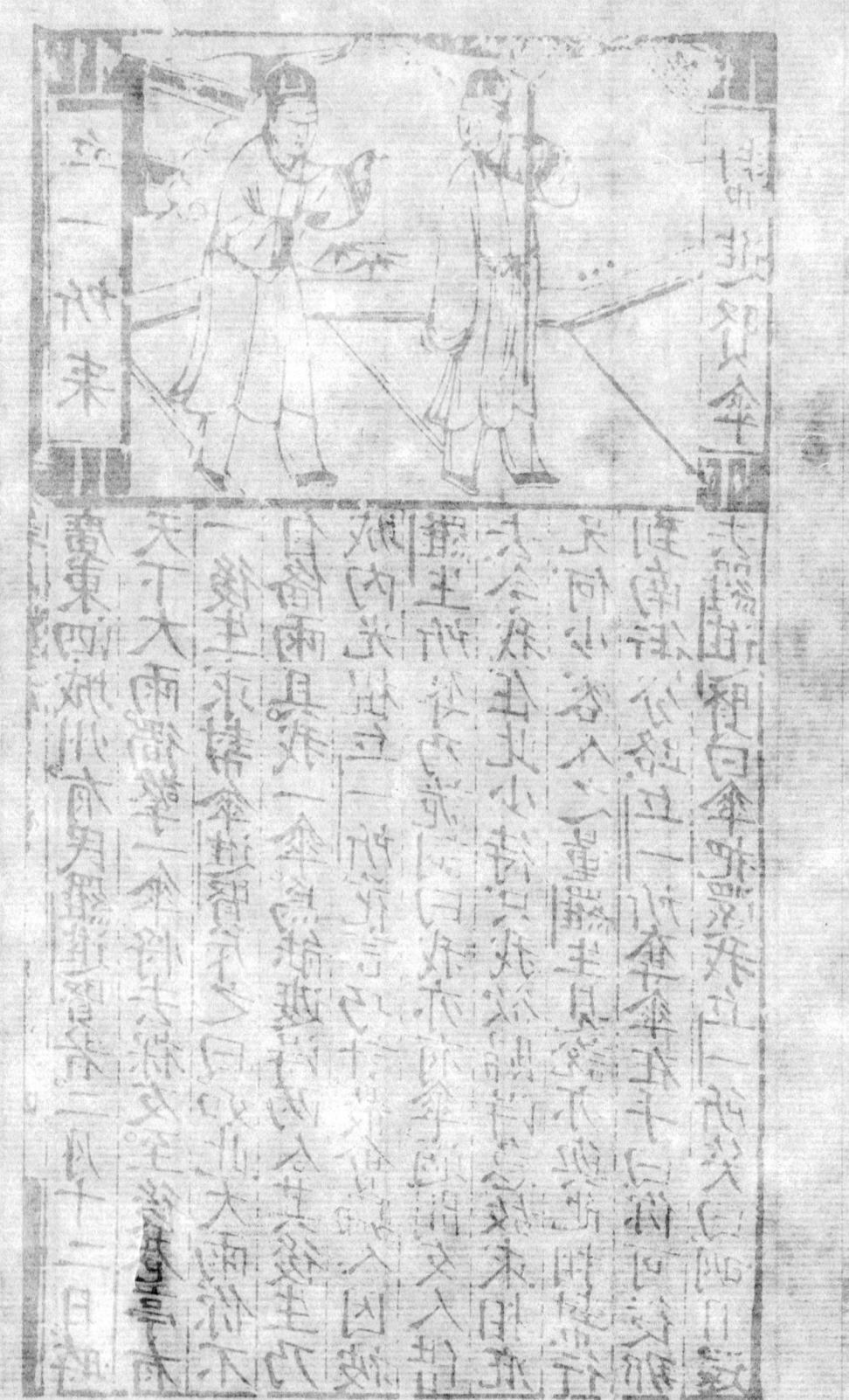

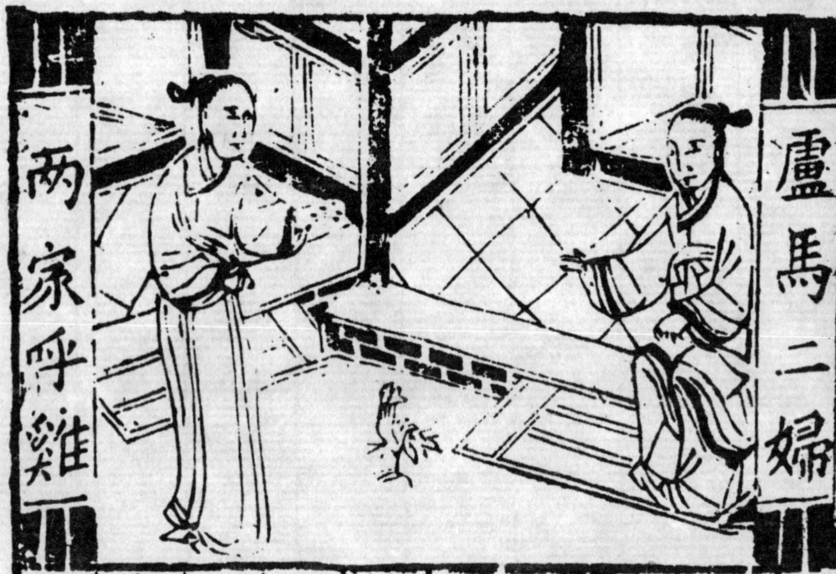

的及盧一家呼雞趋盧家馬家呼雞又趋馬家鄰舍人辨不得二人遂打起來打在秦巡捕衙去各見說原因秦巡捕曰你十家可都開門放雞於路中你二家不得呼如呼者即係是盜看晚間雞在那家去宿即再來報令快手薛立押去禁兩家不得呼亦不得故令人往逐至晚入盧用中家即與雞群同去宿薛立乃帶盧馬二人來回報見雞已入盧家去宿矣

秦巡捕判曰　此雞明係盧用中的前所以兩邊呼皆趋應者蓋盧家蓄養一年半其舊主母聲雞認得故從其呼馬家呼亦從者彼小畜有二月餘矣其新主母聲尚在近日必得不從其呼故呼之應否不足以辨之但盧家已養年半雞由大門出入已熟不用呼之亦知歸馬家竊人之雞掩禁在家不與出今一旦驟然逃出雞必從熟門而入矣馬志與安得辞攘雞之責也罪以竊盜論

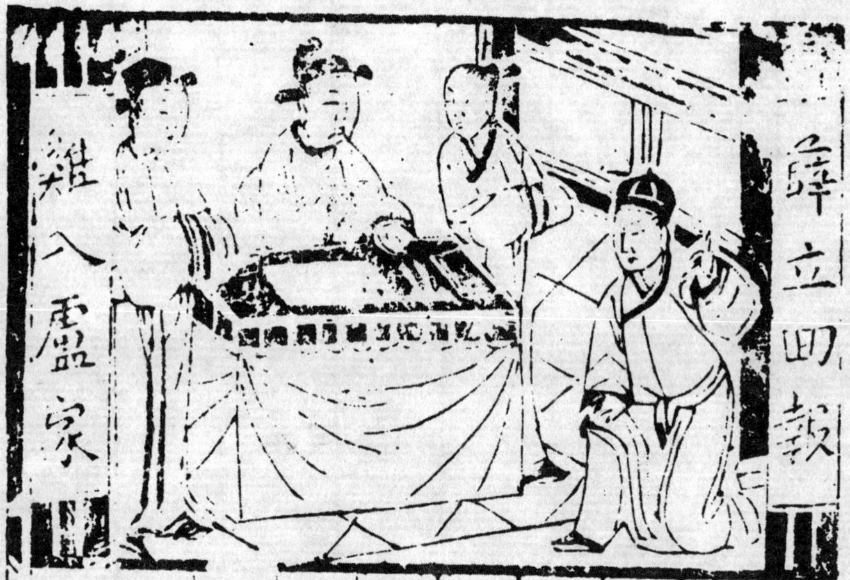

金州同剖斷爭傘

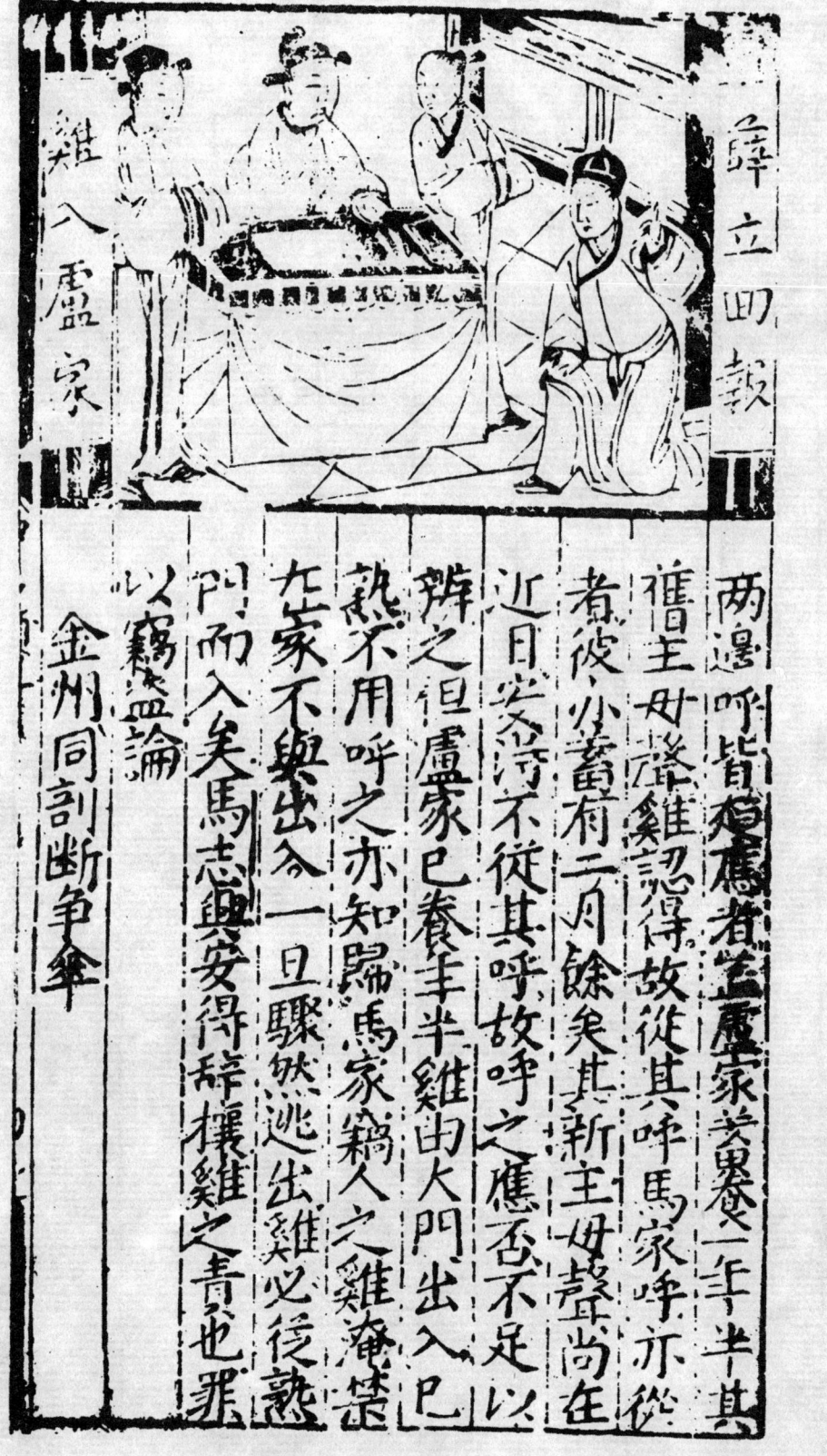

明萬曆二十六年余氏文台堂刻本

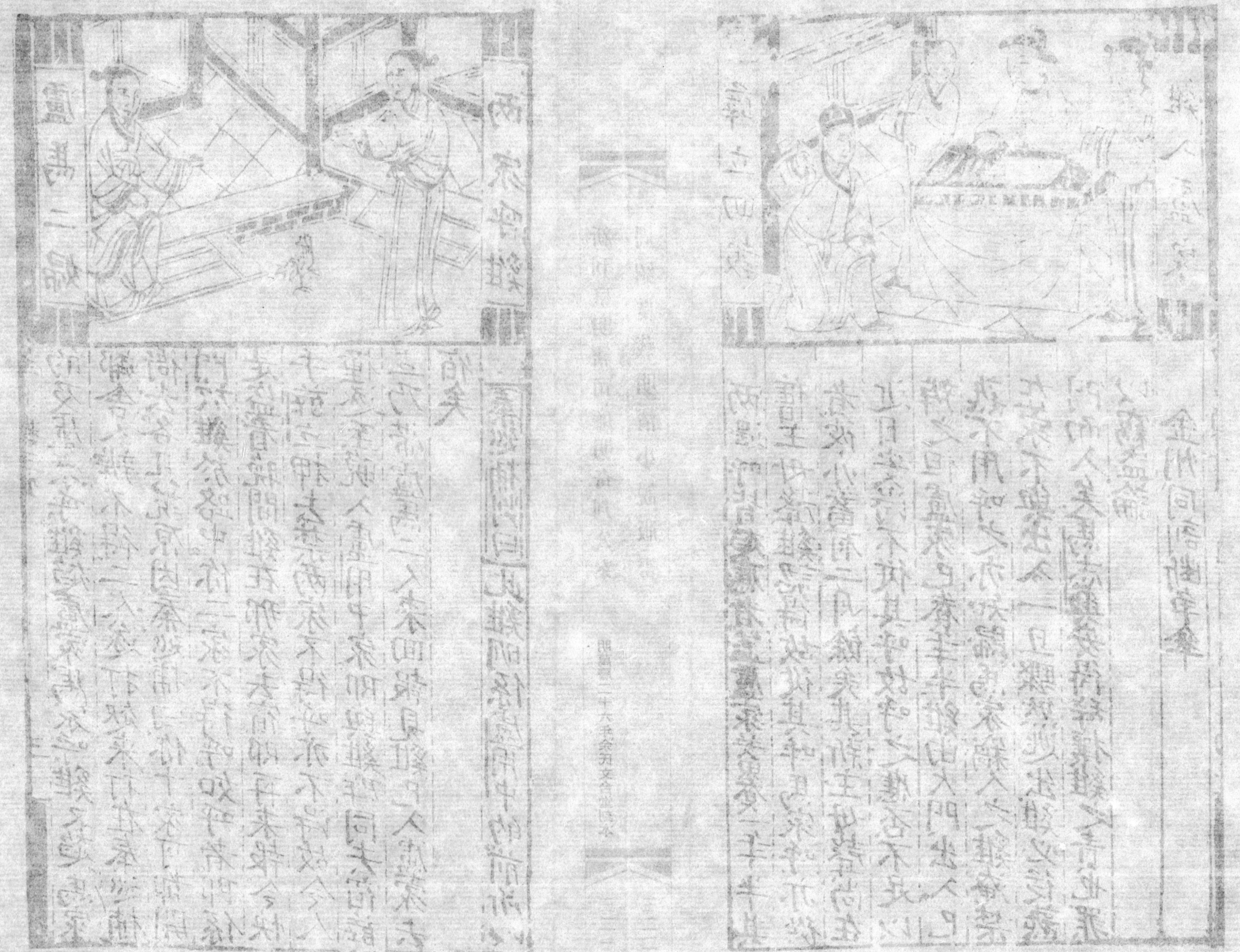

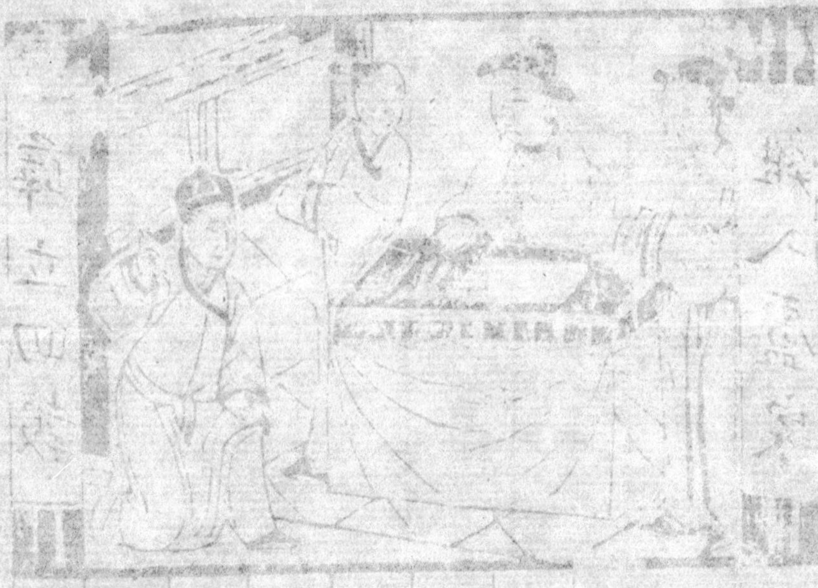

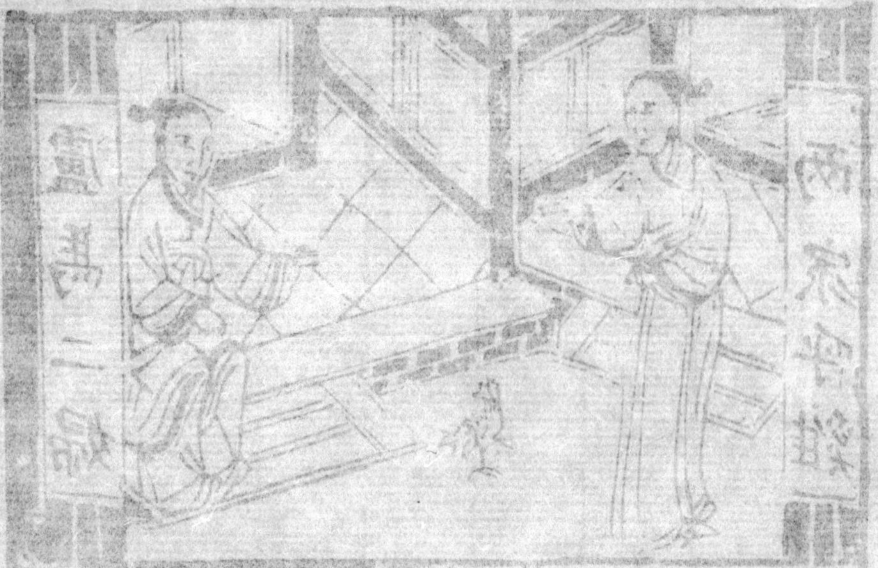

《新刊皇明諸司廉明奇判公案》

明萬曆二十六年余氏文台堂刻本

余象斗撰。書末有『萬曆戊戌歲仲夏月余氏文台堂梓』書牌。書分四卷，十四類，兩截版，上圖下文。茲選圖八幅。

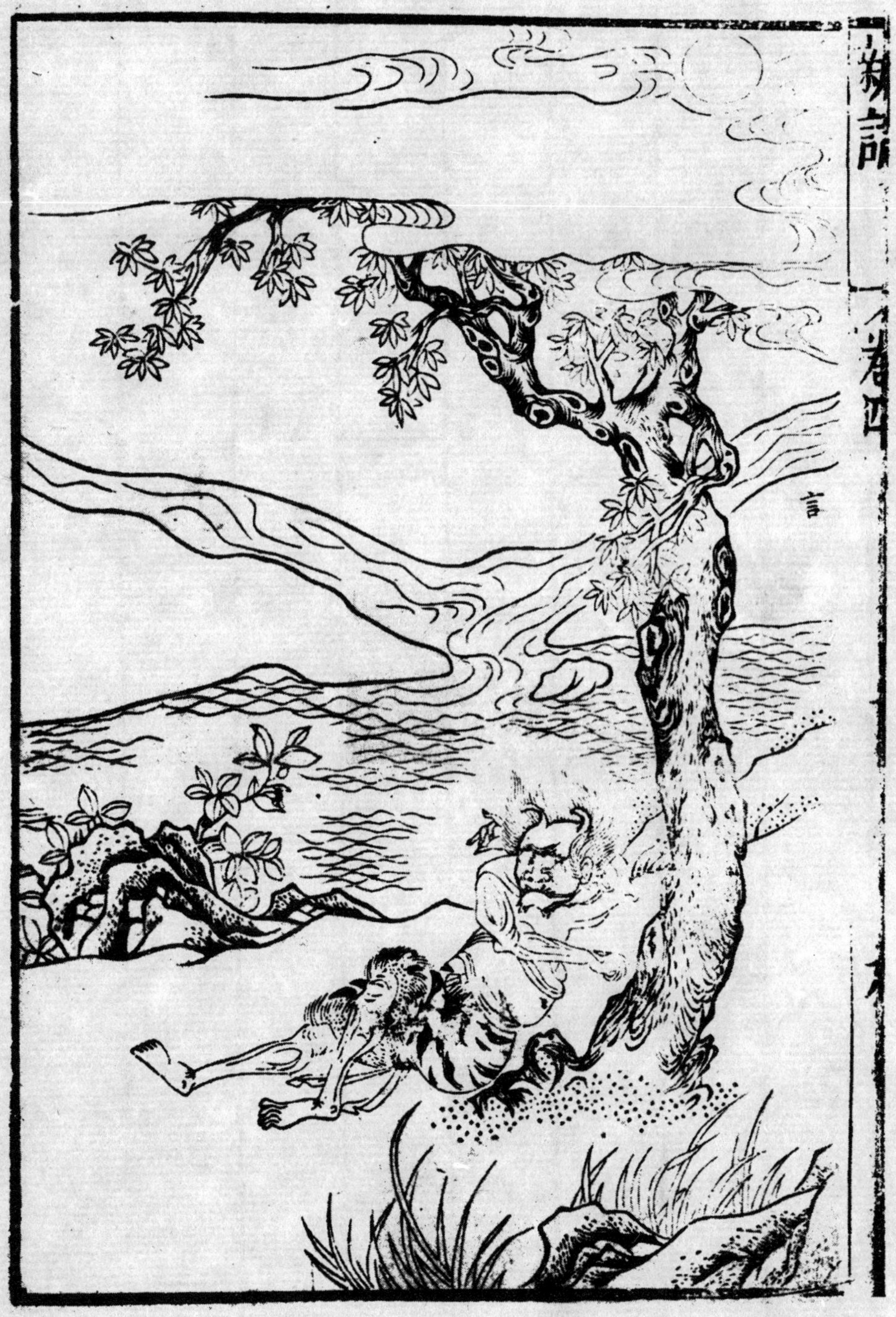

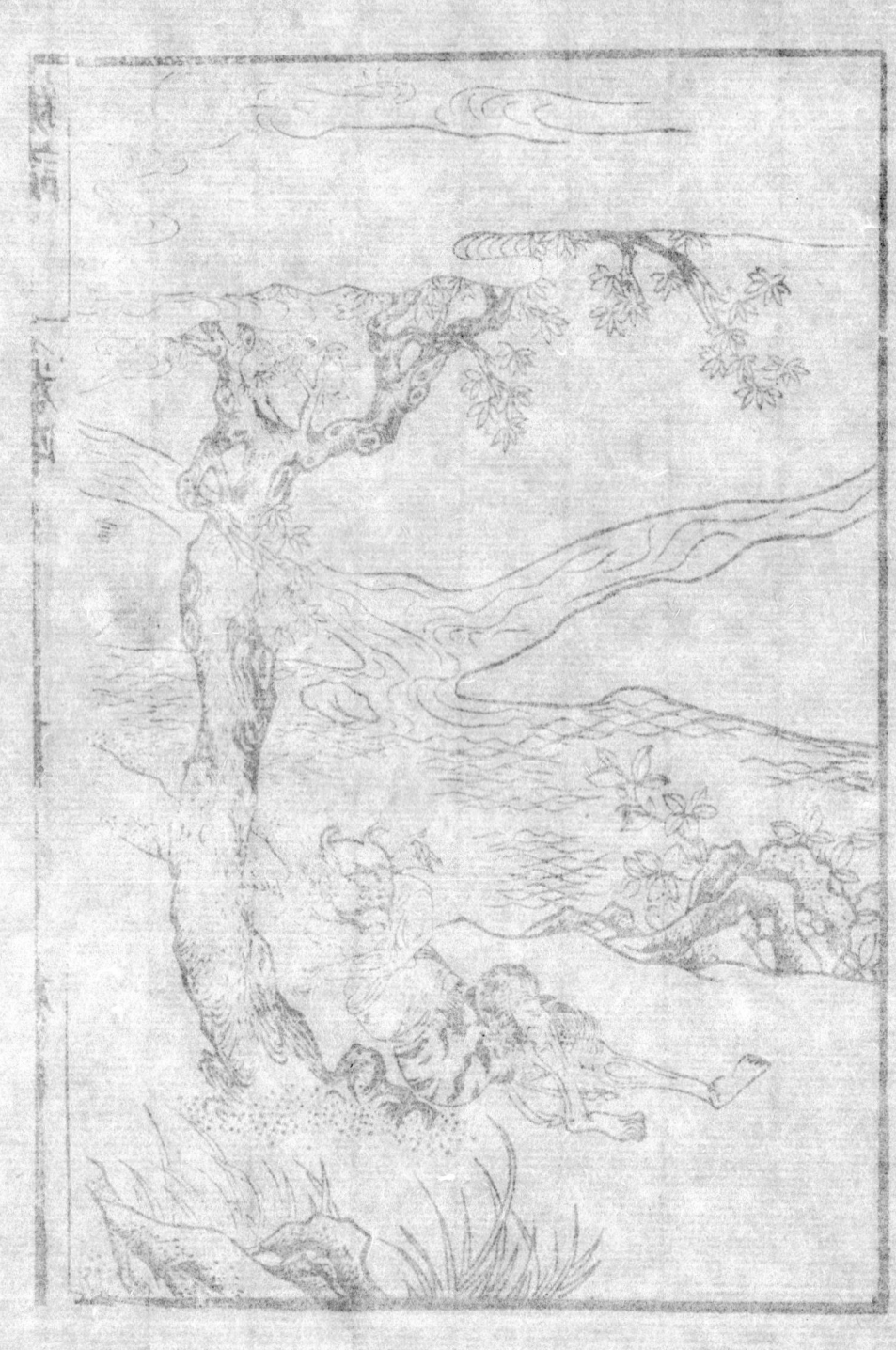

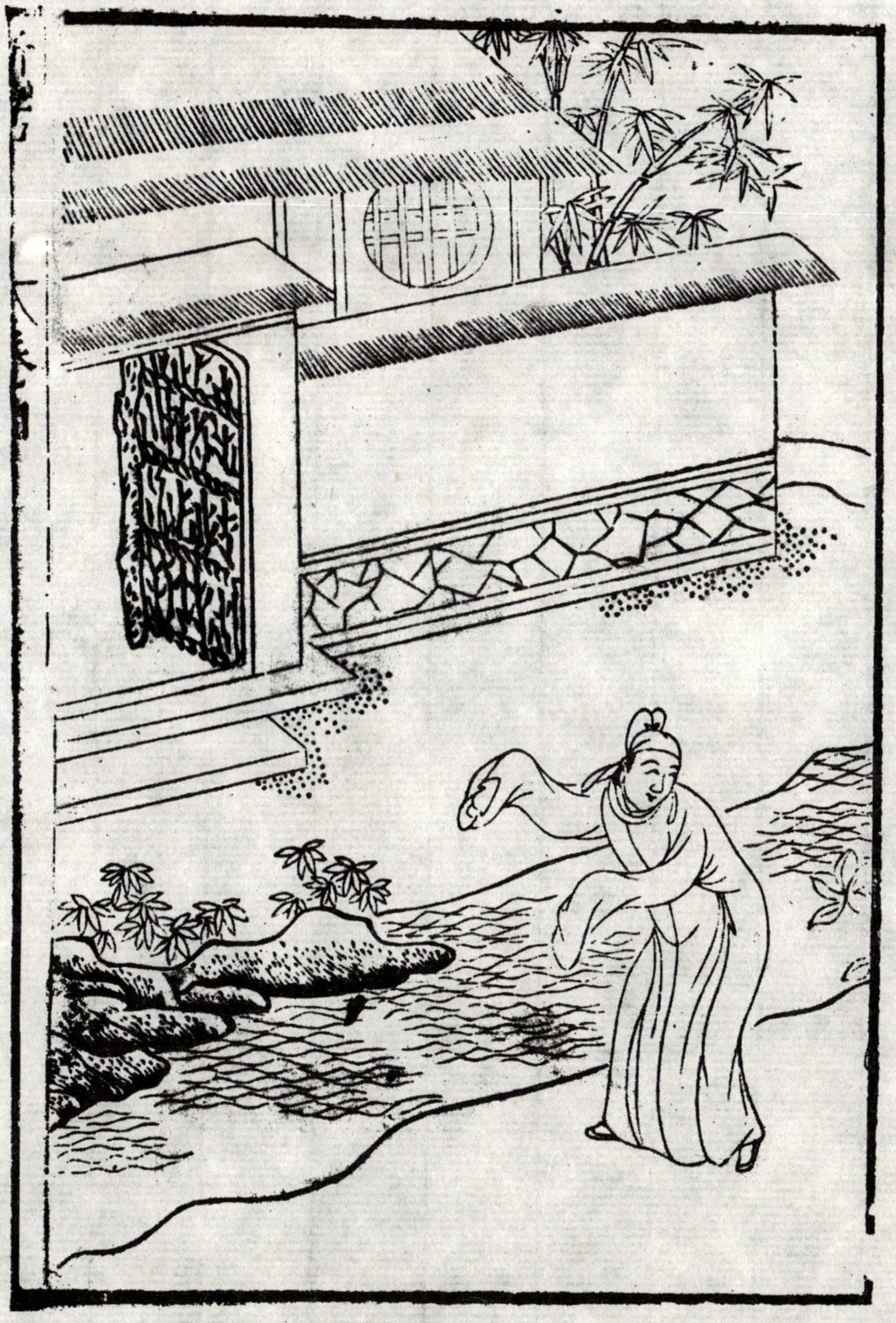

剪燈新話

明萬曆黃正位刻本

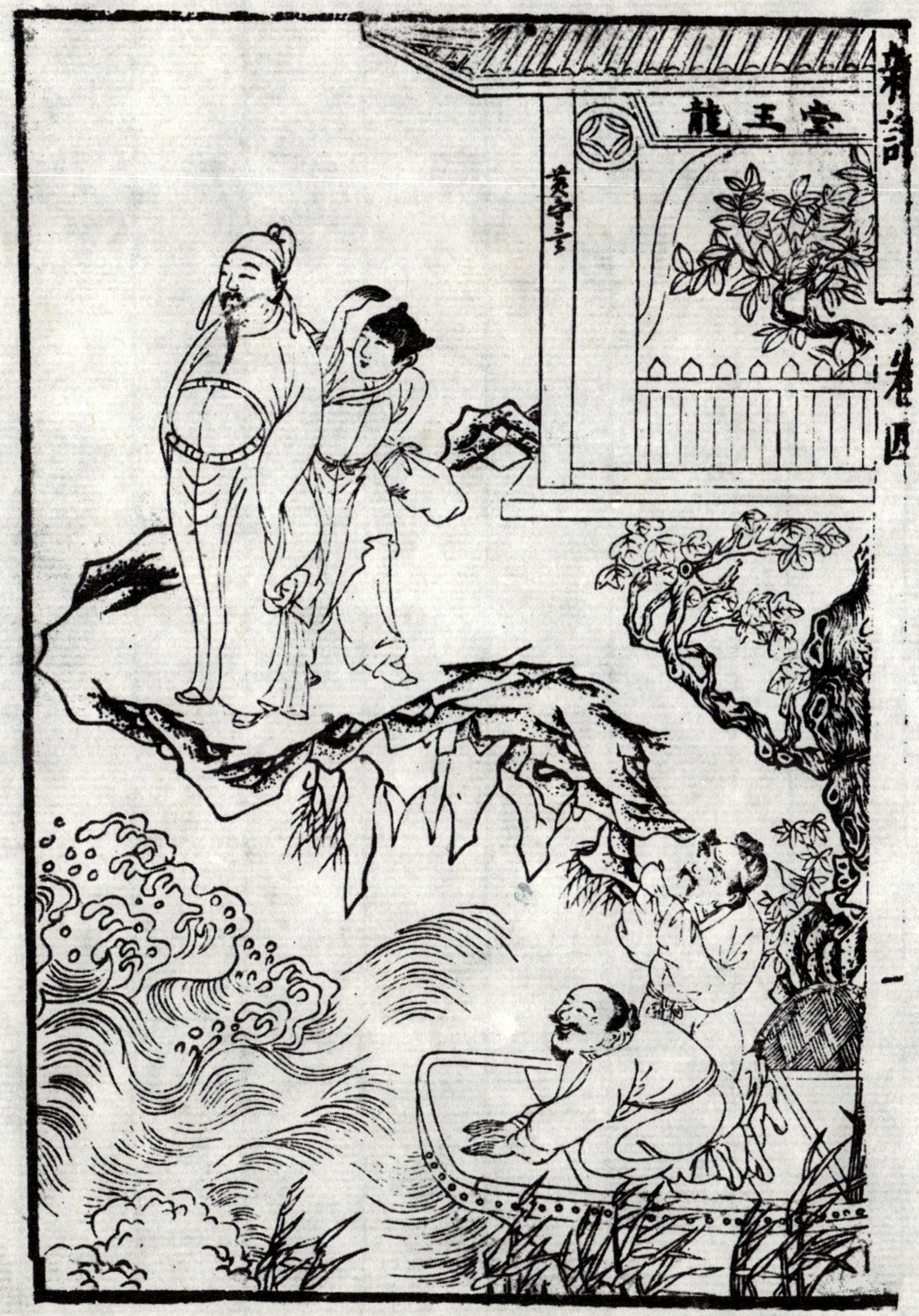

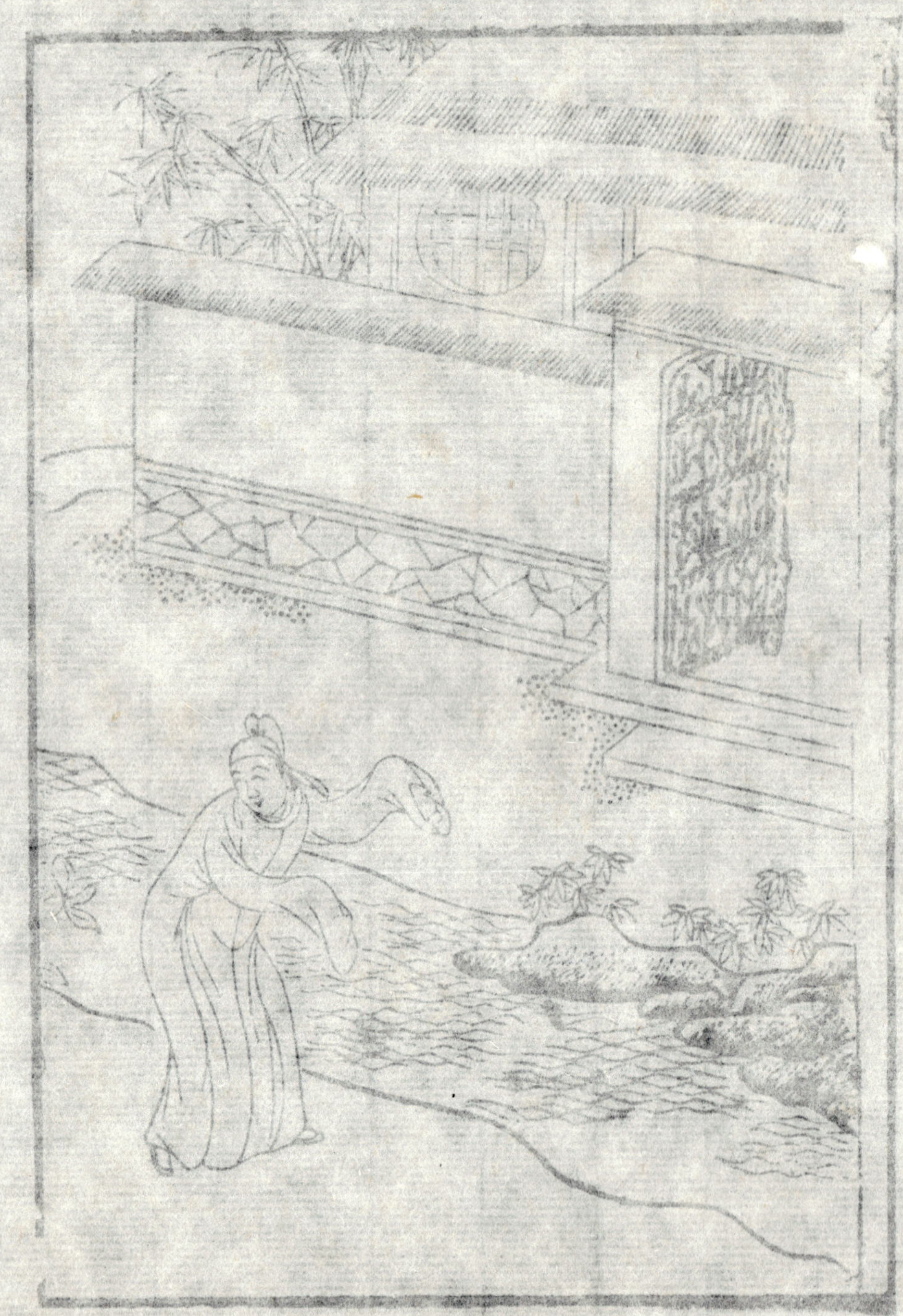

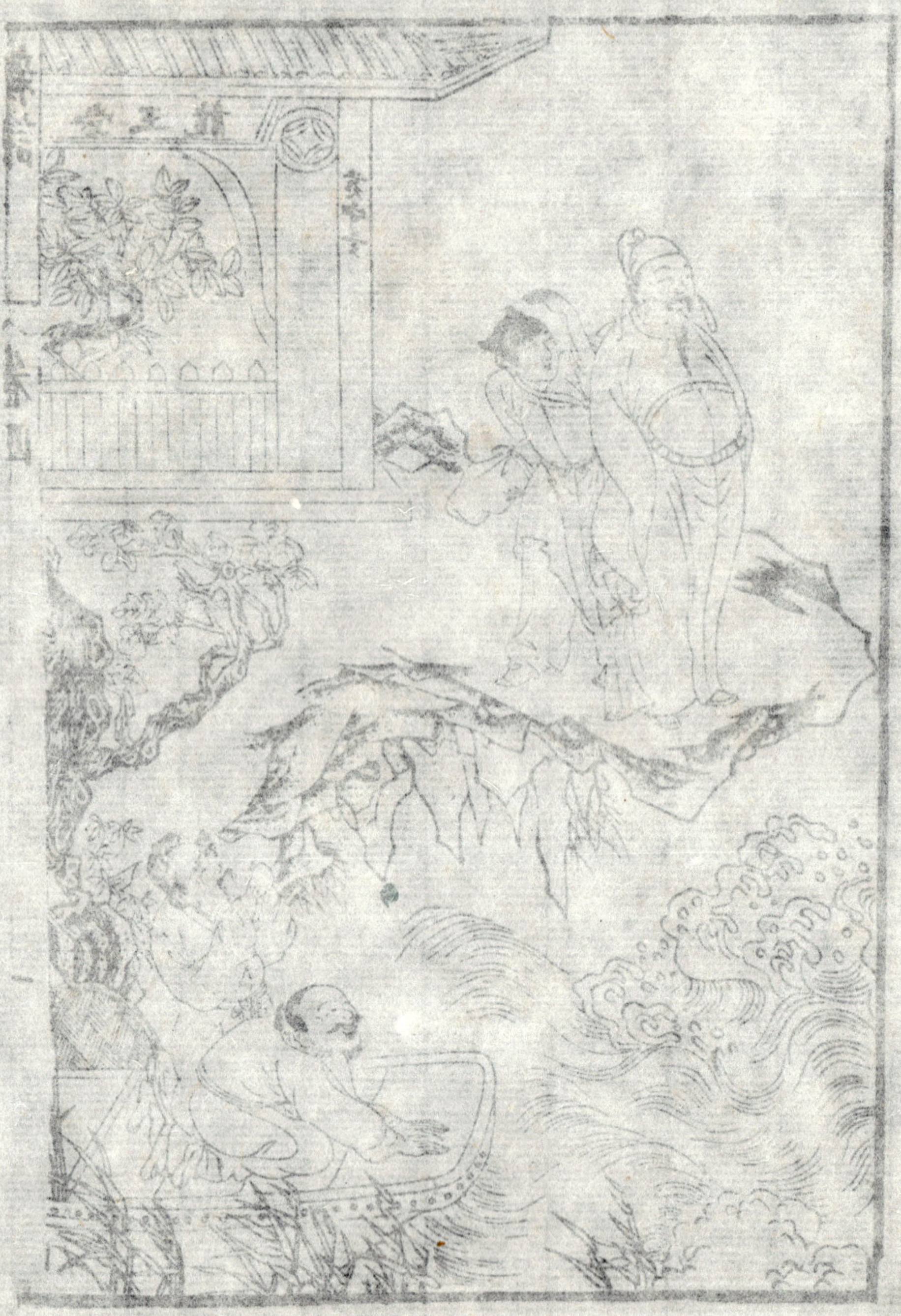

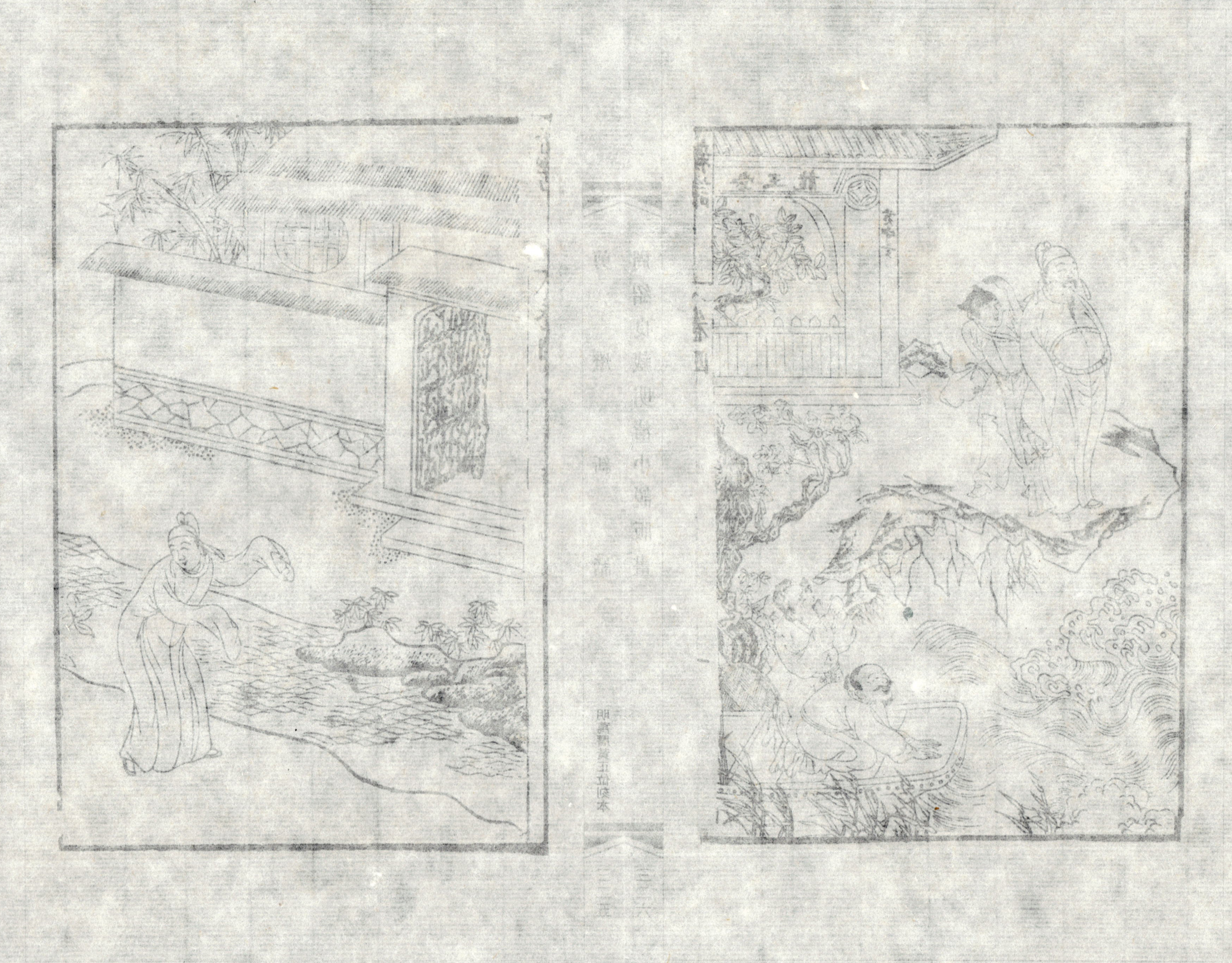

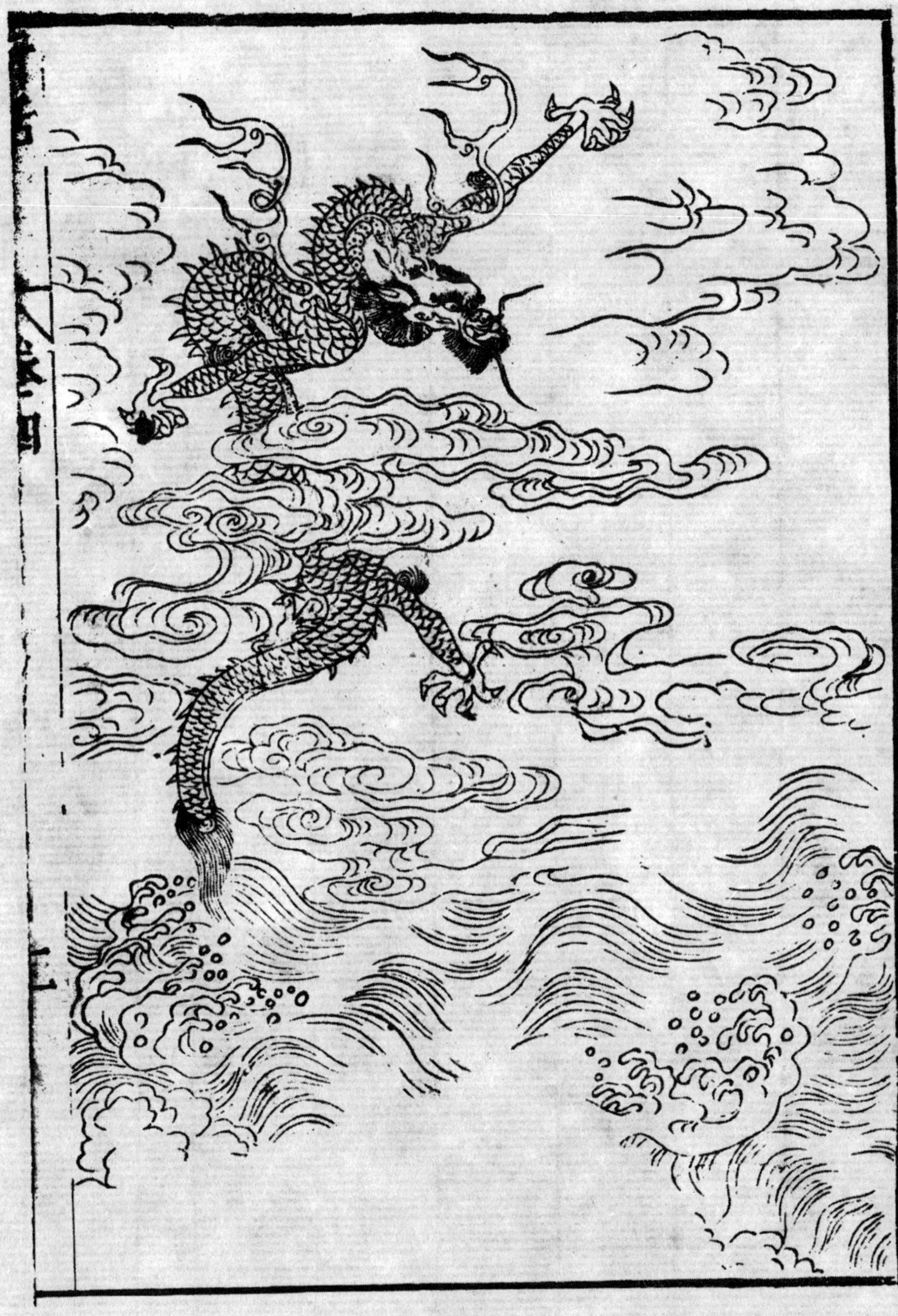

明萬曆黃正位刻本

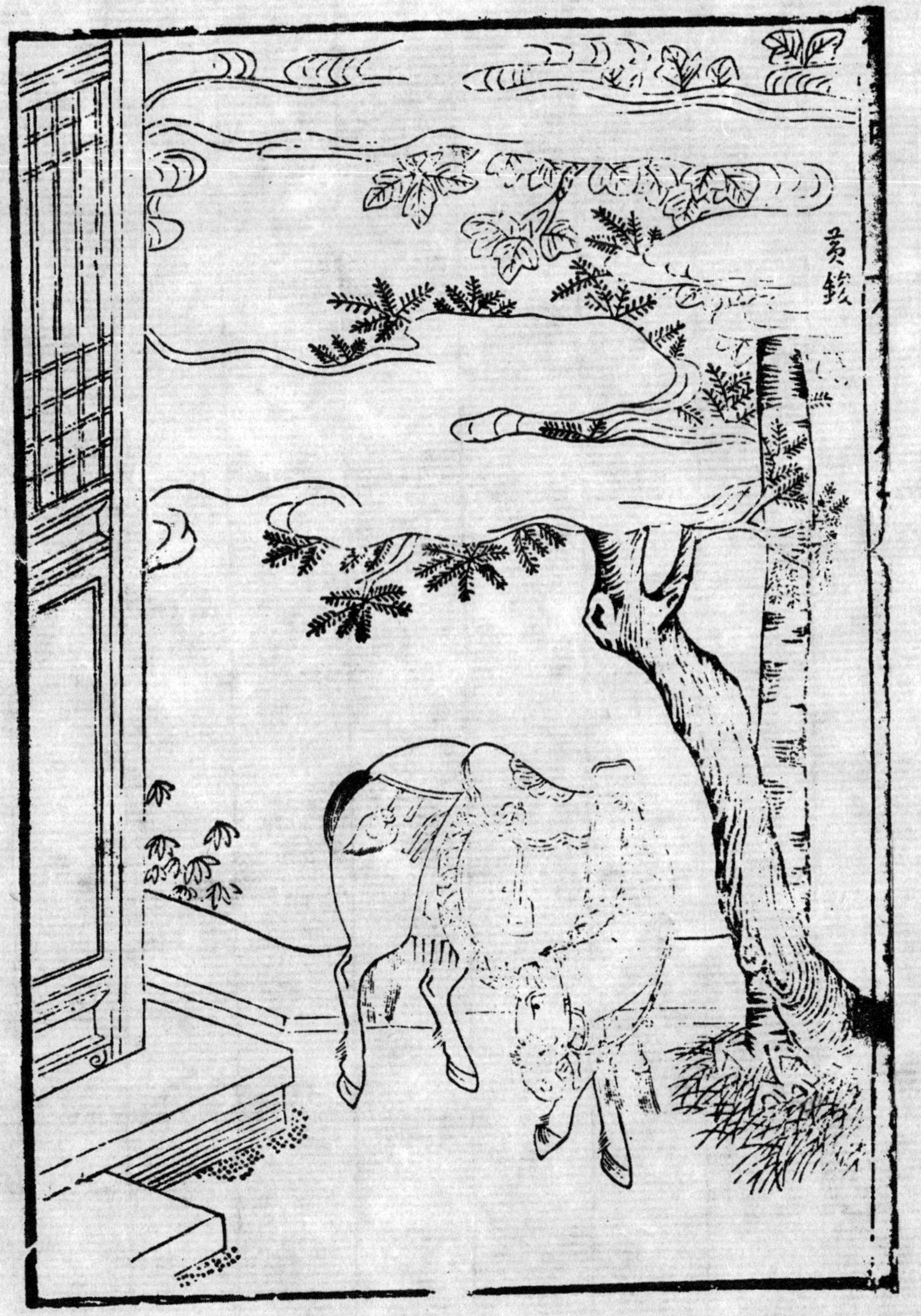

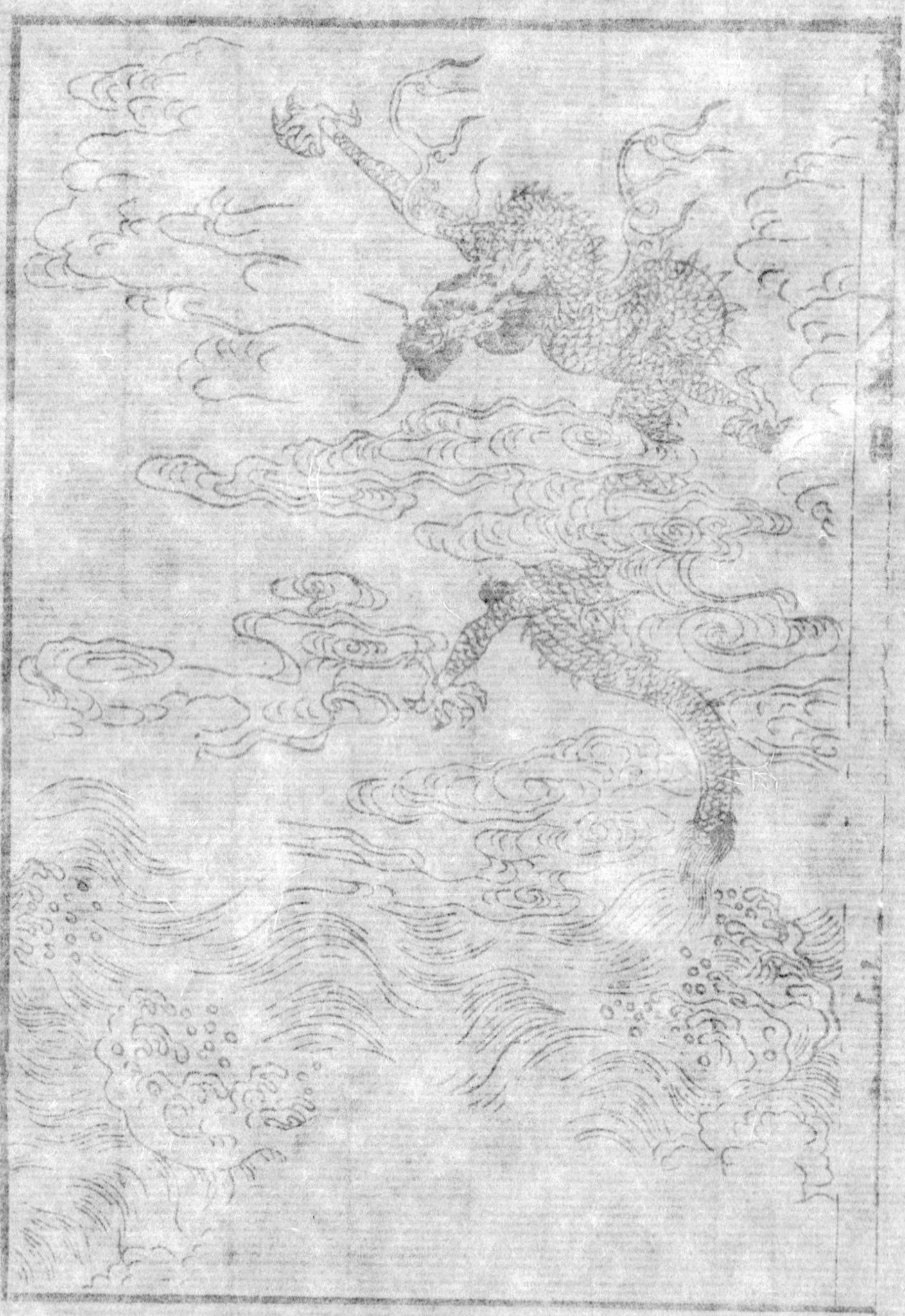

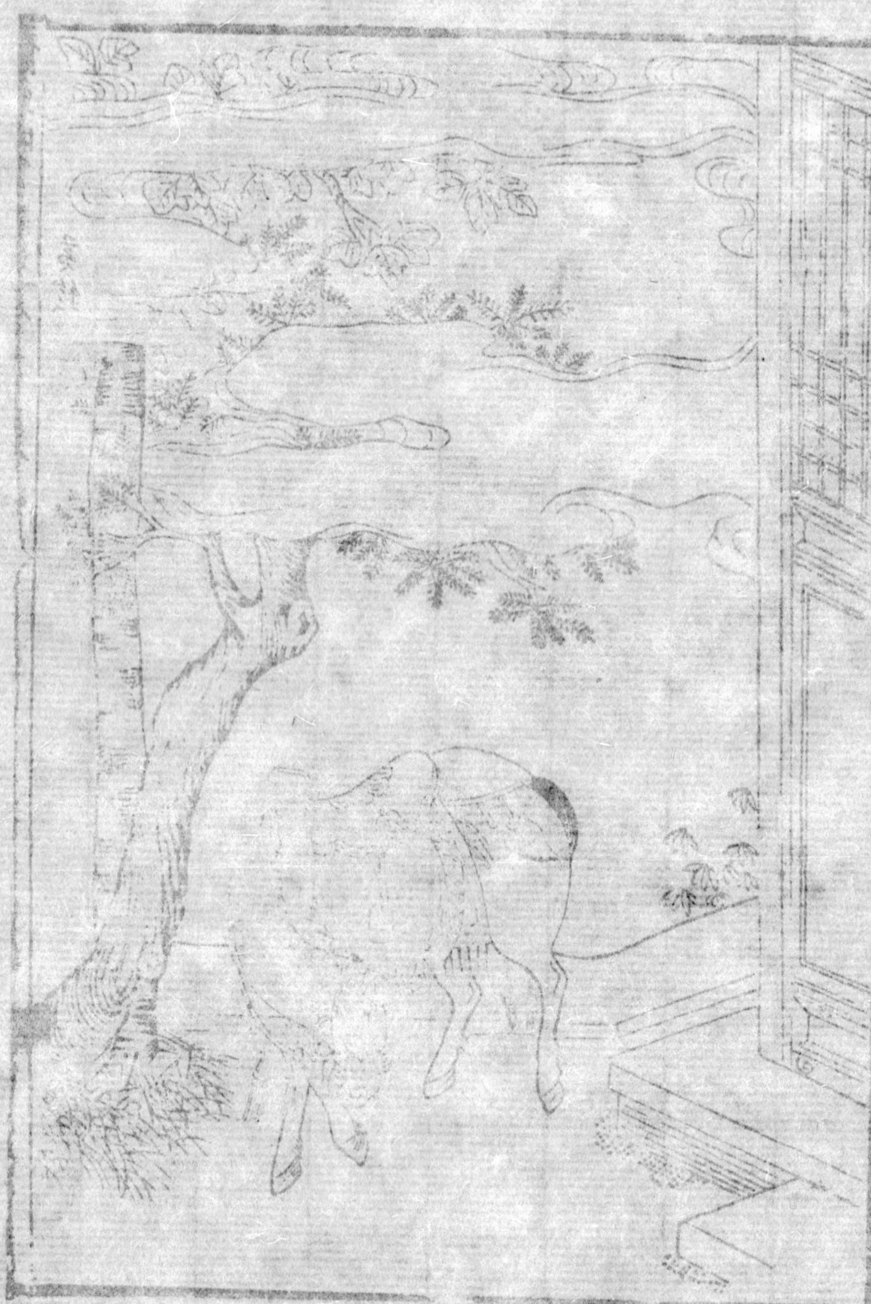

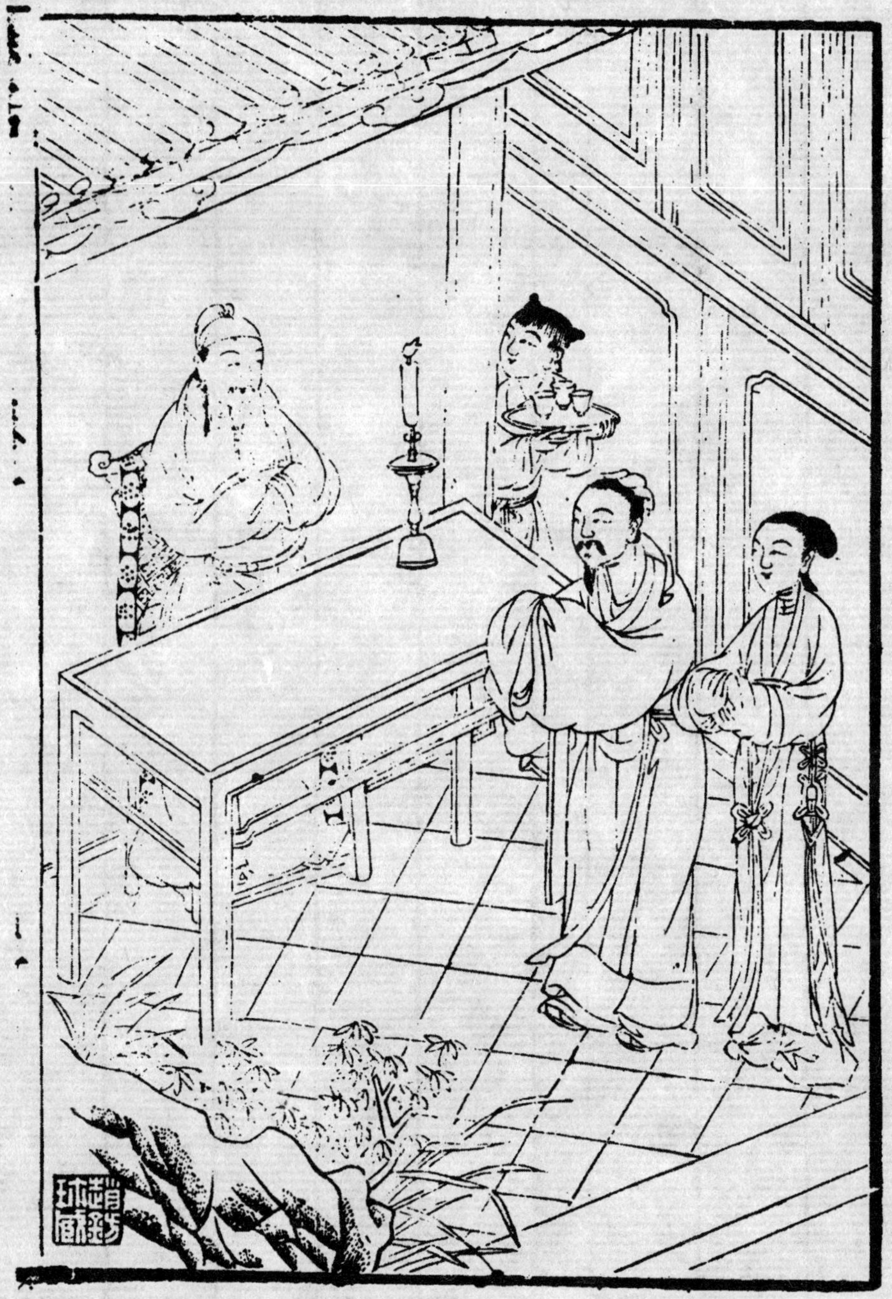

剪燈新話

明萬曆黃正位刻本

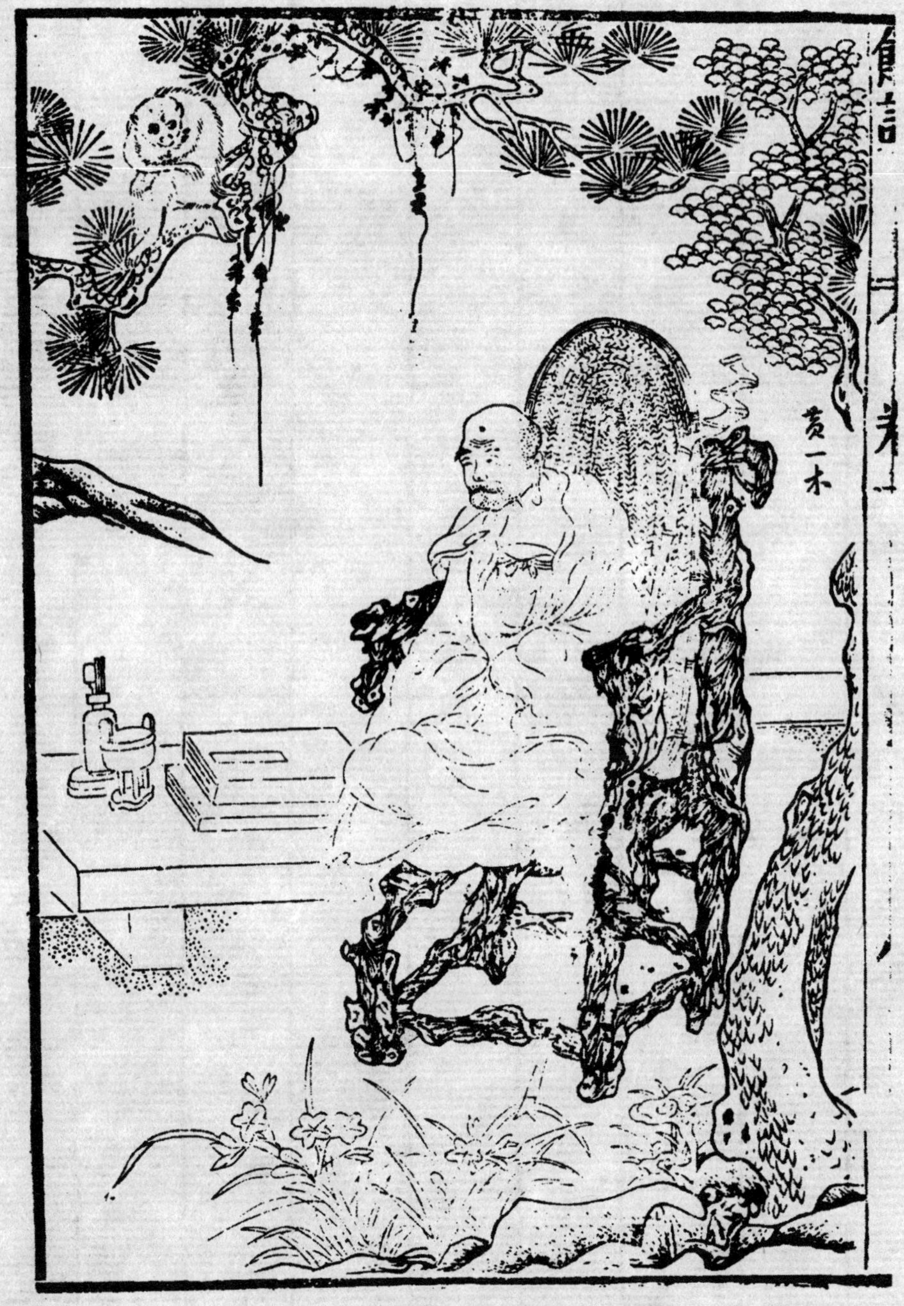

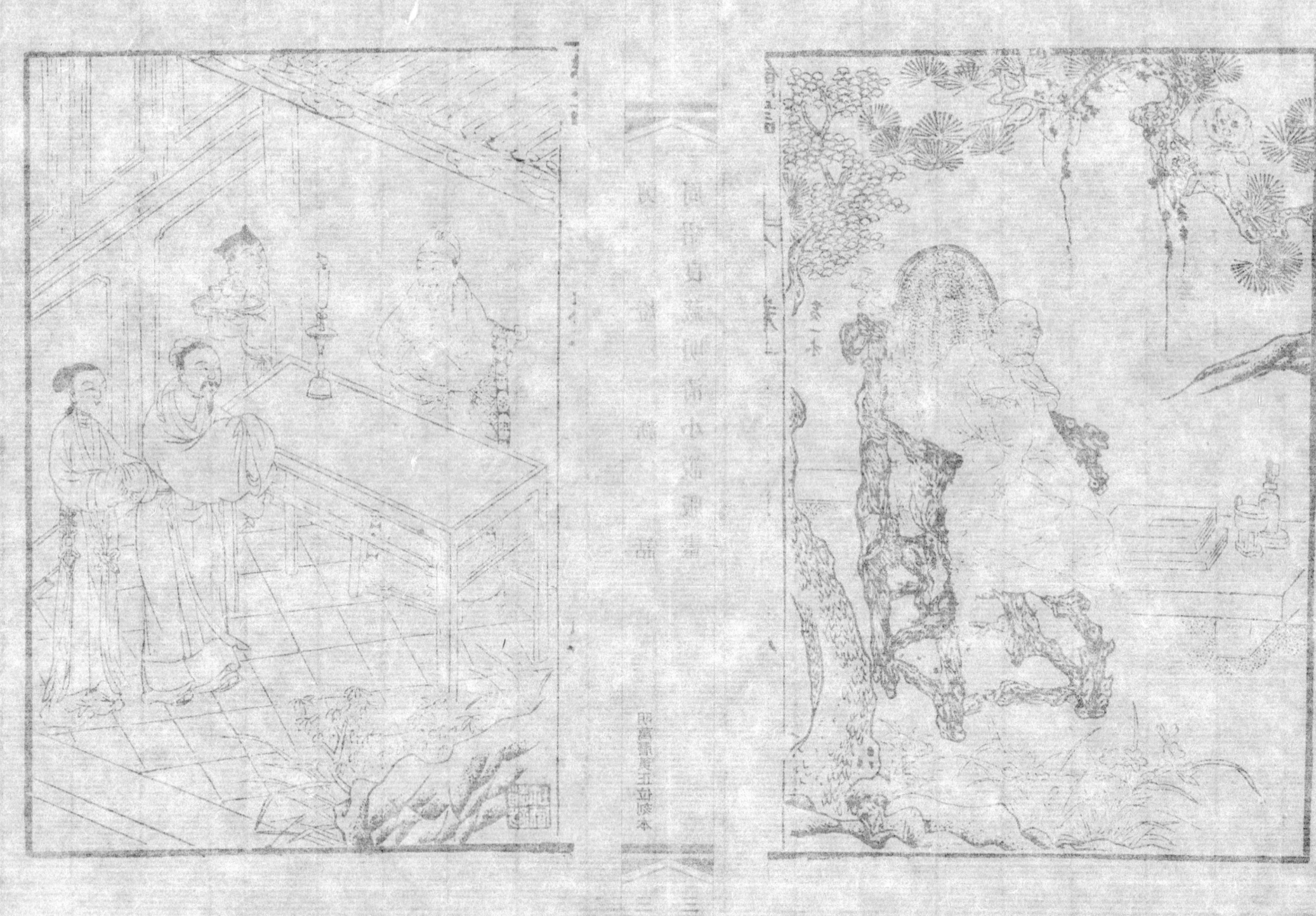

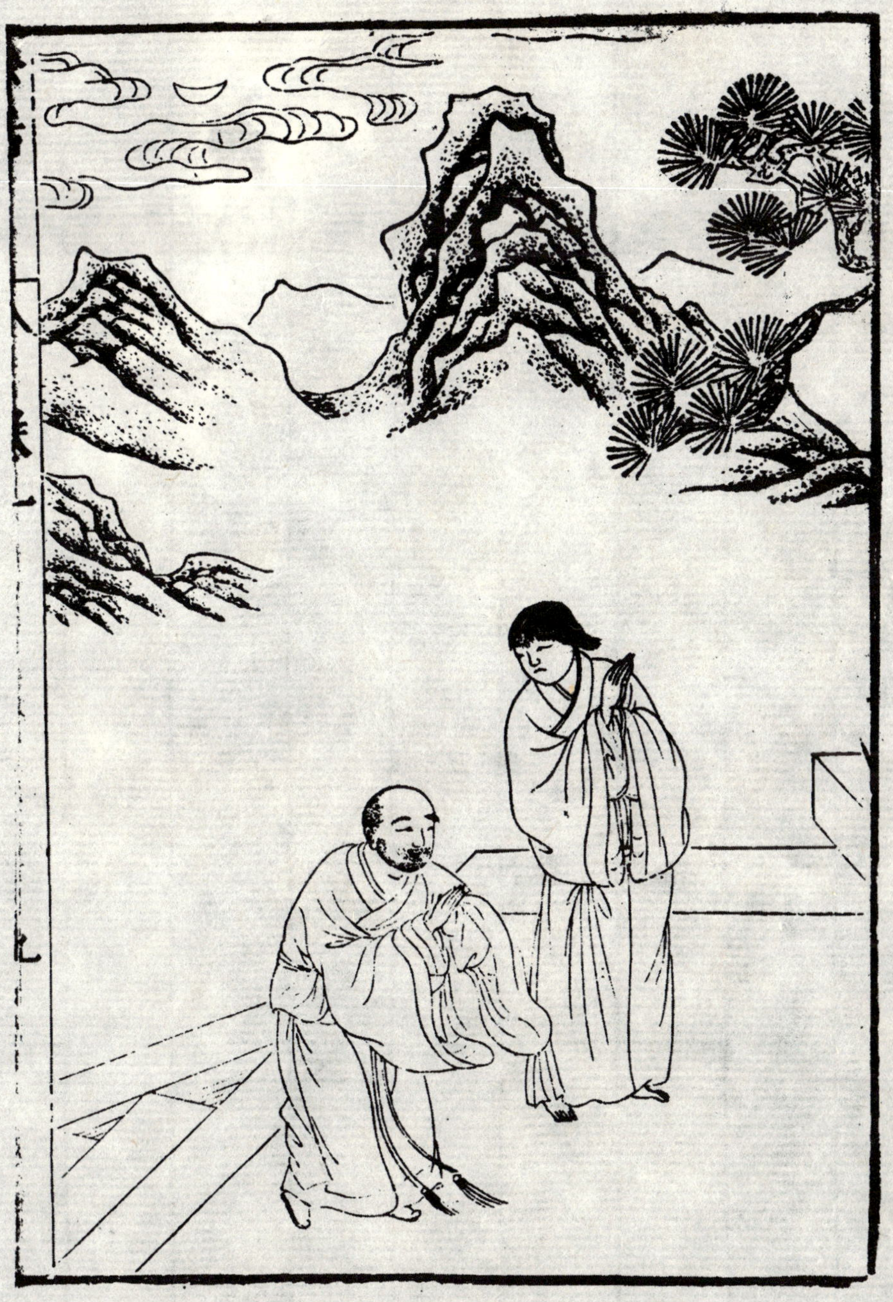

明萬曆黃正位刻本

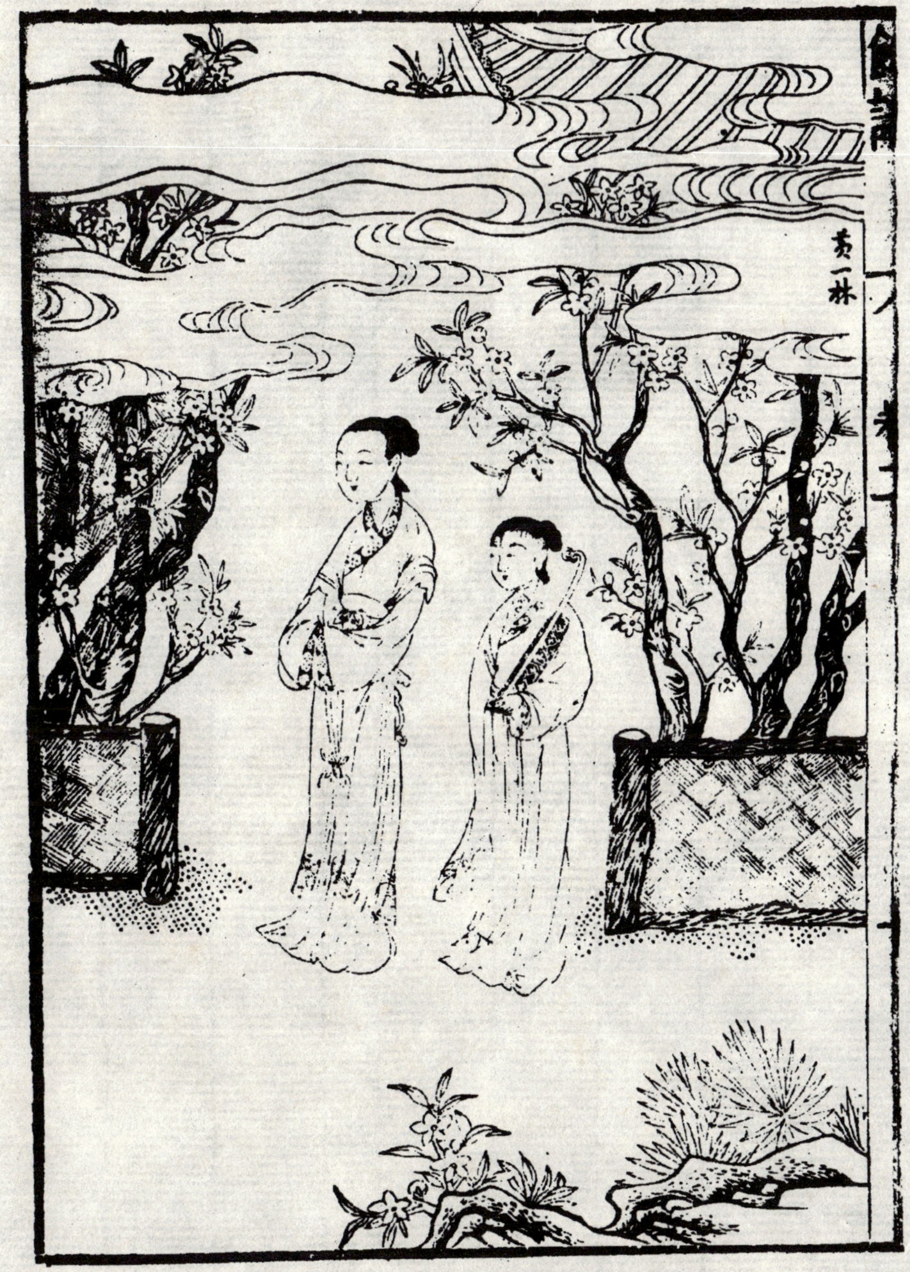

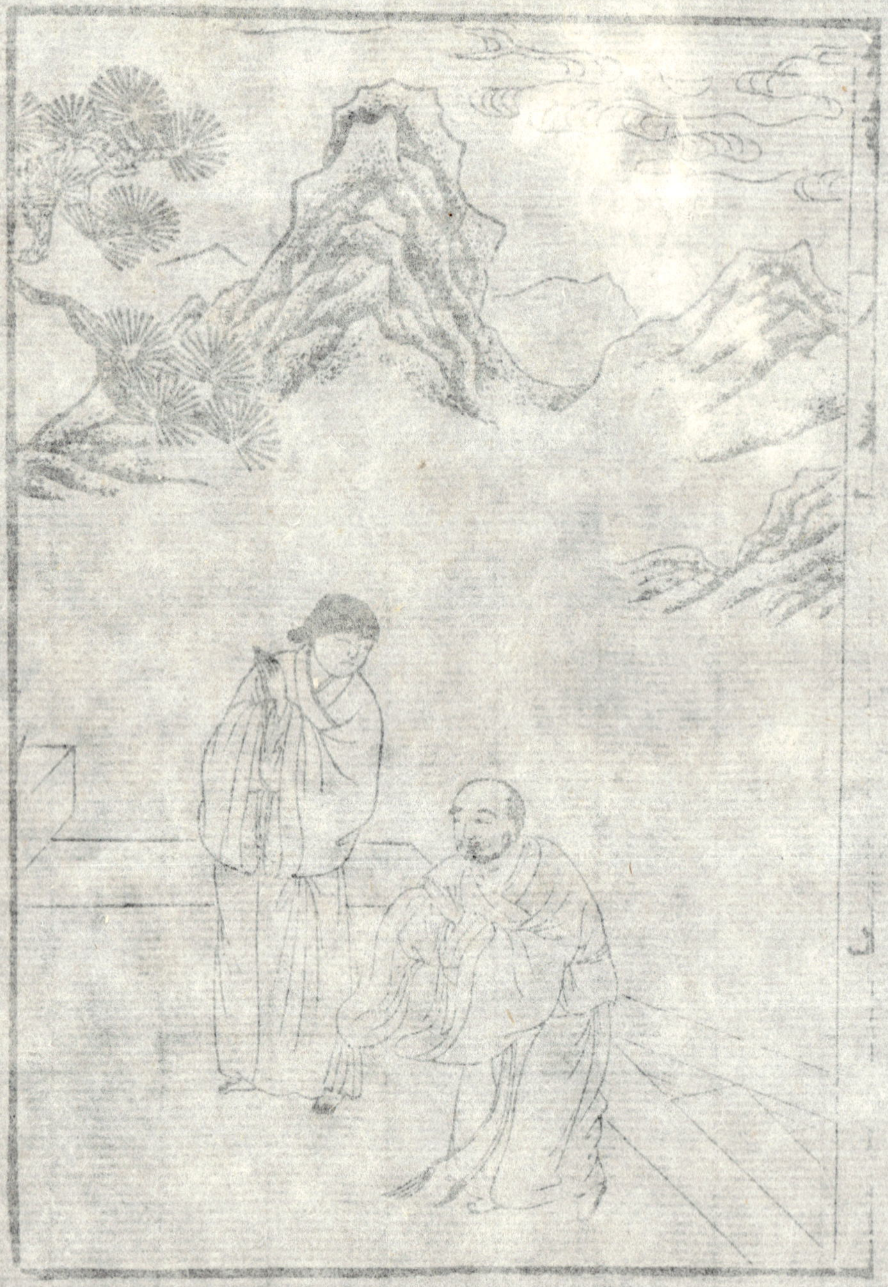

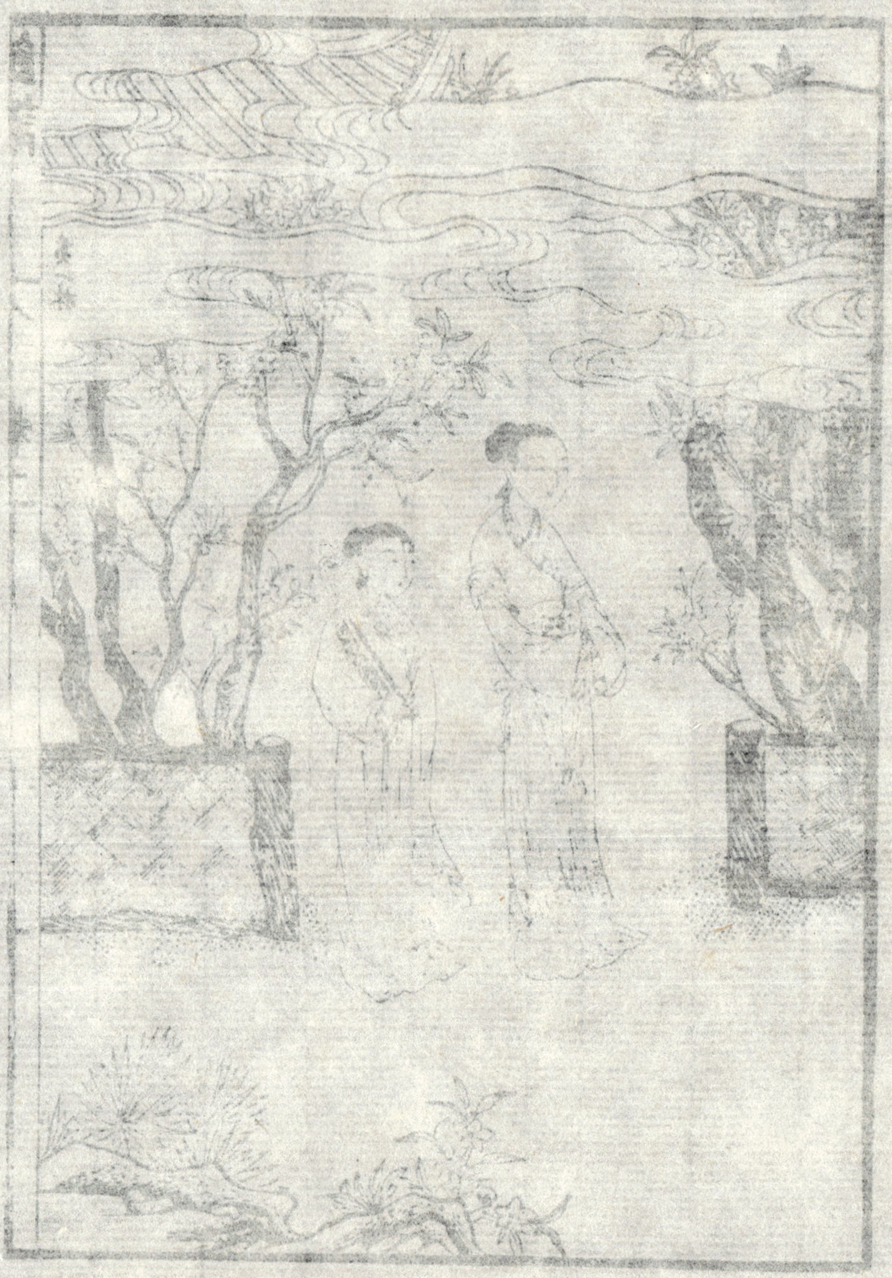

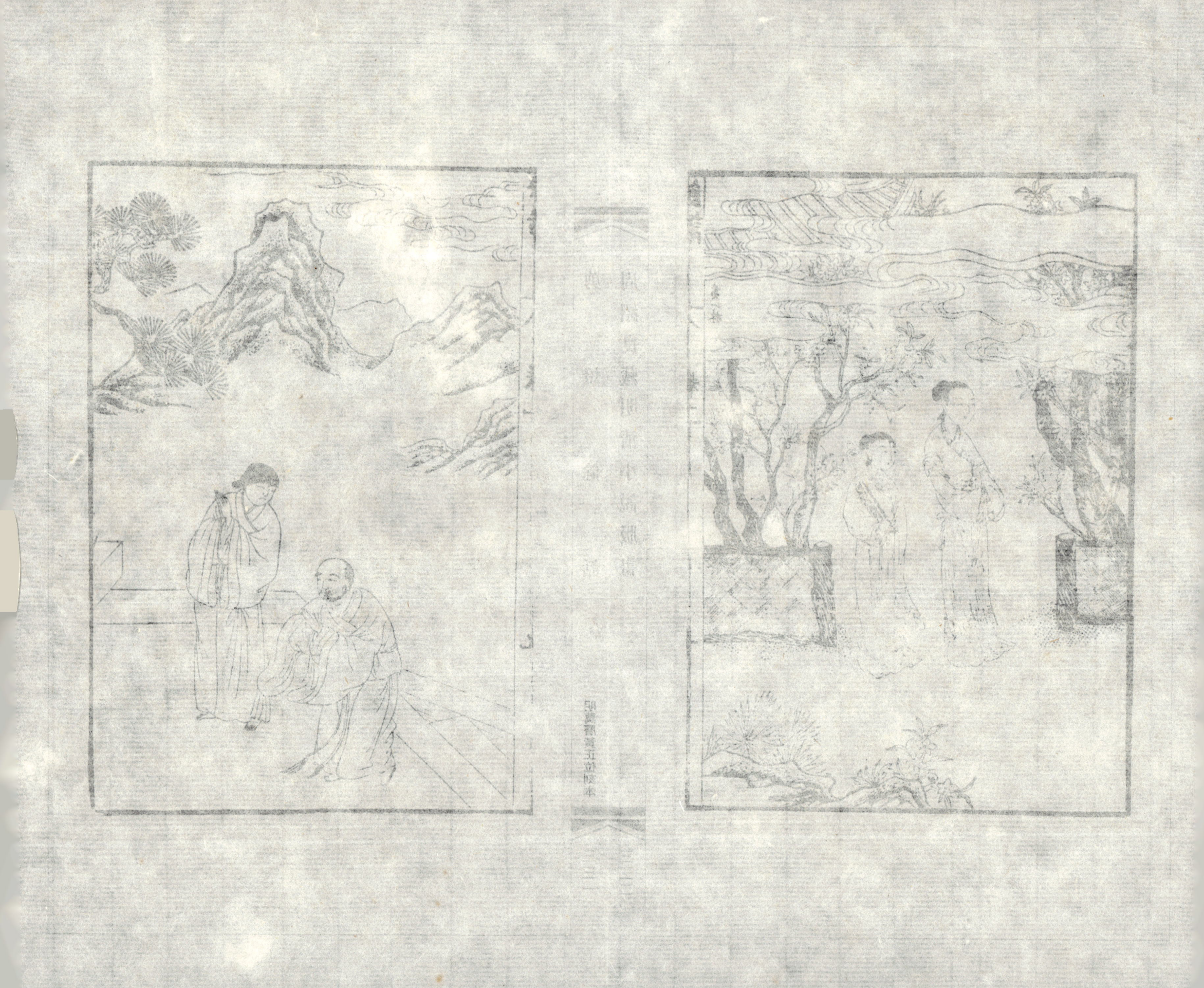

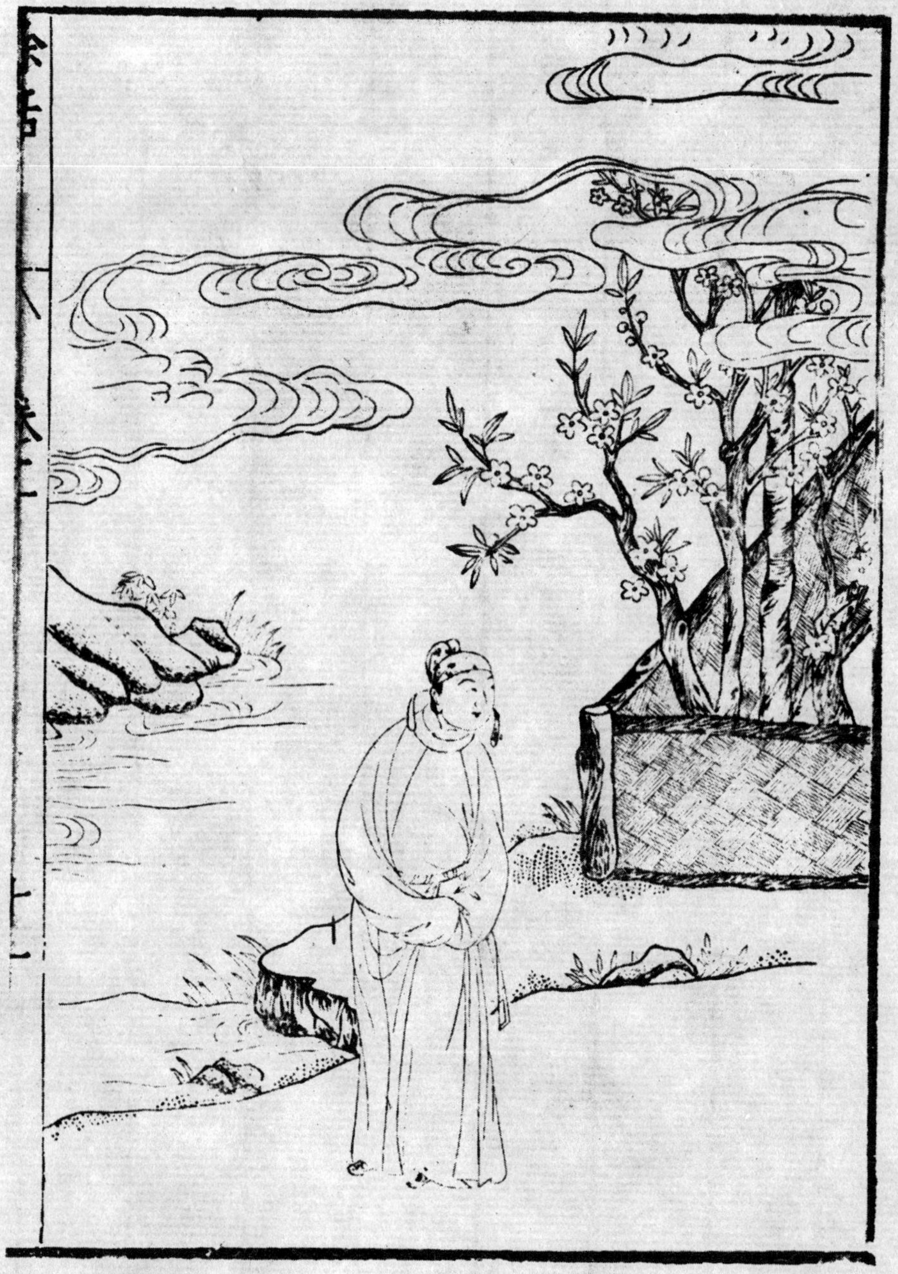

明萬曆黃正位刻本

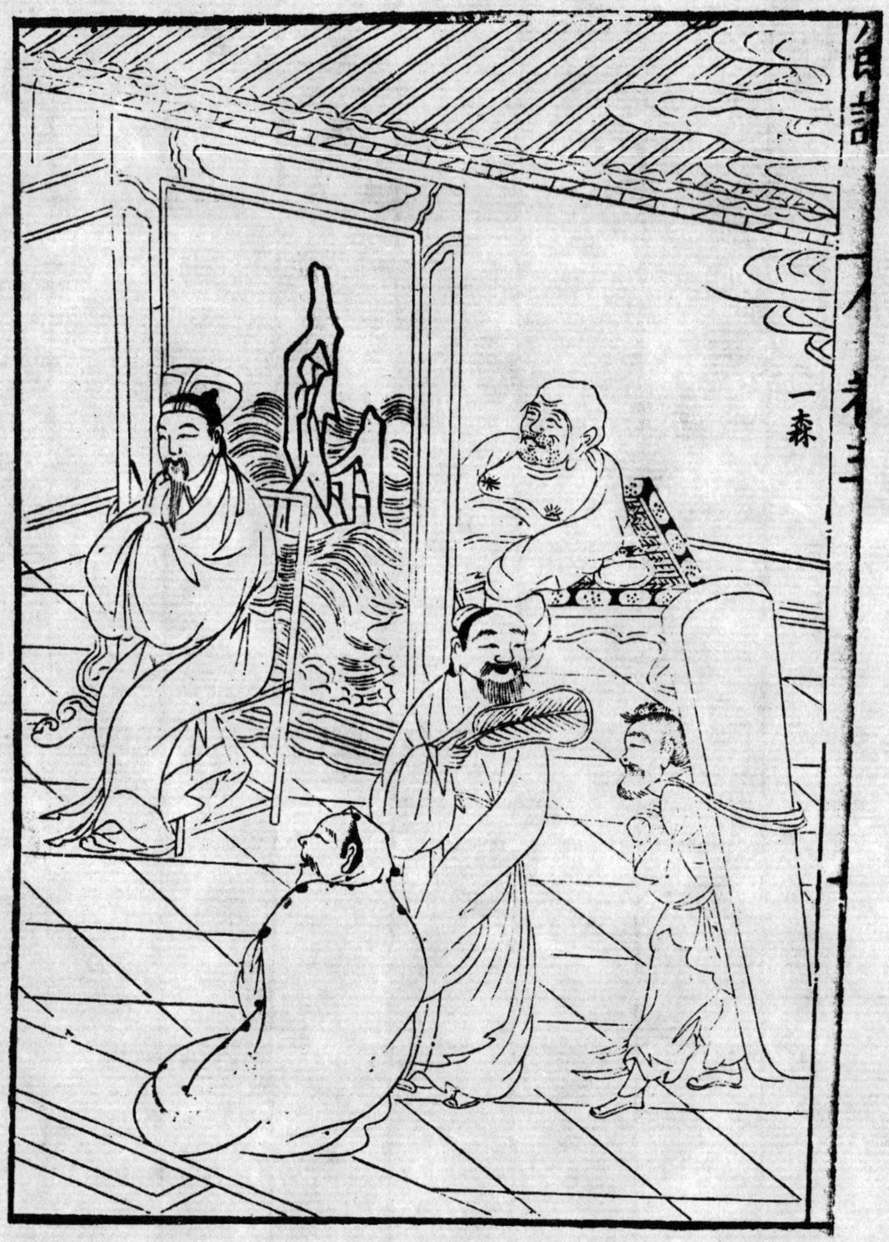

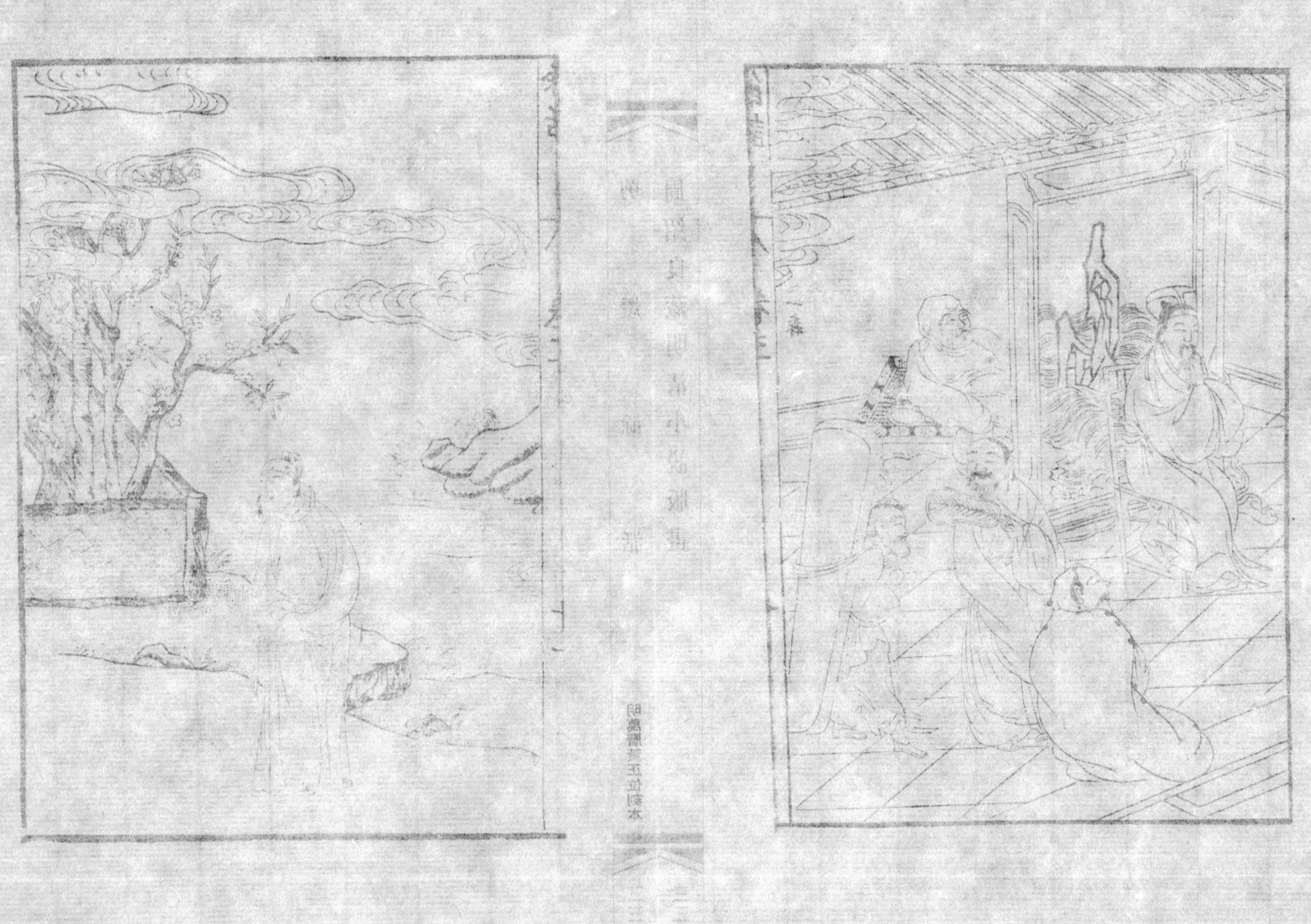

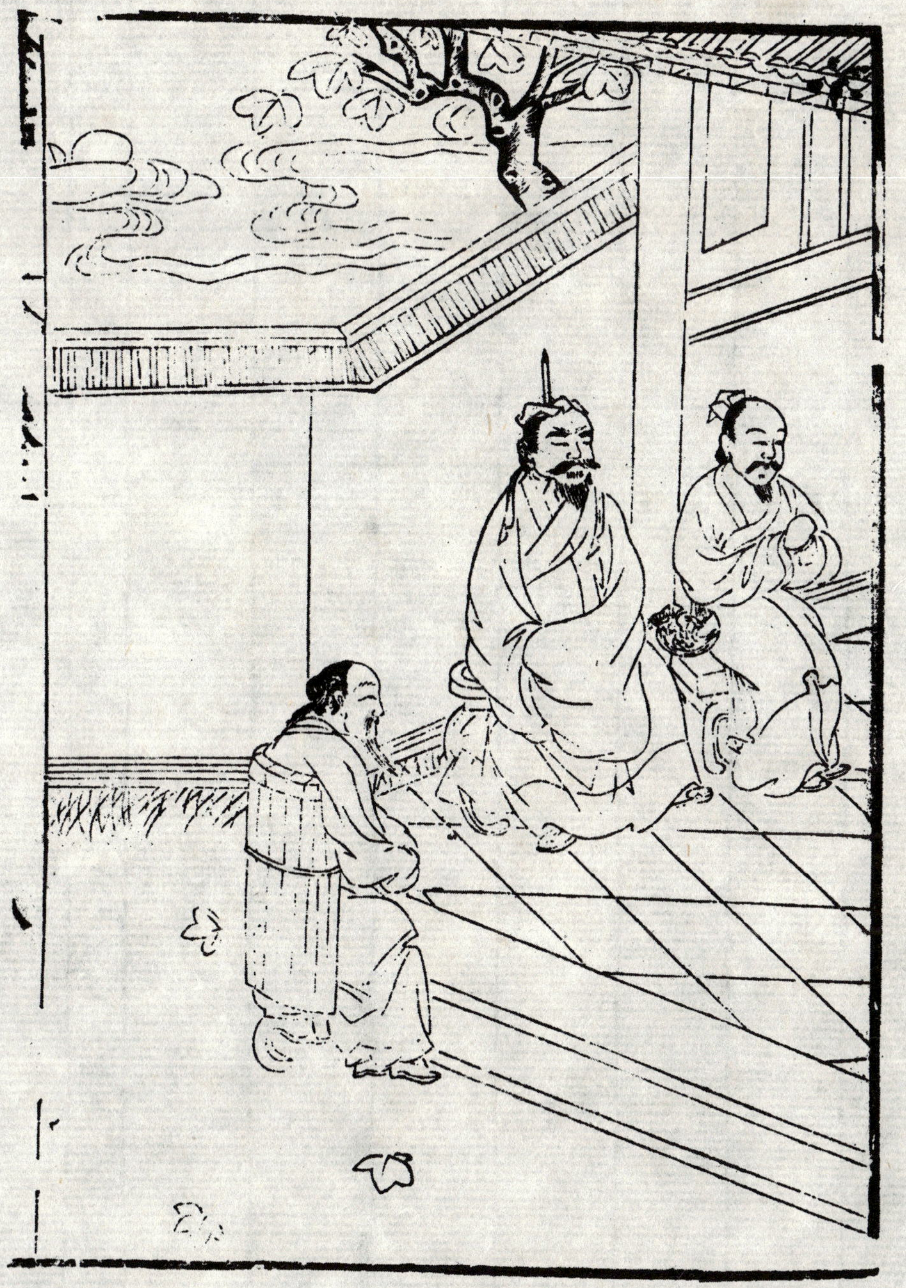

明萬曆黃正位刻本

《剪燈新話》《剪燈餘話》

明萬曆黃正位刻本

明黃正位所刻《剪燈新話》四卷、《剪燈餘話》四卷，國家圖書館藏殘本，存《剪燈新話》卷四，《剪燈餘話》卷一至卷三。《剪燈新話》為明代文言小說集，瞿佑撰，共收小說二十一篇。由於穿插詩歌甚多，有人稱之為詩文體小說。其文辭華美，極具特色，對明代文言小說的創作影響很大。

《剪燈餘話》亦為明代文言小說集，明李禎（字昌祺）撰，收小說二十一篇。因此書摹倣瞿佑《剪燈新話》而作，故名《剪燈餘話》。二書所叙故事，多係靈怪男女愛戀之作，由於描寫細膩，文辭豔麗，對後世的影響十分巨大。其中許多故事，為後世戲曲小說所本。

黃正位尊生館為明萬曆間徽歙書林，其刻書精美，所刊《陽春奏》、《雲仙雜記》、《琵琶記》等，文圖俱精，奇麗可人。此殘本《剪燈新話》、《剪燈餘話》，每篇小說均附插圖，據此推斷，原書當有圖四十二幅。茲選圖六幅，以資鑒賞。

一、《龍堂靈會録》（《剪燈新話》卷四）
二、《太虛司法傳》（《剪燈新話》卷四）
三、《長安行録》（《剪燈餘話》卷一）
四、《聽經猿記》（《剪燈餘話》卷一）
五、《田洙遇薛濤聯句記》（《剪燈餘話》卷二）
六、《武平靈怪録》（《剪燈餘話》卷三）

圖書在版編目(CIP)數據

周紹良藏明清小説版畫/周紹良藏;程有慶整理.—北京:
中國書店出版社,2007.1
ISBN 7-80663-374-8
Ⅰ.周… Ⅱ.①周…②程… Ⅲ.版畫-作品集-中國-明清時代
Ⅳ.J227
中國版本圖書館 CIP 數據核字(2006)第 120832 號

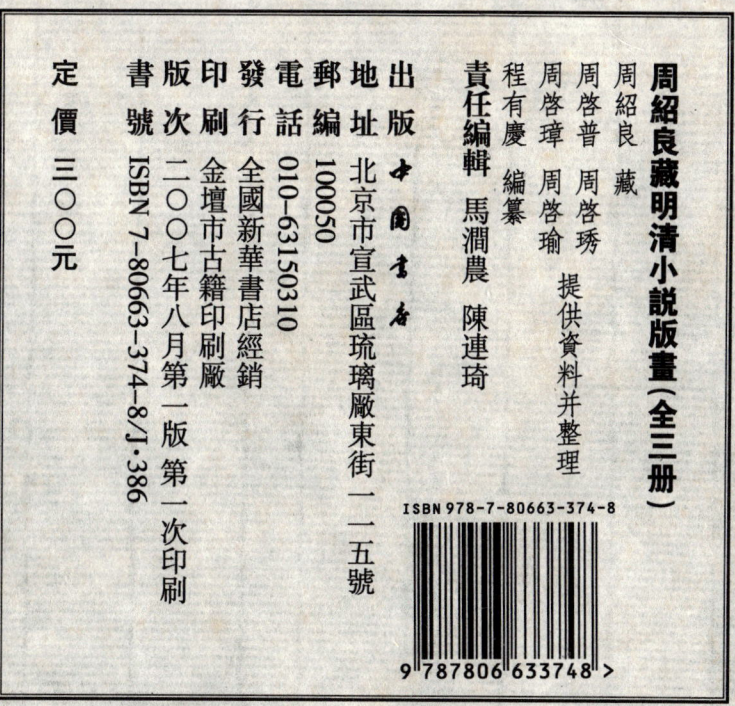

周紹良藏明清小説版畫(全三册)

周紹良 藏
周啓普 周啓琇
周啓璋 周啓瑜 提供資料并整理
程有慶 編纂
責任編輯 馬潤農 陳連琦

出版 中國書店
地址 北京市宣武區琉璃廠東街一一五號
郵編 100050
電話 010-63150310
發行 全國新華書店經銷
印刷 金壇市古籍印刷廠
版次 二〇〇七年八月第一版 第一次印刷
書號 ISBN 7-80663-374-8/J·386
定價 三〇〇元

ISBN 978-7-80663-374-8
9 787806 633748 >